AGENCIA ELE

Intermedio

**Claudia Fernández
(coordinadora pedagógica)**

**Florencia Genta
Javier Lahuerta
Ivonne Lerner
Cristina Moreno
Juana Ruiz
Juana Sanmartín**

Español Lengua Extranjera

SGEL

Ofrece modelos
de lengua
y pautas de
trabajo claras.

Concede especial
atención al conocimiento
estratégico
e intercultural.

Prima el trabajo
interactivo
y colaborativo.

Establece una
secuencia de trabajo
que favorece la
resolución
de acciones globales.

Contribuye
a aumentar la
seguridad y fluidez
en el uso
del idioma.

Ofrece indicaciones
para la resolución de la
actividad final usando
la tecnología digital.

Plantea **actividades**
que contemplan
las distintas destrezas
orales y escritas
y los ámbitos personal,
público, profesional y
académico.

AGENCIA

ЄLЄ

Intermedio

es un manual centrado
en el alumno y orientado
a la acción

Los **profesores**
de AGENCIA ЄLЄ
creemos que:

Cada estudiante
es diferente.

El estudiante es el
responsable de su
aprendizaje.

El profesor
es guía y estímulo
de los aprendizajes
de los alumnos.

Un enfoque orientado
a la acción supone que los
estudiantes y profesores utilizan el lenguaje en el aula
para comunicar
y para aprender.

El aula
es un entorno
real y natural de
comunicación y
aprendizaje.

Entre líneas: consolidación de conocimiento formal y práctica comunicativa.

Línea a línea: tareas contextualizadas con modelos y fases de trabajo. Acaba con «Cierre de edición», que integra los contenidos de la unidad.

Línea directa: actividades de reflexión intercultural y de control del propio aprendizaje.

Las **unidades** tienen la siguiente estructura:

Agencia ELE: activación de contenidos y muestras de lengua.

ConTextos: textos adicionales para mejorar la comprensión lectora.

Agencia ELE digital: propuesta de trabajo con soporte digital. Actividades en www.agenciaele.com

AGENCIA **ELE** propone:

Un aprendizaje centrado en el alumno.

Un aprendizaje centrado en el significado.

El aprendizaje como un proceso.

Tiene en cuenta los **documentos** de la Union Europea y del Instituto Cervantes.

El **Plan Curricular del Instituto Cervantes (PCIC)** recoge los contenidos adecuados para cada nivel. AGENCIA **ELE** recoge las propuestas del PCIC.

Adoptamos las premisas del **Marco Común Europeo de Referencia**, que dice que los hablantes somos seres sociales, necesitamos comunicarnos.

EL **MCER** nos habla de:
- saber hacer
- saber
- saber ser
- saber aprender

Los **autores** esperamos que tus experiencias de aprendizaje sean ricas, significativas y entretenidas.

Nos gustaría contar con tu valiosa ayuda para mejorar el libro y la experiencia de aula.

Agradeceríamos que contactes con nosotros para explicarnos lo que te gusta y lo que no te gusta del libro, qué cambiarías y por qué.

Escríbenos a **autores@agenciaele.com**

Contenidos

1 Vivir en Babel

Redactamos una biografía lingüística.
Hablamos de hábitos en el pasado.
Elegimos objetivos de aprendizaje y decidimos cómo alcanzarlos.
Escribimos una biografía lingüística y la publicamos en un ePEL.

2 Trabajar para vivir

Redactamos un informe sobre la primera experiencia en el mundo laboral.
Expresamos preferencias y deseos.
Conocemos las diferencias entre *tú*, *vos* y *usted* en España y América Latina.
Hacemos una presentación del informe y lo compartimos en la red.

3 Me va de cine

Contamos anécdotas personales y reaccionamos cuando nos las cuentan.
Describimos situaciones en el pasado.
Pedimos y expresamos opiniones sobre gustos.
Desarrollamos estrategias para mejorar la fluidez en la expresión oral.
Doblamos una parte de una película y la subimos al ePEL.

4 Ciudades para el futuro

Realizamos una presentación oral de nuestra ciudad como candidata a las próximas Olimpiadas.
Hablamos de situaciones y hechos futuros.
Reflexionamos sobre las preguntas que se pueden hacer en una cultura.
Vemos un programa sobre una ciudad que conocemos muy bien, creamos un vídeo y lo publicamos en la red.

5 Vacaciones en Argentina

Escribimos cartas formales e informales para organizar las vacaciones.
Expresamos planes futuros, hipótesis y condiciones.
Desarrollamos estrategias para recordar vocabulario.
Respondemos a preguntas de turistas y formulamos nuestras preguntas.

6 Yo en tu lugar...

Pedimos y damos consejos a nuestros compañeros.
Expresamos consejos.
Conocemos el valor de los consejos en las culturas hispanoamericanas.
Reflexionamos sobre la identidad digital y damos consejos para hacer un buen uso de internet.

7 ¿Me haces un favor?

Pedimos y aceptamos o rechazamos peticiones en forma oral y escrita.
Transmitimos las palabras de otro.
Conocemos distintas estrategias para hacer peticiones.
Subtitulamos unos anuncios y los publicamos.

Contenidos

En cada una de las unidades de este libro encontrarás un cómic donde descubrirás qué ocurre en una agencia de noticias ⟨ubicada⟩ en Madrid: Agencia ELE.

placed

Estos son sus protagonistas:

Carmen

Jefa de la agencia. Tiene dos hijos, Juan e Inés, y un perro que se llama Tocho. Le gusta escuchar música e ir al gimnasio.

Paloma

Fotógrafa. Es argentina, de padre español, y consiguió el trabajo por un anuncio en el periódico. Le gusta correr todos los días y juega al tenis.

Luis

Redactor de cultura. Es madrileño y le gusta el cine fantástico y jugar al golf.

Iñaki

Administrativo. Está casado con Ana y quieren adoptar un niño. Le gusta jugar al tenis.

Miquel

Cámara. Es catalán. Colecciona películas en blanco y negro y tiene un gato. Le gustan los deportes de montaña.

Sergio

Reportero. Tiene 30 años y está soltero. Suele hacer reportajes con Paloma.

Rocío

Redactora de sociedad. Es ⟨malagueña⟩. Va a ser mamá. Su marido se llama Mateo.

Carlos

Becario. Es un nuevo ⟨colaborador⟩ de la agencia.

Mario

Becario. Es brasileño. Su abuelo es un investigador famoso.

1 Vivir en Babel

WE SPEAK
ARABIC · FRENCH · GREEK
HEBREW · HUNGARIAN · ITALIAN
NEW YORKESE · PORTUGUESE
RUMANIAN · RUSSIAN · SPANISH

En esta unidad vamos a:

- **Intercambiar opiniones sobre hábitos y experiencias de aprendizaje**
- **Hablar de hábitos en el pasado**
- **Redactar una biografía lingüística**
- **Elegir objetivos de aprendizaje y decidir cómo alcanzarlos**

1 Mis cursos de español

a Es el primer día de clase: preséntate a tu compañero dando tus datos personales y explicando dónde has estudiado español y cuánto tiempo. Aquí tienes un ejemplo:

> Me llamo André, tengo 28 años. Trabajo en una empresa de publicidad, soy diseñador. Estudio español porque me gusta la publicidad que se hace en español. He estudiado 6 meses aquí en España, primero seguí un curso intensivo de un mes y ahora hago el curso de dos veces por semana porque ya hablo un poco, puedo comunicarme... y porque tengo mucho trabajo. El curso intensivo me ha gustado porque hemos aprendido muchísimo en muy poco tiempo, aunque había mucha tarea para hacer en casa, sobre todo de huecos, y era muy cansado tener clase todos los días.

opening/gap

b Ahora presenta a tu compañero al resto del grupo.

2 La biografía lingüística de Tania

a Lee y escucha el cómic. Parece que Paloma no sabe qué es una biografía lingüística. Elige la mejor definición.

incluso / puedo ser

| Historia de una lengua, desde sus orígenes hasta la actualidad | Historia del aprendizaje de lenguas en un lugar o una época | Escrito donde una persona habla de las lenguas que sabe y de cómo las ha aprendido |

getrodretie

Me llamo Tania, soy de Moscú. Soy bailarina clásica y, cuando me jubilé, busqué un baile sin límite de edad. ¡Y así descubrí el tango!
Al principio, cantaba los tangos mientras bailaba, sabía las letras de memoria pero no entendía nada. Por suerte, una vecina uruguaya me ayudaba a traducir las canciones. Poco a poco, con ella y con ayuda de un diccionario, empecé a entender las letras de los tangos. Tres años después, viajé a Buenos Aires y viví allí un año: por las mañanas asistía a los cursos para extranjeros de la Universidad y por las noches bailaba tango. Allí aprendí todo lo que sé del español y del tango. Ahora hago casi lo mismo en mi ciudad: asisto a clases de español dos veces por semana, bailo todas las noches y las tardes que tengo libres, busco algún tango nuevo y lo escucho hasta que me lo aprendo; (busco las palabras que no conozco, le pregunto a mi profesor, a mis amigos...). Así me preparo para volver, algún día, a Buenos Aires y a las milongas.

porte BA dance

b Lee la biografía lingüística de Tania y contesta a las preguntas.

1 ¿Por qué empezó Tania a estudiar español?

2 ¿Qué hizo para aprender español? ¿Qué acción te parece más eficaz?

3 ¿Has hecho algunas cosas similares para aprender español? Escríbelas.

Al final de la unidad...

Vas a redactar tu biografía lingüística: vas a contar cómo empezaste a estudiar lenguas y cómo lo has hecho.

¡RECUERDA!
Al presentarte vas a utilizar:
• **Verbos en presente:** tus datos personales, profesionales, etc.
• **Verbos en pretérito perfecto o indefinido:** tu formación y tus estudios de español.

Mi biografía lingüística

Agencia ELE

🔊 Paloma y Sergio viajan a Sevilla para cubrir el «Tercer Congreso Internacional de Estudiantes del Español».

> Sr. García Núñez, ¿se acuerda de mí? Soy Paloma Martín, la fotógrafa de Agencia ELE.

> ¡Ah, sí! Paloma, claro que la recuerdo. ¡Qué alegría verla otra vez!

> Lo mismo digo. Mire, le presento a Sergio Montero, el reportero de Agencia ELE.

> Mucho gusto, señor.

> Encantado de conocerlo. ¿Es esta su primera vez en Sevilla?

> Discúlpenme, los tengo que dejar. ¡Hombre! ¡Santiago Pereyra!

> Mira, esos que están ahí son los Crespo, los investigadores de los que te he hablado. Son muy majos.

> ¡Hola, Marta! ¿Qué tal, Pablo? ¿Os acordáis de mí?

> Claro, Paloma. ¿Cómo estás? ¡Me alegro de verte!

> Mirad, este es Sergio, reportero de la Agencia.

> ¡Hola! ¿Qué tal?

> ¡Hola! Mucho gusto.

> Encantados.

> Oye, Paloma, ¿qué tal va el congreso?

> Bien, muy interesante. No soy especialista, pero estoy aprendiendo mucho.

> Os dejamos, que tenemos una entrevista. Nos vemos.

> Sí, a ver si hablamos luego.

> Si no nos volvemos a ver, dale nuestros recuerdos a Rocío, ¿vale?

Esa noche, en el vestíbulo del hotel...

> ¿Qué tal el día?

> Muy bien. Incluso escribí mi biografía lingüística.

> ¿...?

> Sí, la historia de mi aprendizaje de idiomas. Mira, aquí tengo una para el reportaje.

Me llamo Tania, soy de Moscú. Soy bailarina clásica y, cuan... baile sin límite de edad. ¡Y así descubrí el tango! Al principio, cantaba los tangos mientras bailaba, sabía las l... entendía nada. Por suerte, una vecina uruguaya me ayudab... Poco a poco, con ella y con ayuda de un diccionario, empec... los tangos. Tres años después, viajé a Buenos Aires y viví... asistía a los cursos para extranjeros de la Universidad y... ...í aprendí todo lo que sé del español y del tango. A... ...dos veces por semana...

1 Presentarse y presentar a otros

a Lee el cómic y subraya con un color las presentaciones formales y con otro, las informales.

b ¿Recuerdas cómo hacer presentaciones?

Presentación formal
- ■ *Mire, le presento a la señora García Robles.*
- ● *Mucho gusto. / Encantado de conocerla.*

▶

Presentación informal
- ■ *Mira, este es José, un compañero de la oficina.*
- ● *¡Hola! ¿Qué tal?*

▼

✳

¿Recuerdas qué se dicen dos personas cuando se reencuentran?

¿Te acuerdas de mí? / ¿Se acuerda de mí?
¡Qué alegría verte/lo/la otra vez / de nuevo!
¡Cuánto / Tanto tiempo sin verte/lo/la!
¡Qué sorpresa!
¡Qué casualidad!
¿Eres Juan? / ¿Es usted la señora Gómez?

c Imaginad que estáis en la recepción del «Tercer Congreso Internacional de Estudiantes del Español».

En grupos de cuatro, cada uno elige un personaje. Hans acompaña a Angela y Marie a Peter. Marie y Angela se conocen, se saludan y hacen las presentaciones.

- ■ *¡Angela! ¡Qué sorpresa!*
- ● *¡Marie! ¡Hola! ¿Qué tal? ¡Qué alegría verte otra vez! ¿Conoces a Hans? Es...*

PETER BROOKS
- Inglés, 32 años.
- Estudió español 3 meses en La Habana, en 2003.

MARIE DUCHAMP
- Francesa, 48 años.
- Estudió español 8 meses en Sevilla, en 2009.

HANS WALD
- Alemán, 60 años.
- Estudió español 1 año en Berlín, en 2009.

ANGELA DE SOUZA
- Brasileña, 30 años.
- Estudió español 2 meses en Buenos Aires, en 2007.

2 **¿Qué hacías para aprender español?**

a Vas a leer el testimonio de Juliette Blanché, una estudiante de español. Presta atención a las cosas que hacía para practicar y mejorar el idioma.

Nombre: *Juliette Blanché*
Edad: *27 años*
Nacionalidad: *belga*
Profesión: *profesora de escuela primaria en Bruselas*

Antes pensaba que pasar todo un verano descansando era una pérdida de tiempo. Me enteré de las vacaciones solidarias y me dije: «Esto es lo que estabas buscando». No dudé ni un minuto, y como mi pasión es el español y las culturas latinoamericanas, elegí un país hispanohablante.

Mi destino fue una escuela en Puno, un pueblo peruano a orillas del Lago Titicaca. Éramos cinco voluntarios y teníamos que reconstruir y ampliar el edificio. Pintábamos aulas, arreglábamos techos, reparábamos muebles..., hacíamos de todo. Los otros voluntarios eran peruanos así que yo les hacía preguntas para saber el nombre de las herramientas que

usábamos o de las cosas que hacíamos. Yo anotaba todo en una libreta llamada «Escuela». Al día siguiente intentaba usar las palabras nuevas, para ver si las pronunciaba bien o si las decía en la situación adecuada.

Vivía con una familia que tenía cinco hijos. El padre tenía una lancha y llevaba a los turistas a la isla de Taquile. La madre tejía jerséis, bufandas, gorros y ponchos que llevaba el sábado al mercado para venderlos. Los niños iban con ella y yo los acompañaba; al principio solo escuchaba, pero poco tiempo después ya podía vender y discutir el precio. En la casa tenía otra libreta llamada «Casa», y ahí anotaba todas las palabras que aprendía relacionadas con la vida cotidiana. Mi libreta favorita era la llamada «Comida», donde escribía los nombres de los utensilios de cocina y las recetas de los platos peruanos que cocinaba mi «madre».

Las tardes libres iba a clases particulares con un maestro de la escuela y le hacía todas las preguntas que los otros no sabían responderme.

¿Sabes cómo me llamaban mis compañeros peruanos? «Juliette Tengo Una Preguntita».

b Haz una lista de los hábitos de Juliette relacionados con el aprendizaje de la lengua, es decir, qué hacía Juliette para mejorar su español.

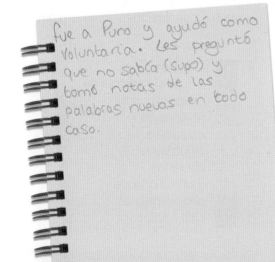

Fue a Puno y ayudó como voluntaria. Les preguntó que no sabía (supo) y tomó notas de las palabras nuevas en todo caso.

c Vas a escuchar el testimonio de Bernard Tuts. Presta atención a las cosas que hacía para practicar y mejorar el español. Puedes tomar notas.

Nombre: *Bernard Tuts*
Edad: *20 años*
Nacionalidad: *belga*
Profesión: *estudiante*

....

....

....

d ¿Tienes cosas en común con Juliette y Bernard? Coméntalo con tu compañero.

3 Una cuestión de estrategias

a La **estrategia** es el arte de planificar y dirigir operaciones militares. En la vida cotidiana, también hablamos de estrategia. ¿Puedes poner un ejemplo? ¿Y en el aprendizaje de idiomas?

– *Cuando tengo una entrevista de trabajo pienso en las preguntas que me pueden hacer.*
– *Leo un mismo texto varias veces en voz alta para mejorar mi pronunciación.*
– *Busco en el diccionario las palabras que no conozco y las apunto en un cuaderno.*

b ¿Qué estrategias de la siguiente lista utilizas dentro y fuera del aula para aprender mejor español? Márcalas. ¿Conoces otras? Piensa en lo que hacen Juliette y Bernard.

☐ Me fijo mucho en lo que dice otra persona y uso las mismas expresiones.
☐ Busco en el diccionario las palabras más importantes.
☒ Escucho canciones.
☒ Clasifico palabras nuevas por orden alfabético.
☐ Hago los deberes.
☐ Pido que me repitan o expliquen lo que no entiendo.
☐ Chateo en español.
☒ Clasifico palabras nuevas por tema.
☒ Copio una palabra nueva muchas veces.
☐ Veo películas en versión original.
☒ Leo lecturas graduadas.
☐ Hago un intercambio con un nativo.
☐ Escucho varias veces una grabación para entender un poco más cada vez.
☐ ....
☐ ....

c ¿Qué ocurre en mi propia clase? En grupos, responded a las preguntas y hablad sobre las estrategias que más y menos se usan en clase.

1 ¿Quién escribe *e-mails* en español?

2 ¿Quién lee el periódico en español?

3 ¿A quién le gusta hablar frente al espejo en español? *people who love themselves*

4 ¿Quién usa mucho el diccionario en clase?

5 ¿A quién le aburre practicar las conjugaciones de verbos?

6 ¿Quién relaciona palabras en español con otras de los idiomas que sabe?

7 ¿A quién le cuesta emplear palabras nuevas?

d Informe final: analiza toda la información y saca tus conclusiones. Puedes usar:

todos/as
la (gran) mayoría de
muchísimos/as
muchos/as
bastantes
algunos/as
pocos/as
una minoría de
poquísimos/as
casi nadie

Casi todos los estudiantes chatean en español, muchos estudiantes escuchan canciones en español, pero casi nadie hace los deberes.

4 Estudiaba poco

a Recordemos la conjugación del pretérito imperfecto.

VERBOS REGULARES						
practicar	practic**aba**	practic**abas**	practic**aba**	practic**ábamos**	practic**abais**	practic**aban**
aprender	aprend**ía**	aprend**ías**	aprend**ía**	aprend**íamos**	aprend**íais**	aprend**ían**

¿Puedes completar tú la conjugación de *escribir*? Es igual a la de *aprender*.

escribir	*escribía*	*escribías*	*escribías*	*escribíamos*	*escribíais*	*escribían*

¡Hay solo tres!

VERBOS IRREGULARES						
ir	iba	ibas	iba	íbamos	ibais	iban
ser	era	eras	era	éramos	erais	eran
ver	veía	veías	veía	veíamos	veíais	veían

Recuerda los usos más frecuentes del **pretérito imperfecto**:

1 Describir personas, lugares y objetos en el pasado:

Los otros voluntarios <u>eran</u> peruanos.

2 Referirse a acciones habituales en el pasado:

<u>Pintábamos</u> aulas, <u>arreglábamos</u> techos, <u>reparábamos</u> muebles..., <u>hacíamos</u> de todo.

3 Contrastar el pasado con el presente:

Antes <u>pensaba</u> que pasar todo un verano descansando <u>era</u> una pérdida de tiempo.

b ¿Qué hacían Juliette y Bernard para mejorar el español? Completa las frases con la forma correspondiente de los siguientes verbos.

estudiar · escribir · oír · avanzar · escuchar · hacer · preguntar · comunicarse

1 *Juliette escribía* las palabras nuevas en una libreta.
2 .... a los compañeros peruanos cómo se dice en español.
3 .... a los demás en el mercado.
4 .... poco y .... poco.
5 .... por el chat con amigos.
6 .... música.
7 .... preguntas al profesor.

c En parejas, completad las tablas de los cursos de español que cuatro personas hicieron el año pasado. Los datos del alumno B están en la ficha de la página 156.

Alumno A

Alumnos	Horas por semana	Número de profesores	Actividades en clase	Actividades extracurriculares
Paul	20		Canciones y textos	Clases de cocina
Gertrude		3		
Gianni				Clases de historia
Tania	15	1	Juegos y audiciones	

■ *¿Cuántos profesores tenía Paul?*
● *Dos. ¿Y cuántas horas de clase tenía Tania a la semana?*

d Ahora comparad los cursos. ¿Cuál de los cuatro creéis que es mejor? ¿Por qué?

1 El turismo idiomático

a ¿Puedes escribir una definición de «turismo idiomático»? Compara tu definición con la de tus compañeros.

b Escucha ahora unas entrevistas a alumnos extranjeros que están haciendo cursos de idiomas en España. Completa el siguiente cuadro.

	Yamila	Marcos	Gianni
Origen			
Idioma que estudia			
Duración del curso			
Razones para estudiar			
Estrategias de aprendizaje			

c Vuelve a escuchar las entrevistas y contesta a las preguntas.

1 ¿Cuál de los tres estudiantes usa estrategias más útiles o eficaces para aprender?

2 ¿Con qué estudiante te identificas?, ¿por qué?

3 ¿Has hecho alguna vez turismo idiomático?, ¿te ha dado buenos resultados?

d Ahora retoma la actividad **1a** y mejora la definición de «turismo idiomático». ¿Es una buena idea para mejorar el nivel de la lengua extranjera? ¿Por qué?

2 Biografía lingüística de Iñaki

a El siguiente gráfico muestra el dominio que tiene Iñaki de las lenguas que conoce. Lee su biografía lingüística y escribe el nombre de las lenguas en el gráfico.

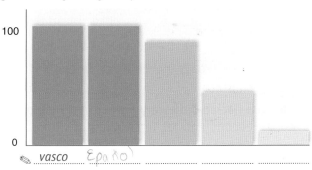

100

0

✎ _vasco_   Epaño)

Mi historia lingüística comienza desde el momento en que nací, en Bilbao. Mi madre es castellana, de Salamanca, y mi padre es vasco; cada uno me hablaba en su lengua y por eso soy bilingüe desde niño y, actualmente, hablo el español y el vasco con mucha naturalidad. Cuando tenía 10 años nos fuimos a vivir a Inglaterra por el trabajo de mi padre, que era periodista. Recuerdo que fue el momento más duro de mi infancia porque mi hermana y yo no sabíamos mucho inglés: apenas conocíamos algunas palabras o frases sueltas, pero no nos servían para entendernos con la gente. En la escuela nos

pasamos los primeros seis meses sentados en la última fila, estábamos todo el tiempo juntitos, no nos separábamos, teníamos miedo de hablar, realmente no entendíamos nada.

Pero los malos momentos pasaron. Conocimos a unos chicos que vivían cerca de nuestra casa e iban al mismo colegio; poco a poco, jugando con ellos, perdimos el miedo y aprendimos a hablar inglés.

Vivimos allí casi diez años. Yo volví justo para empezar la universidad en Madrid. Como ya sabía muy bien inglés, me apunté a los cursos de alemán y en segundo año de la carrera me fui un año de Erasmus a

Hamburgo, con 20 años. Como el alemán y el inglés se parecen bastante, no me resultó difícil aprender palabras o verbos. Al principio confundía las dos lenguas, pero a los tres meses ya estaba acostumbrado al acento alemán. Después de ese año no lo he usado mucho y mi alemán no ha mejorado.

Hace seis meses, y por motivos profesionales, empecé un curso de chino y todavía no puedo decir nada. Sé que me llevará un poco de tiempo acostumbrarme a los sonidos y la música de esta lengua tan diferente y tan fascinante, pero estoy seguro de que voy a hablar chino en el futuro.

b Organiza la información sobre las lenguas y los hechos de la vida de Iñaki.

LENGUA	¿Cómo aprendió?	¿Por qué?
vasco		
español		
inglés		
alemán	En la universidad y en Alemania con una beca Erasmus	Por elección propia
chino	Academia, España	

CIERRE DE EDICIÓN

Teniendo en cuenta todo lo que has leído, escuchado y comentado con tus compañeros, ya puedes ponerte a escribir tu biografía lingüística.

PLANIFICA ▼

desde I was born
learning.

1 Haz un borrador y piensa en los siguientes aspectos:

- tu lengua materna
- las otras lenguas que sabes
- cómo las has aprendido
- tu nivel en esas lenguas
- qué eres capaz de hacer en cada una
- los contactos que tienes o has tenido con hablantes de las lenguas que sabes

- qué tipo de estudiante de lenguas eres
- qué estrategias o trucos te sirven cuando estudias una lengua
- tus motivaciones   *success*
- qué objetivos te has planteado en el estudio del español (u otra lengua)
- cómo piensas lograr esos objetivos

Short attention span
(obstacle)
everywhere that I go.

ELABORA ▼

2 Puedes empezar tu biografía lingüística como lo hace Iñaki:

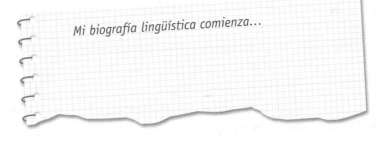

Mi biografía lingüística comienza...

PRESENTA Y COMPARTE ▼

3 Leed las biografías de vuestros compañeros. ¿Cuál es la más interesante?

Agencia ELE digital

En esta unidad vamos a escribir una biografía lingüística y la vamos a publicar en un ePEL.

Entra en www.agenciaele.com para realizar esta actividad.

Elegir objetivos de aprendizaje y decidir cómo alcanzarlos

1. ¿Qué te gustaría hacer en este curso? Selecciona tres objetivos de la lista que quieras alcanzar en este curso y agrega dos más.

1.	Aprender a entablar conversación con desconocidos en lugares públicos.
2.	Aumentar mi vocabulario para hablar de mis intereses, gustos, opiniones...
3.	Aprender a pedir favores de manera cortés en el trabajo y con mis amigos.
4.	Poder hacer preguntas a los demás sobre sus vidas, sus gustos, sus opiniones...
5.	Leer y entender instrucciones, recetas, indicaciones para hacer algo.
6.	Participar en reuniones y poder dar mi opinión, exponer ideas...
7.	Entender algunas entrevistas en la radio y en la televisión.
8.	Mejorar mi redacción.
9.	Contar historias de manera interesante y fluida.
10.	Mejorar mi forma de aprender español.
11.	
12.	

2. Compara tus objetivos con los de tu compañero. Con los 5 objetivos tuyos y los 5 de tu compañero debes negociar para establecer los definitivos. Escríbelos aquí.

1.
2.
3.
4.
5.

3. ¿Qué crees que puedes hacer para alcanzar tus objetivos durante este curso? Escribe algunas ideas.

1.
2.

4. Estas son algunas estrategias y actividades de estudio. Selecciona las que vas a utilizar en el curso. Agrega dos propuestas tuyas.

	mucho	poco	nada
Hacer ejercicios de gramática en casa.			
Escribir textos cortos en casa.			
Leer periódicos, cuentos, etc.			
Anotar vocabulario en una libreta.			
Escribir un diario de aprendizaje.			
«Pensar» en español, imaginar diálogos			

2 Trabajar para vivir

En esta unidad vamos a:

- Hablar de la experiencia generacional y el mundo del trabajo
- Expresar preferencias y deseos
- Redactar un informe y expresar porcentajes
- Conocer las diferencias entre *tú, vos* y *usted* en España y América Latina

1 Mi generación

a ¿Sabes a qué se refieren estas expresiones?

Generación X   Generación Y   Generación Z

b Lee la información sobre las generaciones y luego comenta con tu compañero.

¿A qué generación perteneces?, ¿te sientes identificado con la definición?, ¿por qué?

GENERACIÓN X
El espíritu rebelde

Son las personas nacidas en los años 70 e incluso a finales de los años 60 que han vivido su adolescencia entre 1980 y principios de los años 90.

Son la primera generación que se crió con la ruptura del hogar tradicional, en una época en la que los divorcios aumentaban vertiginosamente. Han vivido también el avance del proceso tecnológico de las últimas décadas, partiendo de una infancia con televisión con dos canales, a menudo en blanco y negro.

Son críticos, inconformistas y están en contra del sistema, pero son realistas, moderadamente optimistas y se han convertido en la generación más abstencionista de nuestro país. Están mucho más cualificados que sus jefes, saben idiomas y dominan las tecnologías; son los llamados JSP (Jóvenes Sobradamente Preparados), aunque no siempre consiguen los trabajos para los que se han preparado.

GENERACIÓN Y
El espíritu inquieto

Sucede a la Generación X e incluye a las personas nacidas entre 1982 y 1993 aproximadamente. Son jóvenes audaces, con sólidos conocimientos de tecnología, que están acostumbrados a la inmediatez de internet, a la enorme rapidez de los cambios y a vivir el presente.

Son mucho más inquietos que sus antecesores y son capaces de abandonar sus trabajos para recorrer el mundo, de cambiar de empleo cuando aparece el aburrimiento o cuando la empresa no ofrece un ágil camino de ascenso: retenerlos es un desafío. Están siempre abiertos al cambio y nada atados a la rutina. Además, prefieren empleos que permitan conciliar mejor la vida personal y laboral.

GENERACIÓN Z
Los nativos digitales

Son los nacidos entre 1993 y la última mitad de la primera década del siglo xxi. Generalmente, sus padres nacieron entre 1960 y 1980 (los más jóvenes de los Baby Boomers, la Generación X y los más viejos de la Generación Y). Hoy en día, la generación Z representa casi el 18 % de la población del mundo.

La generación Z también se le llama «la generación silenciosa», «iGeneration» y «la generación llena de entretenimientos». Han conocido desde muy pequeños tecnologías como DVD, internet, los mensajes instantáneos o SMS, la comunicación por teléfono móvil, los reproductores de MP3 y el famoso YouTube, y por ello se los conoce como «nativos digitales».

Es una generación consumista y pesimista, desconfía del gobierno y es impulsiva.

Información procedente de: www.educaweb.com, www.elconfidencial.com/cache, www.lanacion.com.ar y Wikipedia

2 ¿Estudias y trabajas?

a Aquí tienes tres palabras que van a aparecer en el cómic: el paro, precario/a, un empleo / trabajo

¿Conoces su significado? Combina esas palabras con las siguientes:

1 _un empleo_ a tiempo completo
2 situación _precaria_
3 recibir _empleo_
4 _trabajo_ inestable

5 cobrar ....
6 .... mal remunerado
7 estar en ....
8 unas condiciones ....

9 .... estable
10 .... para toda la vida
11 un trabajo ....
12 .... a tiempo parcial

b Lee y escucha el cómic y contesta a las preguntas.
1 ¿A qué generación crees que pertenecen los jóvenes entrevistados? ¿Por qué?
2 ¿Cuál de ellos tiene mejor situación laboral?
3 Y tú, ¿prefieres un contrato indefinido o ser trabajador autónomo? ¿Por qué?

Al final de la unidad...

Vas a elaborar un breve informe sobre la primera experiencia en el mundo laboral de gente que conoces y vas a presentarlo a los compañeros.

Luis y Paloma tienen que recoger información sobre el empleo juvenil.
Es viernes por la noche y van a un restaurante para entrevistar a algunas personas.

Ven, Luis, acerquémonos a esa mesa, parecen simpáticos.

Sí, vamos.

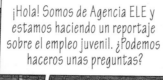

¡Hola! Somos de Agencia ELE y estamos haciendo un reportaje sobre el empleo juvenil. ¿Podemos haceros unas preguntas?

¿Empleo? ¿De qué me estás hablando, tío? Hace siete meses que estoy en el paro. No soy la persona indicada. Mejor habla con Ana.

Hola, Ana. Cuéntanos, ¿tú trabajas?

Sí, pero tengo un trabajo a tiempo parcial. La situación está muy mal, ya sabes, la crisis. Soy la típica mileurista con un empleo precario.

¿Y cómo te las arreglas?

Pues, sigo viviendo con mis padres a los 30 años, pero no me gusta que me mantengan. Quiero ser independiente, claro.

¿A qué te dedicas?

¿Y tú?

Yo soy uno de los muchos pluriempleados. Tengo dos trabajos, en ambos tengo un contrato temporal, pero me encanta lo que hago.

Soy actor y trabajo en teatro y en televisión. Mi sueño es hacer cine. Espero que algún día me den un buen papel.

Ojalá tengas suerte.

Gracias.

¿Tú también trabajas?

Sí, y a mí también me gusta lo que hago.

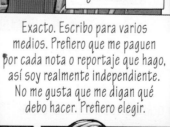

Ah, ¿sí? Cuéntanos. ¿Qué haces?

Soy periodista, como vosotros.

¡Pero qué casualidad! Así que somos colegas. ¿Y dónde trabajas?

Soy autónoma y trabajo desde mi casa.

¡El teletrabajo!

Exacto. Escribo para varios medios. Prefiero que me paguen por cada nota o reportaje que hago, así soy realmente independiente. No me gusta que me digan qué debo hacer. Prefiero elegir.

¿Y vives sola?

Sí, claro. Vivo en un estudio muy pequeño, pero creo que el esfuerzo vale la pena.

1 ¿Has dejado de fumar o sigues haciéndolo?

Pues, sigo viviendo con mis padres a los 30 años, pero no me gusta que me mantengan. Quiero ser independiente, claro.

a Mira la respuesta de Ana y compárala con los siguientes ejemplos:

Empecé un curso de francés hace 5 años y <u>sigo estudiando</u> con la misma ilusión.

■ *¿Tu cuñado <u>sigue trabajando</u> en la empresa de tu padre?*
● *Sí, lleva ya 6 años.*

■ *Oye, ¿dónde está María?*
● *<u>Sigue hablando</u> por teléfono.*
■ *¡¡Lleva más de media hora!!*

> *Seguir* **+ gerundio**: indica una acción o un hábito que continúa en el tiempo.
>
> *Sigo comiendo en casa de mis padres.*

El gerundio

Aquí tienes la formación del gerundio y algunos irregulares:

Regulares

Terminación **-ar**: habl**ando** Terminación **-er**, **-ir**: com**iendo**, viv**iendo**

Algunos **gerundios irregulares** (fíjate que son solo del grupo *-er* e *-ir*)

decir	**diciendo**	morir	**muriendo**	venir	**viniendo**
dormir	**durmiendo**	oír	**oyendo**	seguir	**siguiendo**
ir	**yendo**	poder	**pudiendo**	elegir	**eligiendo**
leer	**leyendo**	sentir	**sintiendo**	preferir	**prefiriendo**

b Lee las siguientes frases. Fíjate en la diferencia de significado en relación con las frases anteriores de **1a**.

<u>Dejé de fumar</u> hace 5 años y ahora soy feliz.
Cuando me mudé a Madrid y empecé a trabajar, <u>dejé de jugar</u> al hockey.
El año pasado <u>dejé de estudiar</u> inglés y empecé con el portugués.

■ *¿Sigues jugando al fútbol?*
● *No, <u>dejé de jugar</u> cuando me rompí la pierna.*

> *Dejar* **+ de + infinitivo**: indica una acción o un hábito que se interrumpe y ya no se realiza.
>
> *<u>Dejé de comer</u> carne, ahora soy vegetariano.*

c Rocío entrevista al escritor Carlos Moyano y le pregunta sobre los jóvenes de la década de los 60 y los de ahora. Escucha su opinión y señala las cosas que los jóvenes de ahora *siguen haciendo* (S) o *han dejado de hacer* (D).

Salir de noche ☐ Ser románticos ☐ Gustarles estar con sus amigos ☐
Pasar mucho tiempo fuera de casa ☐ Preocuparse por la gente pobre ☐
Interesarles los temas sociales ☐ Leer ☐ Ser idealistas ☐

■ *A los jóvenes de ahora les sigue gustando salir de noche.*
● *Estoy de acuerdo. A todos los jóvenes les gusta divertirse.*

d ¿Estás de acuerdo con la opinión que Carlos Moyano tiene de los jóvenes? ¿Por qué?

e Piensa en una etapa pasada de tu vida y cuéntale a tu compañero qué sigues haciendo y qué has dejado de hacer.

■ *Sigo leyendo mucho, como a los 18 años, pero he dejado de ir a conciertos de rock, no me gusta estar entre tanta gente.*
● *Yo antes comía muchos dulces, pero he dejado de hacerlo.*

2 Trabajos para todos los gustos

a En el cómic los personajes...

1 Expresan deseos

a
*Quiero **ser** independiente.*

b
*Espero que algún día me **den** un buen papel.*

c
*Ojalá **tengas** suerte.*

2 Expresan preferencias

a
*Prefiero **elegir**.*

b
*Prefiero que me **paguen**.*

- ¿Qué tienen en común los ejemplos 1a y 2a? ¿Puedes escribir la regla?

  Quiero / Prefiero + ...infinitivo...

En estos dos ejemplos la persona (yo) expresa deseos y preferencias para sí misma. Por eso, el segundo verbo va en infinitivo.

- Observa ahora los ejemplos 1b y 2b. ¿Qué tienen en común? ¿Puedes completar la fórmula?

  (yo) Espero / Prefiero + ...Que... +
  (otro sujeto) presente de subjuntivo

Cuando una persona expresa deseos o preferencias con respecto a otra, el segundo verbo va en presente de subjuntivo.

> La palabra **ojalá** siempre va con subjuntivo.
>
> *Ojalá puedas venir a la fiesta.*
> *Ojalá haga buen tiempo.*

b Conjugación regular del presente de subjuntivo.

	hablar > e	comer > a	vivir > a
yo	habl**e**	com**a**	viva
tú	habl**es**	com**as**	vivas
él / ella / usted	habl**e**	com**a**	viva
nosotros/as	habl**emos**	com**amos**	vivamos
vosotros/as	habl**éis**	com**áis**	vivais
ellos / ellas / ustedes	habl**en**	com**an**	vivan

El grupo **-ir** es como el grupo **-er**. ¿Puedes completarlo tú?

c Conjugación irregular.

- Estos verbos no se parecen en presente de indicativo y de subjuntivo.

ser	saber	ir
sea	sepa	vaya
seas	sepas	vayas
sea	sepa	vaya
seamos	sepamos	vayamos
seáis	sepáis	vayáis
sean	sepan	vayan

- Irregulares con diptongo en las personas *yo, tú, él, ellos.*

> Son los mismos que en presente de indicativo.

pensar	poder	querer	preferir
p**ie**nse	p**ue**da	qu**ie**ra	pref**ie**ra
p**ie**nses	p**ue**das	qu**ie**ras	pref**ie**ras
p**ie**nse	p**ue**da	qu**ie**ra	pref**ie**ra
pensemos	podamos	queramos	prefiramos
penséis	podáis	queráis	prefiráis
p**ie**nsen	p**ue**dan	qu**ie**ran	pref**ie**ran

3 *Quiero / Prefiero...*

a Descubre qué deseos tienen estos cuatro jóvenes con respecto al trabajo.
Completa los textos con el presente de subjuntivo o con el infinitivo.

◄ Carlos, 29 años, fontanero

Me gusta ___trabajar___ (trabajar) solo. Prefiero __ser__ (ser) mi propio jefe, __tener__ (tener) mi propia empresa y __tomar__ (tomar) todas las decisiones. Soy responsable: quiero que los clientes __estén__ (estar) contentos con mi trabajo y me gusta que lo __valoren__ (valorar).

Ana, 36 años, fotógrafa ►

Quiero __tener__ (tener) un trabajo fijo, estable, pero quiero un trabajo que no __es__ (ser) rutinario. Me gusta __viajar__ (viajar) y __conocer__ (conocer) gente. En la empresa, quiero que __haya__ (haber) un buen ambiente de trabajo y que mi jefe __valore__ (valorar) el esfuerzo de los trabajadores. Dejé de trabajar en mi anterior empresa porque el ambiente era malo.

◄ Ricardo, 26 años, arquitecto

Prefiero __ser__ (ser) autónomo y __trabajar__ (trabajar) en diferentes proyectos. Me gusta que todo el equipo __analiza__ (analizar) un trabajo y decida la mejor manera de hacerlo. No me gusta que los jefes me __dan__ (dar) órdenes sin tener en cuenta lo que opinan los subordinados. En el futuro, quiero __tener__ (tener) mi estudio de arquitectura y __trabajar__ (trabajar) en proyectos propios.

Paula, 30 años, profesora de colegio ►

Me encanta __ser__ (ser) profesora y quiero _____ (seguir + trabajando) con niños pequeños. Pero también quiero que el director me __suba__ (subir) el sueldo y que los padres __respeten__ (respetar) mi trabajo.

b Imagina los deseos de las siguientes personas. Comenta con tu compañero.

1
Andrés, 10 años
Es Navidad

2
Ernesto, 46 años
Su hijo se
independiza

3
Javier, 34 años
Entrevista de
nuevo trabajo

4
Nieves, 22 años
Se casa
el viernes

5
Marta, 45 años
Bodas de plata,
2.ª luna de miel

6
Ana, 65 años
Profesora,
se jubila

7
Tú, tu momento
actual
¿Qué quieres?

4 El mercado laboral

a Mira el siguiente gráfico sobre las características de las personas que buscan empleo en España por grupos de edad. Señala de qué aspectos informa.

☐ experiencia laboral   ☐ sueldo medio   ☐ tipos de empleo

☐ nivel de estudios   ☐ disposición para mudarse   ☐ capacidades y carácter

☐ jornada preferida

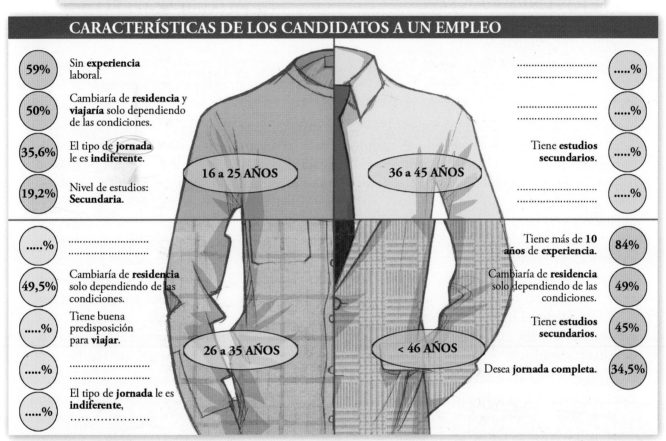

CARACTERÍSTICAS DE LOS CANDIDATOS A UN EMPLEO

16 a 25 AÑOS

- **59%** Sin **experiencia** laboral.
- **50%** Cambiaría de **residencia** y **viajaría** solo dependiendo de las condiciones.
- **35,6%** El tipo de **jornada** le es **indiferente**.
- **19,2%** Nivel de estudios: **Secundaria**.

36 a 45 AÑOS

- **.....%** ....
- **.....%** ....
- **.....%** Tiene **estudios secundarios**.
- **.....%** ....

26 a 35 AÑOS

- **.....%** ....
- **49,5%** Cambiaría de **residencia** solo dependiendo de las condiciones.
- **.....%** Tiene buena predisposición para **viajar**.
- **.....%** ....
- **.....%** El tipo de **jornada** le es **indiferente**,

< 46 AÑOS

- **84%** Tiene más de **10 años** de **experiencia**.
- **49%** Cambiaría de **residencia** solo dependiendo de las condiciones.
- **45%** Tiene **estudios secundarios**.
- **34,5%** Desea **jornada completa**.

b Escucha y completa en el dibujo anterior los grupos de edad «26 a 35 años» y «36 a 45 años».

c ¿Eres capaz de formar frases con porcentajes y decimales? Crea frases como la del ejemplo.

1. 59% / jóvenes 16-25 años / sin experiencia laboral
   El 59% de los jóvenes entre 16 y 25 años no tiene experiencia laboral.
2. 50% / disposición para cambiar de residencia
3. 19,2% / jóvenes 16-25 años / estudios de Secundaria
4. 34,5% / > 46 años / jornada completa
5. Barcelona / 1,6 millones de habitantes
6. 48% / jóvenes 18-22 años / buscar primer empleo

Expresar porcentajes

Los porcentajes concuerdan con el verbo en singular:
El 59% de los jóvenes no tiene experiencia.

Expresar decimales

- 0,5 se dice normalmente «y medio»
  49,5 → *cuarenta y nueve y medio*
- 0,2 se dice normalmente «con dos» o «coma dos»
  2,2 → *dos con dos; dos coma dos*

*En México se usa "." en lugar de "," para indicar decimales:
3.5 = *tres y medio; tres con cinco*.

llevo a cabo bien mis planes

1 Jóvenes y trabajo en México

a Lee el informe basado en una encuesta que realizó la Universidad Nacional Autónoma de México (UNAM) sobre la situación de los jóvenes y el trabajo en México. Elige uno de los siguientes títulos para el texto.

> LOS JÓVENES Y EL TRABAJO

> ¿TRABAJAR O ESTUDIAR? ESA ES LA CUESTIÓN

> LOS JÓVENES Y LA PRECARIEDAD LABORAL

> MI PRIMER EMPLEO

TÍTULO ▸

Tras = after

El promedio de edad en el que se obtiene el primer trabajo se concentra entre los 17 y los 18 años. Sin embargo, el inicio de la vida laboral se lleva a cabo antes. De todos los encuestados que alguna vez han trabajado, la mitad comenzó entre los 13 y los 16 años de edad, periodo en el que deberían estar dedicados a concluir su instrucción básica.

Aunque el 42.4% acepta empleos de media jornada que les permitirían continuar sus estudios, la mayoría (56%) se incorpora a trabajos de tiempo completo.

Ahora bien, ¿cómo consiguen el primer trabajo? Este estudio muestra que las redes sociales facilitan la inserción en el mercado laboral. De hecho, siete de cada diez obtienen el primer trabajo gracias a un amigo, por la contratación directa de un familiar o mediante sus gestiones.

A primera vista resultan alentadoras las estadísticas sobre el tiempo que tardan los jóvenes en conseguir su primer empleo. Casi la mitad de los entrevistados tardó entre uno y tres meses. Una cuarta parte lo logró en menos de un mes. No obstante, cuando se revisan los datos correspondientes a las condiciones en que desempeñan dichas actividades y el beneficio económico que reciben, el optimismo comienza a desvanecerse. El 58.3% de los encuestados no tiene un contrato laboral que garantice las prestaciones sociales. Entre aquellos que desempeñaban su primer empleo la cifra aumenta a 71.8%.

Si bien podemos sentirnos orgullosos de la capacidad de trabajo de nuestros jóvenes, habría que pensar en las consecuencias que su ingreso al mercado laboral, en plena edad formativa, podría tener

en su educación. Según nos informa la encuesta, la posibilidad de estudiar depende de los deseos y posibilidades de la familia. Si estas no pueden solventar el gasto, los jóvenes cuentan con pocas alternativas para continuar con su formación escolar: solo uno de cada cien logra sostener su educación por su propio esfuerzo, y menos de tres lo consiguen gracias a las becas.

Aquí habría que preguntarse: ¿quién apoya a la familia para que pueda mejorar su situación de vida a través de la preparación de sus nuevas generaciones? Si al cuestionamiento le cambiamos la palabra "familia" por la de "nación", el problema sigue siendo esencialmente el mismo, pero tamaño manada de elefantes que, ojalá, no tenga necesidad de darse a la estampida.

> Este texto se escribió en México. En México, los decimales se indican con punto:
>
> 42.4%

b Explica por qué has elegido ese título.

c El informe presenta aspectos positivos y negativos. Reléelo y completa el cuadro. Los conectores subrayados en el texto van a ayudarte a ordenar las ideas.

EL TRABAJO Y LOS JÓVENES EN MÉXICO		
Aspectos positivos ☺		**Aspectos negativos** ☹
La media de edad de los que encuentran empleo está entre los 17 y 18 años.		*La mitad comienza a trabajar en edad escolar.*
	PERO	

Pero, sin embargo, ahora bien, si bien, no obstante, aunque son conectores que contrastan una idea anterior o la matizan.

*El trabajo me gusta **pero** me pagan poco.*

CIERRE DE EDICIÓN

Vas a hacer un breve informe sobre la primera experiencia en el mundo laboral de gente que conoces y vas a presentárselo a tus compañeros.

PLANIFICA ▼

1 Haz una encuesta a tus profesores, familiares, amigos, vecinos..., y averigua cómo fue su primer empleo. Elabora con tu compañero una breve encuesta con distintas preguntas.

```
edad        tipo de trabajo     duración     estudios
```

2 Haz la encuesta y recoge la información. Puedes hacer la encuesta de forma oral o escrita. Intenta conseguir un mínimo de 6 encuestas.

ELABORA ▼

3 Escribe un texto breve con los resultados de la investigación. Acompaña tu texto con gráficos y porcentajes.

> *La mayoría de las personas...*
> *El 50% de los encuestados...*
> *Muy pocos...*

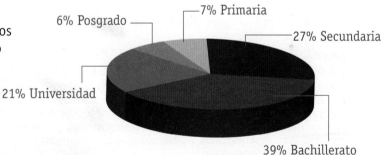

7% Primaria
6% Posgrado
27% Secundaria
21% Universidad
39% Bachillerato

PRESENTA Y COMPARTE ▼

4 Presenta tu trabajo a tus compañeros.

5 Elegid la mejor presentación. Comentad por qué os ha gustado: ideas, claridad de presentación, corrección del español, ritmo y entonación...

Agencia ELE digital

En esta unidad vamos a hacer una presentación sobre nuestro informe y lo vamos a compartir en la red.

Entra en www.agenciaele.com para realizar esta actividad.

Tú, vos y usted

La elección del *usted*, *tú* o *vos* (según los países) para tratar a las personas depende de varias razones. Incluso los hablantes de español, muchas veces, no están seguros de la forma que deben elegir para dirigirse a otra persona.

Lee algunas opiniones sobre el tema aparecidas en el foro **WordReference.com Language Forums**:

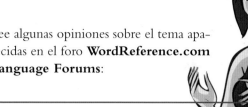

Wordreference.com Language Forums

Chica 11 ● Senior Member — Lugar: Estados Unidos — Edad: 31

El uso de Usted/Tú/Vos.

¡¡Hola a todos los foreros que hablan español/castellano!! Tengo una pregunta para ustedes. Quiero saber sobre el uso de usted en vez de tú /vos en sus países. ¿Es "usted" una palabra muy formal que solamente se usa para la gente mayor o los profesionales (doctores/maestros/profesores, etc.)? ¿O es una palabra que se usa mucho con varias personas? ¿Cuándo empiezan a usar tú/vos en vez de usted?
Una noche en Costa Rica, estaba en una discoteca con una amiga cuando dos argentinos empezaron a hablar con nosotras. Usé la forma de usted con uno de los argentinos. Pues él se molestó porque le llamé usted. Para que sepan, usé la forma de usted porque es normal para toda la gente en Costa Rica (¡hasta mis amigos y mi exnovio siempre usaban la forma de usted conmigo!). También, porque no lo conocía a él.
¿Qué opinan ustedes? ¿Se molestan más si alguien dice usted en vez de tú/vos o al revés?
¡Gracias de antemano!!

Eugens ● Senior Member — Lugar: Argentina

Re: El uso de Usted/Tú/Vos.

☺ En la Argentina se usa el vos, muchas veces incluso con personas que no conocés (¿ves? te estoy hablando de vos ☺) y especialmente si se trata de situaciones informales. A ese chico le pareció demasiado formal que le hablaras de "usted", porque entre personas jóvenes y en una situación informal como la que describís, los argentinos nunca van a hablar de usted. De todos modos, no tenía por qué enojarse, debería haberse dado cuenta de que, estando en otro país, las reglas cambian y no necesariamente todo el resto del mundo tiene que hablar como él.

Tochi ● Senior Member   *address someone as 'tu'* — Lugar: Costa Rica

En Costa Rica no existe el tuteo desafortunadamente para nada y digo desafortunadamente porque personalmente me agrada la forma en que suena cuando escucho a personas de otros países. Es una de esas cosas que no pueden cambiarse de un país. El voseo también lo usan algunas personas, otras para nada. En los niños no es común. Curiosamente a veces yo lo uso pero nunca con gente de mi familia. ☺

Pablo ● Senior Member — Lugar: España — Edad: 43

Yo tengo más de cuarenta años y ahora uso más el usted que cuando tenía veinte y a su vez, espero mucho más que antes, ser tratado de usted en determinadas circunstancias.
En general, solo trato de tú a los muy jóvenes, digamos los menores de 25 años.
A todos los demás, de usted, pero también ocurre que con el tiempo se adquiere una relación de confianza con los que en principio eran desconocidos, y pasamos al tú casi de modo natural, excepto con los muy mayores, más de 60 con los que se suele mantener el usted.
Es cierto que algunos jóvenes con los que a veces trato suelen usar más el tú en estos casos, lo cual no me agrada demasiado, pero tampoco pongo mala cara. A veces no es solo el tú, sino la excesiva confianza, "Oye, búscame tal cosa...", en vez de "¿me podrías buscar tal cosa?". Esta última fórmula me parece más aceptable.
Cuando soy yo el cliente en algún establecimiento, un hotel, un restaurante, una tienda, lo normal es que desde hace ya unos años, desde la treintena más o menos, me traten de usted y si en algún sitio me tratan de tú, lo veo raro.

ASM ● Senior Member — Lugar: México — Edad: 49

Re: El uso de Usted/Tú/Vos.

¿Qué pasa cuando alguien usa el tú/vos y el otro responde de usted? Esto me parece un tema muy interesante. De donde soy, la dirección solo va en un sentido. Un profesor le habla a sus alumnos de tú, mientras que los alumnos hacen lo propio con usted. El jefe le habla a la secretaria de tú, mientras que ella le contesta con usted… La diferencia de poder se señala con esta diferencia ¿Esto es así en todos los países? ¿Cómo es en el tuyo?

Contesta a las preguntas de la página 156.

3 Me va de cine

En esta unidad vamos a:

- **Contar curiosidades e historias de cine**
- **Describir situaciones en el pasado**
- **Contar anécdotas personales**
- **Desarrollar estrategias para mejorar la fluidez en la expresión oral**

1 ¡Bienvenido, Mister Marshall!

a ¿Conoces la película *¡Bienvenido, Mister Marshall!*? Se estrenó en 1953 y está considerada como una de las obras maestras del cine español. Aquí tienes una breve sinopsis de su argumento.

façade

b ¿Qué tipo de película crees que es: drama, tragedia, comedia, *western*, musical...? ¿Por qué?

c ¿Sabes qué significan estas palabras y expresiones? Si no, pregunta a tu compañero o busca en el diccionario.

Mockery

Provocar un conflicto   Quedar fuera   Burla

Promocionar   Repartir   Protestar

divide/dispute

d Escucha las anécdotas que cuentan sobre el estreno de la película y contesta las preguntas:

cincuagésimo

1 ¿Quién se quejó?
☐ El gobierno español
☐ La diplomacia estadounidense
☐ El Festival de Cannes

2 ¿Por qué?
☐ Por criticar al gobierno
☐ Por hacer dinero falso
☐ Por provocar un escándalo
☐ Por dar dinero a la gente
☐ Por criticar el Plan Marshall y a los Estados Unidos

2 Noche de reestreno

shot

a En el 50º aniversario de *¡Bienvenido, Mister Marshall!* la película volvió a proyectarse en Guadalix de la Sierra, donde se rodó. Agencia ELE estuvo allí. Lee y escucha el cómic y señala las opiniones que hay sobre la película y sobre el cine en general.

Una señora dice que le gusta mucho esta película y todas las musicales.

b ¿A quién le ha gustado más la película? ¿Y a quién menos? ¿Por qué?

Al final de la unidad...

Vas a contar anécdotas personales.

Homenaje de película

 Los reporteros de Agencia ELE acuden a un homenaje a Berlanga.

¡Buenas tardes! Nos encontramos en Guadalix de la Sierra, el pueblo en el que se rodó *¡Bienvenido, Mister Marshall!*. Hoy se proyecta la película en homenaje a su director.

Queremos que los invitados nos cuenten cosas relacionadas con esta película y con el cine de la época. ¿Ha visto usted la película?

Claro, varias veces.

¿Y qué es lo que más le gusta?

Las canciones. De esa época me gustan mucho las películas musicales. Ya no se hacen películas así...

¿Y su personaje favorito?

La maestra, cuando enseña a los habitantes del pueblo los nombres de los trajes andaluces.

Más tarde.

Allí vemos algunas caras famosas del cine actual, a ver qué nos cuentan.

¿Y vosotros, qué pensáis de esta película?

Es una de mis películas favoritas. Además, creo que es importante hacer aquí este homenaje; fue un hecho importante para este pueblo.

¿Y cuál es tu personaje favorito?

Creo que el alcalde. Aun hoy, sigue pareciendo un personaje cercano. ¡Y se rodó hace más de 50 años!

¿Y los niños? Vamos a ver qué opinan. ¿Qué te ha parecido la película?

Es que no me gustan mucho las películas en blanco y negro.

Pero esta es un poco especial, ¿no?

Sí, está hecha en este pueblo; mira, ¡sale esta fuente!

¿Y a ti? ¿Qué es lo que más te gusta de la película?

A mí me parece impresionante cómo esta película pudo superar la censura, igual que otras del mismo director.

¿Y a usted?

A mí me encanta ver cómo eran antes los pueblos. Fíjese, este pueblo ya no se parece en nada al de la película.

Bueno, creo que ya tenemos suficiente información. ¿Escribimos el reportaje?

1 Me gusta el cine

a Lee los siguientes ejemplos del cómic.

b Contesta las preguntas.

1 ¿Qué películas te gustan más? De dibujos animados, bélicas, de acción, ciencia ficción…

2 ¿Cuál es tu película favorita?

3 ¿Cuál es tu actor/actriz preferido/a?

4 ¿Cuál ha sido la última película que has visto? ¿Te gustó?

5 ¿Qué película…?

   a. te encanta / te gusta muchísimo

   ....

   b. te gusta / está muy bien ....

   c. no está mal / no te gusta mucho ....

   d. no te gusta nada / te parece horrible

   ....

Para hacer preguntas usamos:

¿Cuál
¿Quién } + verbo?

¿Qué + nombre + verbo?
   ¿Cuál es tu actriz favorita?
   ¿Quién te gusta?
   ¿Qué película te gusta más?

c Con tu compañero, prepara más preguntas para saber los gustos del grupo respecto al cine: gustos cinematográficos, frecuencia con la que se va al cine, lugar donde se ven normalmente las películas, etc.

Las siguientes expresiones os pueden ayudar.

2 De joven iba al cine con mucha frecuencia

a Lee esta entrevista y coloca las preguntas en su lugar correspondiente.

a. ¿Te acuerdas de la primera vez que fuiste al cine?

b. ¿De verdad? Pues eso parece raro...

c. ¿Y qué películas te gustan más? ¿Ciencia ficción, aventuras, comedia romántica...?

d. ¿De dónde te viene esta afición al cine?

e. Pero seguro que tienes preferencias. ¿Cuál es tu película favorita?

f. ¿Has visto muchas películas?

PERIÓDICO Vecinos

EL FESTIVAL CINE EN EL BARRIO entrega el Premio al Cinéfilo del Año a Óscar Galardón, uno de sus colaboradores más entusiastas.

Óscar, que ha colaborado con los organizadores siempre que se lo han pedido, tiene una de las mayores colecciones de películas de la ciudad, más de 2000, y en más de una ocasión ha prestado alguna para el festival y otras actividades culturales...

-(1) _____

-Pues empezó muy pronto, la verdad. Cuando era pequeño mis padres se iban a trabajar y me dejaban con una vecina que descubrió que no molestaba cuando veía la tele, así que me ponía películas casi todas las tardes.

-(2) _____

-He visto todas las películas que he podido. De joven iba al cine con mucha frecuencia; total, no tenía nada mejor que hacer. Cuando me gustaba una película la veía una y otra vez, no me aburro nunca de ver las películas que me gustan.

-(3) _____

-Eso me dicen, pero yo no lo veo tan raro. ¿Cuántas veces hemos escuchado nuestras canciones favoritas? Pues eso me pasa a mí con las películas que me gustan.

-(4) _____

-Sí, claro... Tenía seis años y fui con mi abuelo. Vimos una de Tarzán.

-(5) _____

-Pues en eso no tengo gustos fijos. Si la «peli» es buena, me gustan igual las películas de dibujos animados, las de amor, las de acción...

-(6) _____

-¡¡¡Uff!!! Sí que es difícil, no sé... Una que he visto muchas veces es La guerra de las galaxias.

b Completa el siguiente esquema con ejemplos del texto anterior. Escribe el nombre del tiempo en el lugar correspondiente.

> pretérito imperfecto   pretérito perfecto   pretérito indefinido

1. Se usa el _____ para referirse a acciones, hechos o experiencias que tienen lugar en un momento del pasado que el hablante relaciona con el momento actual.

Son marcas de tiempo habituales las que tienen *este/a: esta mañana, este año, estos últimos días*; también se usa con *hoy, últimamente* y *recientemente*.

_____

_____

2. Se usa el _____ para referirse a acciones, hechos o experiencias que tienen lugar en un momento del pasado que el hablante no relaciona con el momento actual.

Son marcas de tiempo habituales las que señalan momentos concretos: *ayer, el otro día, en 1965, hace...*; y las expresiones que contienen *pasado/a: el mes pasado, la semana pasada*.

_____

_____

3. Se usa el _____ para describir las situaciones en las que ocurren acciones o experiencias en el pasado; describe el contexto.

_____

_____

También se utiliza el _____ para:

• describir personas, lugares y objetos en el pasado:

el cine de los 40 era en blanco y negro

• referirse a acciones habituales en el pasado. Son marcas de tiempo habituales: *cuando era ..., normalmente, con frecuencia, (casi) siempre, a menudo, cada vez, todos los días / años*.

cuando era pequeño me ponía películas todas las tardes.

• contrastar el pasado con el presente. Es frecuente en oraciones que tienen: *antes / en aquella época..., ahora...*

antes iba todas las semanas, ahora voy menos

c Lee el siguiente texto y pon los verbos en la forma correcta.

La primera vez que (ir, yo) _____ al cine tenía cinco años. Recuerdo que mis padres y yo (pasear) _____ por el centro de la ciudad. (Ser) _____ un día nublado y (hacer) _____ mucho frío. Entonces (pasar, nosotros) _____ por delante de un cine y (ver, yo) _____ un cartel muy bonito de una película de dibujos animados; (el cartel, ser) _____ precioso. Mi madre (estar) _____ embarazada de mi hermana pequeña y (sentirse) _____ cansada. Así que (entrar, nosotros) _____ en el cine. La película (encantarme) _____. Después (ir, yo) _____ muchas veces al cine, pero nunca (disfrutar, yo) _____ tanto como aquella primera vez.

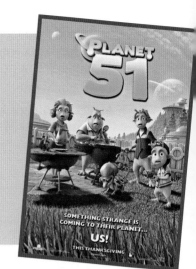

d ¿Y tú? ¿Recuerdas cuándo fuiste al cine por primera vez? ¿Eran diferentes a los cines de ahora? Habla con tus compañeros.

Lee los testimonios de este foro. ¿Tu primera experiencia es parecida?

Yo fui a ver Tiburón *con mi abuelo. El cine era muy diferente. Por ejemplo, las butacas eran de madera.*

Blog de cine

David Mateo	La primera vez que fui al cine tenía 5 años y fui a ver LA GUERRA DE LAS GALAXIAS, al Real Cinema, aquí en Madrid. Iba con mi madre y mi hermana, y salí alucinado, desde entonces me enamoré del cine y todo lo que lo rodea.
Darwin88	Pues ahora que lo comentas, yo no lo recuerdo a ciencia cierta. Aunque la película de mi infancia era E.T.
Ave Fénix	Mi primera vez en el cine fue con 3 años (¡todavía me acuerdo!), y la peli era *Poli de guardería*. Y también me acuerdo de que me comí una gominola enorme con forma de Tortuga Ninja, y mi hermano mayor me obligó a compartirla con mi otro hermano. ¡Qué tiempos!
Libertad	*Bambi*, y lo pasé fatal. Por eso me acuerdo.
Tigre	Vaya memoria tienen ustedes. Yo no recuerdo cuál fue mi primera película.
Carla24	Pues yo no sé si fue mi primera vez, pero es mi primer recuerdo de haber pisado un cine. La película fue EL REY LEÓN y fui con mi madre y mi mejor amiga del cole :D También recuerdo que mi madre nos compró palomitas y una tableta de chocolate, ¡¡uhmmmm!! La verdad, ¡qué tiempos!
Coco10	Mi primera película en el cine fue *Blade Runner* y, aunque no entendí casi nada (háganse cargo, tenía 8 añitos), recuerdo que me quedé fascinado con el automóvil volador en el que viajan Deckard y Gaff y el mítico anuncio luminoso con el rostro de la japonesa. También recuerdo que, haciendo caso omiso de las sabias advertencias de mi madre, me comí una bolsa entera de una especie de palomitas de colores que me sentaron fatal.

Adaptado de: http://foro.laoffoffcritica.com/topic/la-primera-vez-que-fui-al-cine

3 ¿Sabías que...?

a Escucha este programa de radio sobre curiosidades relacionadas con el mundo del cine. ¿De qué película hablan en cada diálogo? Hay una que no se menciona.

b Relaciona los elementos de las columnas para obtener las anécdotas anteriores. Escucha otra vez los diálogos y comprueba.

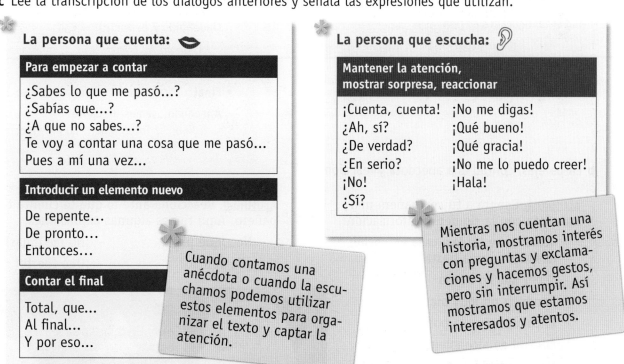

Conan el Bárbaro (J. Milius)

Volver (P. Almodóvar)

Indiana Jones y la última cruzada (S. Spielberg)

Doctor Zhivago (D. Lean)

Harry Potter y el prisionero de Azkabán (A. Cuarón)

Volver a empezar (J. L. Garci)

Belle Epoque (F. Trueba)

Titanic (J. Cameron)

1 Según el contrato, el director de la película	a se han rodado en un pueblo de Almería y sus habitantes han participado como extras.
2 Muchas películas famosas	b le pidió a un camarero la pajarita para ir a recoger el Óscar.
3 Una sola película recibió	c dedicó el Óscar a Billy Wilder.
4 Un director español	d no podía decir palabras malsonantes delante de los actores jóvenes.
5 José Luis Garci	e 11 nominaciones.

c Lee la transcripción de los diálogos anteriores y señala las expresiones que utilizan.

La persona que cuenta:

Para empezar a contar

¿Sabes lo que me pasó...?
¿Sabías que...?
¿A que no sabes...?
Te voy a contar una cosa que me pasó...
Pues a mí una vez...

Introducir un elemento nuevo

De repente...
De pronto...
Entonces...

Contar el final

Total, que...
Al final...
Y por eso...

Cuando contamos una anécdota o cuando la escuchamos podemos utilizar estos elementos para organizar el texto y captar la atención.

La persona que escucha:

Mantener la atención, mostrar sorpresa, reaccionar

¡Cuenta, cuenta!   ¡No me digas!
¿Ah, sí?   ¡Qué bueno!
¿De verdad?   ¡Qué gracia!
¿En serio?   ¡No me lo puedo creer!
¡No!   ¡Hala!
¿Sí?

Mientras nos cuentan una historia, mostramos interés con preguntas y exclamaciones y hacemos gestos, pero sin interrumpir. Así mostramos que estamos interesados y atentos.

d ¿Conocéis cosas curiosas o divertidas sobre películas famosas?

Si no recuerdas ninguna, puedes encontrar algunas en la página 156 (alumno A y alumno B).

■ *¿Sabías que ....?*
● *¿De verdad? ¡No me digas!*

4 Pues yo una vez...

a Este diálogo parece muy divertido, pero se ha desordenado. Escúchalo y ponlo en orden para entender la historia.

A
La película era *La ley del deseo*. __

B
¿De verdad? __

C
Mis amigos y yo teníamos que estar junto a la barra, hablando. Estábamos riéndonos y entonces vino Almodóvar para decirnos que no teníamos que reír, y nos dijo cómo teníamos que coger los vasos de bebida. No le gustaba cómo estábamos. __

D
Sí. Era una escena en una discoteca. Almodóvar daba instrucciones a todo el mundo. Me encantó verlo dirigir, estaba atento a todos los detalles. __

E
Pues yo una vez trabajé en una película de Almodóvar _1_

F
Sí. Lo más gracioso es que, al final, aparecemos menos de un segundo. __

G
¡No me digas! __

H
¡Vaya! Por cierto, ¿qué peli era? __

I
Sí, estaba en la universidad y unos amigos míos muy modernos frecuentaban la noche madrileña. Entonces se enteraron de que Almodóvar buscaba gente para hacer de figurante en una película. __

J
¿Y fuiste? __

K
¿Y tú qué tenías que hacer? __

Fíjate en los recursos que emplean las anécdotas:

- **Recursos para crear interés:**
  ¿Sabías...?; Pues yo una vez...

- **Anécdota**
  Situación (imperfecto) + descripción (imperfecto) + *de repente / de pronto* + hecho (indefinido / perfecto)
  Era de noche y hacía frío..., de pronto oímos un ruido...

- **Final**
  A menudo usamos un cierre:
  Al final...; Total, que...; Lo más gracioso...

---

b En parejas, contad una anécdota y reaccionad:

ALUMNO A: Cuenta a tu compañero una anécdota con la siguiente información:

- Volver muy tarde a casa en coche, después de una fiesta
- Tener mucho sueño
- Conducir no muy bien
- Encuentro con la policía
- Control de alcoholemia
- No pasó nada

ALUMNO B: Reacciona ante lo que te cuenta tu compañero. Aquí tienes algunas expresiones:

- No, ¿qué pasó?
- ¿De verdad?
- ¡No me digas!
- ¡Qué fuerte!

c Ahora, escuchad esta anécdota. ¿La cuentan de manera parecida a como lo habéis hecho vosotros?

d ¿Te ha pasado algo similar alguna vez? Comenta con tu compañero.

1 ¿Versión original o doblada?

a En España, la mayoría de las películas y series de televisión se exhiben en una versión doblada al español. Lee este texto e intenta resumirlo con tus propias palabras.

El doblaje es _____

_____

_____

_____

_____

El doblaje consiste en grabar los diálogos de las películas en un idioma diferente del original. En España, esta práctica está generalizada desde 1932 y aumentó tras la Guerra Civil con fines políticos para reforzar la identidad lingüística y el control a través de la censura de aquellas ideas que podrían ser ajenas a los intereses políticos del momento. A partir de ahí, se desarrolló una importante industria del doblaje que cuenta con un gran número de profesionales altamente cualificados.

El doblaje también es una práctica habitual en otros países como Italia y Francia.

b ¿Se doblan las películas en tu país? ¿Es fácil acceder a películas en versión original? ¿Tú qué prefieres? En grupos de tres, comentad las ventajas e inconvenientes de esta práctica. La siguiente ficha os puede ayudar:

Sobre el doblaje

Situación en mi país	
Ventajas	
Inconvenientes	
Opinión de los miembros del grupo	

Elegid un portavoz y exponed las conclusiones al resto de la clase.

c Durante la época de la censura posterior a la Guerra Civil se produjeron muchas anécdotas relacionadas con el rodaje de películas. Esta es una de las más conocidas:

En la película *Mogambo*, un matrimonio está haciendo un safari en África intentando filmar la vida de los gorilas; durante el viaje, la mujer se enamora del guía. Para los señores de la censura, esta situación era contraria a las costumbres españolas y perjudicial para la juventud, así que decidieron modificar la relación entre los personajes. ¿Cómo crees que resolvieron la situación?

d Escucha este programa para saber cómo se vio la película en España y completa el siguiente cuadro.

EN LA VERSIÓN ORIGINAL	EN LA VERSIÓN CENSURADA

e La revista *101 películas* publica esta entrevista a Constantino Romero, uno de los grandes actores de doblaje del cine y de la televisión en España. Lee el texto y señala si las siguientes afirmaciones son verdaderas o falsas.

	V	F
1 Constantino Romero es un actor de doblaje, pero su rostro es muy conocido.	☐	☐
2 De pequeño quería ser actor de radionovelas.	☐	☐
3 Piensa que su trabajo no es mejor que el de los actores.	☐	☐
4 El personaje al que le tiene más cariño es Darth Vader.	☐	☐
5 Clint Eastwood es el actor al que más ha doblado.	☐	☐

ENTREVISTA A

Constantino Romero

Hay estrellas que no brillan en la pantalla, actores invisibles que nos deslumbran desde la oscura sala de doblaje. La mayoría vive en el anonimato, eclipsados por aquellos a quienes prestan sus palabras.

Sin embargo, Constantino Romero es la excepción que confirma la regla. Su voz grave y rotunda se ha apropiado de algunos de los grandes mitos de la historia del cine, Terminator, James Bond, Harry el sucio..., y sus frases ya forman parte de la leyenda. Pero Constantino Romero también ha dado la cara; ha probado suerte en el cine y en el teatro, y ha alcanzado la cima en la televisión. Pero, de todas formas, para los amantes del cine, Constantino siempre será «la voz». Y es que algunas de sus palabras valen, por lo menos, lo mismo que mil imágenes.

¿Cuándo descubrió lo que quería ser de mayor?

Desde niño yo quería trabajar en la radio y no sabría decir por qué, quizá porque estaba fascinado con el sonido que salía de las cocinas de las vecinas cuando escuchaban los seriales. Empecé en la radio haciendo de todo, incluyendo radionovelas, radioteatros...

¿En qué consiste realmente el doblaje?

El doblaje, de algún modo, es un arte de imitación. Ese trabajo ya lo han hecho los actores. Lo nuestro es recoger lo que ellos nos dan y traspasarlo a través del doblaje. El maestro Fernán Gómez decía que el doblaje era una monstruosidad: un ser humano con la voz de otro. A mí me parece una práctica estupenda.

¿Cuál ha sido el personaje que más le ha perseguido?

Cuando doblé a Darth Vader nadie podía suponer que todo eso se convertiría en un mito. Yo iba un día por la calle Sierpes de Sevilla, paseando (ahí fue donde descubrí que era un fenómeno esto de *Star Wars*); unos chavales se acercaron muy alegremente y me dijeron: «Oye, Constantino, dinos aquello de que soy tu padre». Les dije: «¿Pero qué decís, muchachos?» Y ya me explicaron: «Sí, lo de Darth Vader, de *Star Wars*». «Pero, ¿de verdad queréis que os diga eso?» «Anda, sí, por fa-

vor». Y se lo dije: «Yo soy tu padre». Y se fueron tan contentos. Desde aquel día no ha dejado de llegar a mí Darth Vader en forma de cariño y de respeto. La gente me dice que le diga que soy su padre, cosa que yo no tengo problema en decir, pero me choca, porque yo no tengo hijos.

¿Es Clint Eastwood el actor a quien más ha doblado?

Así es, Clint Eastwood es un tipo que me ha acompañado toda la vida: hemos perseguido delincuentes juntos, hemos amado juntos, hemos huido de la policía juntos, hemos combatido en los rings del lejano oeste, hemos hecho de todo, bueno, lo he acompañado. Cuando doblé su personaje de *Gran Torino*, cuando muere, sentí que algo se acababa. Así que desde aquí le pido que haga otra película más, «por favor, Clint».

Adaptado de: Curso de voz.com

¿Has visto alguna de las películas de las que habla? ¿En versión original o doblada?

2 ¡No me digas!

a Unos amigos cuentan algunas anécdotas. Una está relacionada con Constantino Romero. Escucha y fíjate en cómo toman la palabra.

b Son tres anécdotas distintas. ¿De qué hablan en cada una? Las siguientes palabras pueden ayudarte.

restaurante   encuentro
dinero   mendigo
aspecto   excursión
guitarra   amuleto

1. ....

2. ....

3. ....

CIERRE DE EDICIÓN

En grupos, vamos a contar anécdotas y a intervenir cuando nos las cuentan.

PLANIFICA ▼

1 Piensa en una anécdota curiosa o divertida. Escribe los hechos principales y organiza la información (¡lo más divertido al final, claro!).

Ten en cuenta los elementos que hemos visto en la unidad para contarlas. Puedes escribir estos elementos junto a tu esquema de presentación.

2 Piensa también en las anécdotas que van a contar tus compañeros. Escribe aquí algunos recursos para mostrar interés y reaccionar.

_____

_____

Recuerda que, para mantener la tensión, puedes hacer pequeñas pausas entre las diferentes partes.

No olvidéis intervenir en la conversación para indicar que estáis atentos (podéis aprovechar las pequeñas pausas, las bajadas de tono al final de una frase...).

• Puedes seguir el siguiente esquema:

Introducción + situación + descripción o situación + hechos

Mantener la atención:
¿Ah, sí? ¡Anda! ¡No me digas!

PRESENTA Y COMPARTE ▼

3 En grupos, contad vuestras anécdotas. No olvides reaccionar a las de tus compañeros.

4 Elegid la más divertida dentro de cada grupo y contadla al resto de la clase.

Agencia ELE digital

En esta unidad vamos a doblar una parte de una película y la vamos a subir al ePEL.

Entra en www.agenciaele.com para realizar esta actividad.

Mejorar la fluidez en la expresión oral

La fluidez, que tiene que ver con la velocidad o ritmo al hablar, es muy importante en la conversación. Una fluidez adecuada nos ayuda a interactuar mejor con otras personas. Es indudable que la fluidez mejora con el tiempo, pero también conviene practicar y tener una actitud adecuada.

Yo estoy empezando a estudiar chino y hablar es lo que más me cuesta, pero estoy usando las estrategias que usé cuando aprendí otros idiomas y eso me sirve mucho. Te puedo dar algunos consejos:

Relájate. La persona que habla contigo va a colaborar, no te pongas nervioso. Tampoco estés mucho tiempo callado o dudando (ummm...), pide ayuda.

¡Arriésgate!, si no te acuerdas de una palabra o expresión, hay muchas formas de reemplazarla:

● Si es un objeto puedes señalarlo, usar mímica.

● Usa palabras cercanas: por ejemplo, si no te acuerdas de «abeto» puedes usar la palabra más general «árbol» y dar alguna característica (es el árbol de Navidad).

● Da características o di para qué sirve (sí, lo usamos para cortar papel, tela…).

Estas estrategias sirven mucho al principio, hasta que cada vez estés más seguro y las uses menos.

Otros trucos que me funcionan:

■ Ver películas en DVD con subtítulos en el mismo idioma me sirve mucho. Pongo bajo el sonido y trato de decir lo que leo, después vuelvo atrás la película y escucho esa misma frase y trato de repetirla, mejorando el acento y la expresión.

■ También escucho CD de lecturas graduadas y después imito lo que he oído. Sé que no es una conversación natural, pero me ayuda a mejorar mi ritmo y mi entonación.

■ Cuando trabajo con amigos y compañeros, a veces nos grabamos y escuchamos la conversación. Pensamos en cómo mejorar y repetimos. Casi siempre sale mucho mejor.

■ Lo más importante para mí es PENSAR en el idioma. Así creamos «una voz interior» que habla constantemente y planificamos nuestros mensajes.

1 ¿Hablas de forma fluida? Enhorabuena. ¿Crees que tienes que mejorar?, ¿por qué? ¿Cuáles crees que son las razones que hacen que no tengas una fluidez adecuada? Quizá algunas de estas palabras te ayuden:

```
desconocimiento        miedo        vergüenza        necesidad de precisión
            mala pronunciación        inseguridad        error
```

2 ¿Tú usas algunas de las estrategias de Iñaki?, ¿cuáles te parecen más útiles? Comenta estas cuestiones con tu compañero.

✱ **Lo importante es comunicar:** comunícate con tus recursos y conocimientos. ¡No tengas miedo a equivocarte! El error forma parte del aprendizaje y el que no se arriesga, no avanza. Cuanto más practiques y te diviertas hablando (aunque te equivoques), mejor lo harás.

✱ **Tu actitud también te ayuda con la fluidez:** tienes que estar tranquilo y confiado; no tengas miedo ni vergüenza.

4 Ciudades para el futuro

En esta unidad vamos a:

- **Intercambiar opiniones sobre la vida en las ciudades y los Juegos Olímpicos**
- **Expresar situaciones futuras**
- **Realizar una presentación oral**
- **Reflexionar sobre las preguntas que se pueden hacer en una cultura**

1 La ciudad ideal

En 1860 comienzan en Barcelona las obras del proyecto urbanístico del Ensanche de la ciudad propuesto por el ingeniero Ildefons Cerdà. Estas son algunas de sus propuestas originales. ¿Tú qué opinas?

LA BARCELONA DE CERDÀ

- Las calles planteadas son anchas, de unos 20 m.
- Propone construir dos lados de la manzana y dejar el espacio interior como espacio público ajardinado, idóneo para niños y ancianos.
- La altura de las casas es de 14 m (como una casa de cuatro plantas), así todas las casas tienen luz.
- Propone plantar 100 000 árboles en la ciudad.

- La forma de las manzanas favorece el tráfico fluido y seguro.
- No hay centro de la ciudad ni diferencia de jerarquía de calles o manzanas.
- Todas las calles son perpendiculares y paralelas, excepto unas avenidas diagonales.
- Dentro de la idea de salud social, los barrios son autosuficientes: cada uno tiene un gran parque, un mercado municipal y todo tipo de servicios.

■ *¡Qué buenas ideas! ¡Una ciudad utópica!*
● *A mí una ciudad tan planificada no me gusta.*
▲ *Yo conozco Barcelona y es…*

2 Las propuestas de Agencia ELE

🔊 14 Lee el cómic y después escucha la grabación y señala qué proponen al día siguiente los miembros de Agencia ELE.

	Lo proponen	No lo proponen
1 Realizar un reportaje sobre cuestiones culturales.		
2 Hacer un reportaje sobre las ciudades donde se vive mejor.		
3 Mostrar el futuro que aparece en las películas de ciencia ficción.		
4 Hacer un reportaje sobre Sao Paulo.		
5 Imaginar la casa del futuro.		
6 Entrevistar a participantes en el congreso sobre la ciudad del futuro.		
7 Analizar el programa político de los candidatos a alcalde de la ciudad.		
8 Analizar la vida de la gente: educación, comida…		

Al final de la unidad…

Vas a realizar con tus compañeros una presentación de tu ciudad para la candidatura a los Juegos Olímpicos.

Los integrantes de la Agencia tienen una reunión de trabajo sobre un nuevo reportaje.

Bien, empezamos la reunión. Paloma, ¿cómo están las fotos del artículo del trabajo?

Perfecto, recuerda que las necesitamos para el reportaje del sábado.

Y tú, Miquel, ¿has terminado tu artículo?

Precisamente me encuentro a las 12 con Paco para contrastar la información. Acabo esta misma tarde.

Todavía no las tengo todas, hoy mismo voy a hacer las últimas.

Sí, sí, no te preocupes.

Estupendo. Cuando lo tengas, envíamelo. Entra en la edición de mañana.

Cambiando de tema. Nos han encargado un especial sobre el futuro de las ciudades y tenemos un mes para hacerlo.

El Colegio de Arquitectos celebra un congreso internacional muy importante. Tendrá repercusión internacional y vendrán arquitectos y urbanistas de todo el mundo.

Suena bien.

¿Y eso?

Sí. ¿Cómo lo vamos a enfocar, Carmen?

No lo tengo claro. Veremos qué dicen los expertos. Pero tenemos 24 páginas. Dedicaremos cuatro a una entrevista, seis a la exposición y para el resto espero vuestras ideas.

Yo incluiría algo histórico, no sé, modelos urbanos, planes urbanísticos buenos y malos...

Sí, podría funcionar. Pero mejor retomamos el tema mañana.

14

Al día siguiente.

Bueno, chicos, ¿qué habéis pensado?

...   .

1 Hablamos del futuro

a ¿Te has fijado? En el cómic, aparece el futuro expresado con tres formas distintas.

Todavía no las tengo todas, hoy mismo voy a hacer las últimas.

Precisamente me encuentro a las 12 con Paco para contrastar la información. Acabo esta misma tarde.

El Colegio de Arquitectos celebra un congreso internacional muy importante. Tendrá repercusión internacional y vendrán arquitectos y urbanistas de todo el mundo.

b Clasifica las formas anteriores en la siguiente tabla.

PRESENTE	IR A + INFINITIVO	FUTURO

En español tenemos tres formas verbales para expresar hechos en el futuro: presente, perífrasis *ir a* + infinitivo y futuro. La elección depende de factores como el tipo de texto (oral o escrito, formal o informal), la seguridad y la cercanía de los hechos en el tiempo.

c Señala en las siguientes frases si el verbo en presente tiene valor de presente (P) o futuro (F).

1. ■ ¿Qué tal? ¿Tienes un momento para hablar? ____
   ● Ahora no. Hablamos luego. ____

2. ■ ¿Sabes japonés? ____
   ● Estudio japonés, pero no lo hablo. ____ Aunque este verano voy a Japón. ____
   ■ ¡Qué bien!, ¿no? ¿Cuándo vas? ____
   ● En agosto.

3. ■ Tengo prisa. Ana me espera. ____
   ● Vale, te llamo esta tarde y te cuento. ____

4. ■ ¡Qué frío hace! ____
   ● Sí, y esta noche bajan las temperaturas. ____

5. ■ ¿Te espero hoy para comer? ____
   ● Sí, a las dos estoy en casa. ____

6. ■ ¡Mañana es el gran día! ____
   ● ¿Qué pasa mañana? ____
   ■ ¿No te acuerdas? Tenemos entradas para el teatro. ____ Vemos *Mamma mia*. ____

- El **presente** indica un futuro <u>inmediato</u> y seguro.

  Se usa con palabras como *hoy, este fin de semana / mes, esta mañana / tarde / noche, luego, ahora (mismo)*...

  El presente, además, se utiliza con más frecuencia que el futuro para indicar total seguridad.

  ■ *¿Irás a la reunión del jueves?*
  ● *Claro que <u>voy</u>. [énfasis]*   También: ● *Claro que <u>iré</u>. [neutro]*

momento actual

Presente

Ir a + infinitivo

Futuro

Normalmente el uso de *ir a* + **infinitivo** y de **futuro** son correctos en las mismas situaciones. La columna **A** señala los rasgos más habituales para el uso de *ir a* + **infinitivo** y la columna **B** para el **futuro**.

A
- énfasis en la afirmación
- texto oral
- hecho inmediato
- seguridad

B
- afirmación neutra
- texto escrito
- lejano en el tiempo
- seguridad / posibilidad / hipótesis

- La perífrasis *ir a* + **infinitivo** es frecuente en textos orales, hechos cercanos en el tiempo y decisiones tomadas.

    Voy a estudiar Derecho.

- El **futuro** se usa cuando el texto es escrito y formal (es el tiempo verbal que se usa en los periódicos, las leyes...).

    *El presidente **viajará** próximamente a Colombia.*

A diferencia del presente y la perífrasis *ir a* + **infinitivo**, el futuro puede expresar hipótesis o algo que puede no ocurrir. Por ejemplo:

→ hay voluntad o decisión, pero no seguridad completa (depende de otros factores):

- *¿Qué vas a estudiar en la universidad?*
- *Seguramente estudiaré Derecho.*

→ es un futuro lejano:

En el año 2050 la mayoría de la población vivirá en las ciudades.

> Un contraste claro presente / futuro:
> – con el verbo en presente afirmamos;
> – con el verbo en futuro hacemos hipótesis.
>
> - *¿Cuántos años tiene?*
> - *Tiene 20 años.*
>   (Lo sé, estoy seguro)
> - *Tendrá 20 años.*
>   (No lo sé, lo supongo)

2   Lo dicen los periódicos

a La prensa utiliza más el futuro que la perífrasis *ir a* + **infinitivo**. Lee los titulares de prensa y relaciónalos con las siguientes secciones:

A. nacional   **B. economía**   **C. internacional**   **D. deportes**   **E. sociedad**

1 La ciudad de Madrid prohibirá a las bicicletas ir por la acera

2 La electricidad volverá a subir. El recibo de la luz subirá de media el 2,5%

3 La elección de la próxima ciudad olímpica tendrá lugar en julio

4 El Parlamento chino revisará la Ley Criminal para reducir el número de delitos castigados con la pena de muerte

5 La próxima reunión de la Unión Europea se celebrará en Oslo

6 **Tres ciudades europeas presentarán su candidatura para ser sede de los Juegos Olímpicos**

7 **El gobierno aprobará una nueva ley de protección del menor**

8 Las hipotecas cierran su ciclo de rebajas y empezarán a encarecerse. El índice hipotecario cerrará este mes en torno al 1,37%

b Escribe los verbos en futuro de las noticias anteriores.

prohibirá

c ¿Cómo se forma el futuro? Completa la tabla y compara con tu compañero.

	Verbos regulares		
	-ar	**-er**	**-ir**
yo	empezaré		
tú			
él / ella / usted			
nosotros/as			prohibiremos
vosotros/as		volveréis	
ellos / ellas / ustedes			

d En los verbos irregulares cambia la raíz del verbo, pero las terminaciones son las mismas que en los verbos regulares. Observa la primera persona de singular de verbos irregulares en futuro (las raíces están en color) y escribe el infinitivo correspondiente.

1. _hacer_ : haré
2. _____ : diré
3. _____ : habré
4. _____ : cabré
5. _____ : querré
6. _____ : podré
7. _____ : sabré
8. _____ : pondré
9. _____ : tendré
10. _____ : saldré
11. _____ : valdré
12. _____ : vendré

13. _____ : reharé

14. _____ : compondré

15. _____ : equivaldré

Los formas derivadas de los verbos irregulares tienen las mismas irregularidades, excepto los derivados de *decir*.

e ¿Estás bien informado? Haz una lista con algunas noticias que has oído recientemente sobre acontecimientos que van a ocurrir y comenta con tus compañeros.

He leído que subirán / bajarán los impuestos.

3 Mañana será otro día

Imagina cómo será tu futuro dentro de 5, 10 y 25 años. Imagina también cómo será tu ciudad, los coches y las casas. Toma notas y compara tus hipótesis con las de tu compañero.

	5 años	10 años	25 años
Yo			
Mi ciudad			
Las casas			
Los coches			

Yo creo que dentro de 5 años seré médico.

_____

_____

_____

Dentro de + tiempo señala un momento del futuro: indica el tiempo que tiene que pasar desde el presente hasta ese momento.

1 Madrid, ciudad candidata para las Olimpiadas

a Madrid presentó su candidatura para celebrar los Juegos Olímpicos de 2016 y, aunque no lo consiguió, realizó un importante proyecto para preparar la ciudad. Madrid volvió a presentar su candidatura a los Juegos de 2020. Lee algunas de las propuestas presentadas y relaciónalas con los siguientes títulos:

Pensando en verde   La casa de los deportistas

¿Y después de los Juegos?   El toque humano

1 _____

Madrid proyecta hacer de la capital una gran Villa Olímpica donde todos puedan «sentir la experiencia» y «compatir los sentimientos y las emociones de los atletas». «Trabajaremos juntos para promover la comprensión multicultural, la integración y para difundir el discurso de los Juegos», asegura la candidatura en su carta de presentación ante el Comité Olímpico Internacional.

2 _____

La Villa Olímpica estará situada en el Parque Olímpico, dentro del llamado 'corazón de los Juegos' (a solo unos metros de las principales sedes), a 10 kilómetros del aeropuerto de Barajas y a otro tanto del centro de la ciudad. En sus edificios, de entre cuatro y seis plantas, «se seleccionarán unos materiales saludables y biocompatibles que superen los criterios convencionales de calidad y confort». Después de los Juegos, la Villa se convertirá en viviendas sociales y espacios públicos.

3 _____

A todos los niveles, los conceptos medioambientales y de desarrollo sostenible se han incorporado al lenguaje del Movimiento Olímpico. A este respecto, Madrid propone un desarrollo sostenible en todas sus instalaciones con el fin de establecer un legado social y ecológico a la ciudad. «La organización de los Juegos reportará una serie de mejoras medioambientales y servirá para impulsar el crecimiento sostenible de la ciudad».

madríd2020

4 _____

Los Juegos Olímpicos quieren dejar un importante legado en la ciudad en las áreas social, cultural, deportiva, económica, medioambiental y de movilidad. Buena parte del proyecto se ejecutará tanto si se celebran los Juegos como si no. El logo de la candidatura está inspirado en la Puerta de Alcalá y sus cinco arcos. El diseñador aragonés Peiret quiere simbolizar una puerta al futuro y a la unidad.

b Busca en el texto anterior palabras o expresiones que significan lo mismo que:

- tener un plan / intentar ....
- afirmar / decir ....
- elegir ....
- favorecer / aumentar ....

- a igual / a la misma distancia ....
- herencia / beneficio ....
- símbolo / imagen identificativa ....

c Las ciudades candidatas tienen que completar un cuestionario que prepara el Comité Olímpico Internacional. Esta es una de las preguntas:

> En su opinión, ¿cuáles serán las ventajas a largo plazo para la ciudad / región / país, independientemente del resultado de la candidatura?

A partir de la información del texto de la página anterior, ¿cuál es el legado o herencia que dejarán los Juegos Olímpicos en Madrid?

d Un responsable de la candidatura de Madrid intenta responder a esa pregunta y escribe unas notas. Léelas.

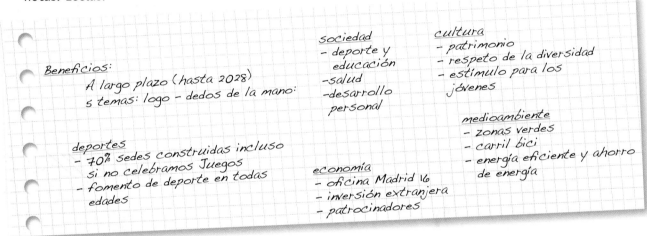

e Escucha y señala qué información de las notas ha utilizado en su intervención.

2 La elección de la sede Olímpica

a ¿Sabes dónde se celebrarán los próximos Juegos Olímpicos?

b ¿Cuáles son las ciudades candidatas para los siguientes Juegos? ¿Cuál es tu favorita? ¿Por qué?

CIERRE DE EDICIÓN

Vas a defender la candidatura de tu ciudad (u otra que podéis elegir en grupos) para las próximas Olimpiadas y a hacer una presentación oral para el resto de la clase.

En grupos, seguid los siguientes pasos:

PLANIFICA ▼

1 Haced una lluvia de ideas sobre la ciudad y su futuro. Temas posibles: economía, cultura, medioambiente, urbanismo, alojamiento y Villa Olímpica, infraestructura, seguridad, etc.

2 Escribid notas como ha hecho el responsable de la candidatura de Madrid (ejercicio **1d**). (Puedes leer la transcripción en la página 201.)

ELABORA ▼

3 Ordenad las notas, buscad enlaces... En la presentación podéis usar notas, pero no leer el texto.

4 Para comprobar si lo hacéis adecuadamente, preparad para vuestros compañeros tres preguntas de comprensión sobre vuestra presentación.

PRESENTA Y COMPARTE ▼

5 Haced la presentación.

6 Mientras hacéis la presentación, vuestros compañeros van a rellenar la siguiente ficha. Al final, comentaréis las fichas y sacaréis conclusiones para mejorar.

Mi compañero/a:

☐ Ha hecho una presentación interesante.
☐ Ha presentado buenas ideas y las ha ordenado bien.
☐ Ha hablado con claridad, todo se ha entendido bien.
☐ Ha hablado con la velocidad adecuada, ni muy deprisa ni muy despacio.
☐ Ha conseguido mantener la atención de la clase.
☐ Ha utilizado bien gestos y miradas.

Di una cosa que puede hacer para mejorar.

....

Agencia ELE digital

En esta unidad vamos a ver un programa sobre una ciudad que conocemos muy bien, vamos a crear un vídeo y lo vamos a publicar en la red.

Entra en www.agenciaele.com para realizar esta actividad.

Eso no se pregunta

En los países de habla hispana, preguntarle a alguien cuánto gana es de mala educación, igual que preguntar la edad a los adultos. Es curioso porque, por un lado, somos capaces de hablar con mucha naturalidad de temas muy personales como el amor o la familia (como veremos en la unidad de los consejos), incluso, a veces, lo hacemos con desconocidos, pero hay temas que se tratan solo con personas de muchísima confianza.

Todas las personas tenemos un espacio de intimidad que nos gusta proteger. Temas como el dinero, el sexo, la religión y la política son temas considerados tabú en casi todas las culturas porque invaden nuestro espacio íntimo. Solo las personas a las que les permitimos «entrar» en este territorio pueden hacernos preguntas muy directas de temas íntimos. Y aún así tenemos que ser cuidadosos con estos temas.

¿Ya te quedas a vivir aquí?
¿Cuánto ganas en tu trabajo?
¿Cuánto pagas de alquiler?
¿Cuánto pesas?
¿Tienes hijos?
¿A quién vas a votar?
¿Estás casado/a?
¿Cuántos años tienes?
¿Cuál es tu orientación sexual?
¿Te gusta el fútbol?
¿Te gustan los toros?
¿A qué edad piensas casarte?
¿Te gusta España?
¿Tomas vino? / ¿Comes carne?

1 Son importantes las preguntas pero también quién las hace, a quién y con qué fin. Algunas preguntas son indiscretas o adecuadas dependiendo de la situación. De las tres situaciones siguientes, una es indiscreta y dos no lo son; ¿cuál es indiscreta?, ¿por qué?

A Dos amigas se encuentran en la calle después de varios años sin verse:

- ■ *¡Florencia! ¡Cuánto tiempo!*
- ● *¡Siglos sin verte! ¡Qué maravillosa sorpresa!*
- ■ *Pero, cuéntame, ¿qué tal tu vida? ¿te casaste? ¿tuviste hijos?*
- ● *¡Uy! Me casé a los 23 años, me separé y me volví a casar. Ahora tengo 2 peques y uno en camino, ¿y tú?*

B En el médico:

Médico: ¿Qué edad tiene?
Paciente: 48 años recién cumplidos.

C Dos amigos se encuentran en la calle:

- ■ *Tengo un nuevo trabajo.*
- ● *¡Qué bien! ¿Y cuánto cobras?*

2 Señala, como en un semáforo, las preguntas que en tu país resultan inconvenientes o tabú (rojo), molestas pero aceptables (ambar) o permitidas (verdes), según la situación. Compara la información con tus compañeros.

	Te lo pregunta un buen amigo que hacía 10 años no veías	Te lo pregunta un compañero de trabajo con el que tienes poca relación	Te lo preguntan en una entrevista de trabajo
1 ¿Estás casado/a?	●	●	●
2 ¿Tienes hijos?			
3 ¿Cuánto dinero ganas en tu trabajo?			
4 ¿A quién vas a votar en las elecciones?			
5 ¿Te gustaba tu anterior trabajo?			
6 ¿Cuántos años tienes?			

3 Piensa con tu compañero en tres preguntas indiscretas y en cómo las responderíais.

4 ¿Hay alguna pregunta que no sea indiscreta en tu país?

5 Vacaciones en Argentina

En esta unidad vamos a:

- **Planificar las vacaciones y hablar sobre nuestras preferencias de viajes**
- **Expresar planes futuros, hipótesis y condiciones**
- **Escribir cartas formales e informales**
- **Desarrollar estrategias para recordar vocabulario**

1 Vacaciones para todos los gustos

a ¿Qué es lo que más te interesa de las vacaciones? ¿Qué te gusta hacer? Habla con tu compañero.

Vacaciones y...

cultura	naturaleza	deporte y aventura
playa	vida nocturna	familia
relax	salud	solidaridad

b ¿Tienes planes para tus próximas vacaciones? ¿Qué quieres hacer? Coméntalo con tu compañero.

■ *Voy a ir a Madrid. No he estado nunca y tengo muchas ganas de ver el Museo del Prado y el Museo Thyssen.*
Y también quiero salir por la noche de marcha. Pero solo voy a estar cuatro días, no tengo mucho dinero.

● *Yo iré a Florencia, me encanta el arte y la buena comida. Y desde allí puedo viajar a otras ciudades.*

2 Las vacaciones de Sergio

a Lee el cómic y completa las intervenciones de Sergio y Paloma. Para ello, relaciona los elementos de las dos columnas y forma frases. Sigue el orden de la columna A.

Columna A	Columna B
1 ¿Tienes un momento?	**a** pero es tan difícil elegir.
2 Por supuesto,	**b** ir de vacaciones a Argentina.
3 ¿Sabes? Estoy pensando	**c** cuánto te lo agradezco.
4 Y no tengo claro	**d** Quería hacerte una pregunta.
5 Sí, lo sé.	**e** Por eso quiero saber tu opinión.
6 Mira, Buenos Aires	**f** qué hacer.
7 Sí, lo he pensado,	**g** cuéntame.
8 No sabes	**h** si vas a Buenos Aires, tienes que ir a ver a mis padres.
9 Por cierto,	**i** tiene todo lo que te gusta.

b Escucha y comprueba.

c Clasifica las siguientes expresiones en el lugar correspondiente.

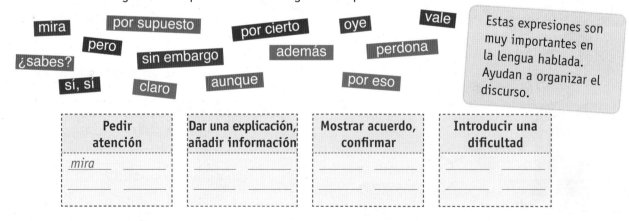

mira   por supuesto   por cierto   oye   vale

pero   sin embargo   además   perdona

¿sabes?

sí, sí   claro   aunque   por eso

Estas expresiones son muy importantes en la lengua hablada. Ayudan a organizar el discurso.

Pedir atención	Dar una explicación, añadir información	Mostrar acuerdo, confirmar	Introducir una dificultad
mira			

Al final de la unidad...

Vas a ayudar a Sergio con una serie de cartas y correos que tiene que escribir para organizar sus vacaciones.

Sergio está pensando ir de vacaciones a Argentina y pide ayuda a Paloma.

1 Su opinión nos interesa

a Sergio y Paloma van a entrevistar a Pedro Arjona, director de la exposición «Las ciudades del futuro, el futuro de las ciudades». Antes, les piden que rellenen un cuestionario.

🔊 Escucha la conversación entre Paloma y Sergio mientras contestan al cuestionario y complétalo con las respuestas de Sergio.

Las ciudades del futuro, el futuro de las ciudades

Su opinión nos interesa. Por favor, antes de ver la exposición rellene este cuestionario.

1 ¿Cree usted que las ciudades son buenos lugares para vivir?

☐ sí   ☐ no

2 ¿Cuál es el tamaño de su ciudad ideal?

☐ 100 mil habitantes   ☐ 100-250 mil   ☐ 500-900 mil
☐ 1 millón   ☐ 2-3 millones   ☐ + de 3 millones

3 ¿Qué ventajas tiene vivir en una ciudad? Incluya un breve comentario.

☐ trabajo   ☐ servicios   ☐ salud   ☐ educación
☐ ocio   ☐ cultura   ☐ vivienda   ☐ otros

....

4 ¿Y qué inconvenientes tiene?

☐ tráfico   ☐ seguridad   ☐ contaminación
☐ desigualdad   ☐ carestía de la vida   ☐ otros

....

5 ¿Favorecen las grandes ciudades las relaciones humanas?

....

6 ¿Qué tres sugerencias haría para mejorar la vida en su ciudad?

a ....
b ....
c ....

b Sergio y Paloma mejorarían algunas cosas de su ciudad. Para expresar sus ideas, utilizan el condicional.

Condicional	Futuro
Yo tendría	
sería	
favorecería	
potenciaría	
sentiría	
crearía	
daría	
mejoraría	
invertiría	
ofrecería	

Escribe las formas de futuro y compáralas con las del condicional. ¿En qué se parecen y en qué se diferencian?

Fíjate en el cómic de esta unidad y la anterior. Los personajes utilizan esta forma:

Yo incluiría algo histórico. (unidad 4)
Sí, podría funcionar. (unidad 4)
Me gustaría ir a Iguazú. (unidad 5)
Yo pasaría una semana en Buenos Aires. (unidad 5)
También podrías ir a Córdoba o Mendoza. (unidad 5)

c ¿Forma el condicional de los siguientes verbos?

	hablar	volver	venir	decir	mantener	componer	rehacer
yo							
tú							
él / ella / usted							
nosotros/as							
vosotros/as							
ellos / ellas / ustedes							

d Imagina que has comprado un billete de lotería y te ha tocado un premio.
¿Qué harías con el dinero? Habla con tu compañero.

Con 500 euros ....

Con 3 000 euros ....

Con 15 000 euros ....

Con 50 000 euros ....

Con 200 000 euros ....

2 En mi ciudad, yo cambiaría...

a En grupos, elegid uno de los siguientes aspectos y comentad qué haríais para mejorar vuestra ciudad.

relaciones humanas

medioambiente

sanidad

vivienda

infancia

ocio y cultura

educación

tráfico

b Escucha la entrevista que Sergio ha hecho a Pedro Arjona. Aquí tienes las preguntas que ha preparado Sergio para hacer la entrevista; toma nota de las respuestas.

Ciudades, ¿por qué?

¿Qué propone la exposición? ¿A quién va dirigida?

¿Principales problemas?

70% población en ciudades, ¿superpobladas?

c Sergio ha comenzado a escribir un breve artículo a partir de las notas que ha tomado. Termínalo tú con tus notas.

En un futuro próximo veremos muchas de las ciudades del planeta convertidas en megaúrbes, ciudades de cincuenta o sesenta millones de habitantes. ¿Será un sueño o una pesadilla? La extraordinaria exposición «Las ciudades del futuro, el futuro de las ciudades» nos invita a anticiparnos a este futuro no tan lejano. _____

_____

_____

_____

_____

3 ¿Qué pasará si...?

a ¿Cómo será el futuro? Escribe cuatro cosas positivas y cuatro negativas, como en el ejemplo.

👍 positivas

Los coches eléctricos serán una realidad y no habrá más coches de gasolina.

1 _____
2 _____
3 _____
4 _____

👎 negativas

Desaparecerán muchas especies animales.

1 _____
2 _____
3 _____
4 _____

b Escribe condiciones necesarias para cumplir con los hechos positivos y evitar los negativos.

Para tener coches eléctricos hay que:
○ invertir en investigación.
○ bajar el precio de los coches eléctricos.

Para que no desaparezcan especies animales hay que:
○ ampliar las reservas naturales y respetar los hábitats naturales.
○ reducir drásticamente la contaminación del medio ambiente.

c Con tu compañero, comentad vuestras opiniones, como en el ejemplo.

Si invertimos más en investigación, habrá más coches eléctricos.

No desaparecerán tantas especies animales si ampliamos las reservas naturales y respetamos sus hábitats.

> Estas frases son condicionales. Fíjate en que podemos poner la condición al principio o al final.

ORACIONES CONDICIONALES	
CONDICIÓN EN EL PRESENTE O EL FUTURO	**RESULTADO EN EL FUTURO**
La condición es un hecho en el presente o el futuro. ***Si + presente / ir a + infinitivo*** *Si vas a Argentina,* *Si aumenta la contaminación,*	**El resultado se expresa en futuro.** ***Futuro*** *no te arrepentirás.* *habrá más enfermedades pulmonares.*
	El presente expresa más énfasis o seguridad. ***Presente*** *cambio de coche.*
Si me toca la lotería,	
	El resultado es una orden, sugerencia, instrucción... ***Imperativo*** *llámame.*
Si vas a venir a la ciudad,	
La condición es un hecho que se repite o es una verdad general. ***Si + presente*** *Si no respetamos las señales de tráfico,* *En verano, si hace sol,*	**El resultado se expresa en presente.** ***Presente*** *podemos tener un accidente o causarlo.* *las playas se llenan de gente.*

d En grupos, cada estudiante escribe el nombre de un país o una ciudad y lo enseña a sus compañeros. Cada estudiante tiene que decirle algo usando *si*.

Si tienes tiempo, visita Córdoba.
Tráeme algún alfajor si vas a Argentina.
Si quieres ir a la playa, tienes que ir en diciembre.

> Cuando la condición va antes que el resultado, escribimos una coma detrás de la condición: *Si bebes, no conduzcas.*

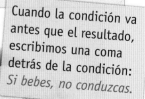

4 ¿Qué vas a hacer?

a Lee las diferentes ofertas de lugares y actividades que ofrece Argentina para pasar unas vacaciones.

ARGENTINA

Buenos Aires

Buenos Aires es una de las ciudades más grandes del mundo, una megalópolis que con los suburbios supera los once millones de habitantes. Fascina al visitante por su ambiente, la diferente personalidad de cada uno de sus barrios, la cordialidad de su gente, el amplio abanico de sus ofertas culturales y comerciales, y una vida nocturna muy variada que se extiende hasta altas horas de la madrugada.

Iguazú

Uno de los paisajes más asombrosos del planeta. Una experiencia realmente única que permanecerá siempre en la memoria de los visitantes. El río arroja su imponente caudal desde 70 metros de altura a través de 275 saltos y a lo largo de 2,7 km. En el límite con Brasil está la Garganta del Diablo, en el que la caída de las aguas crea múltiples arcoíris. Declarado Patrimonio Natural de la Humanidad por la UNESCO en 1984.

on the edge

Córdoba

Cultural y turística, tradicional y moderna, industrial y artesanal, Córdoba es uno de los centros económicos más importantes del país. Un relieve de serranías y un clima benigno caracterizan a la provincia de Córdoba, donde se alternan paisajes naturales y monumentos arquitectónicos coloniales, muchos de los jesuitas. Pueblos, reliquias históricas y pinturas rupestres se combinan en un paisaje amable de valles, altas pampas y quebradas.

Broken

Patagonia

Enorme región en la que podemos encontrar paisajes muy diferentes. Al oeste, los Andes, con lagos naturales, glaciares y bosques: uno de los paisajes más espectaculares de la Argentina. Excelente para el turismo de aventura (_trekking, rafting_, montañismo), los deportes náuticos, excursiones en sus numerosos lagos y el esquí. Al este, la Patagonia atlántica, con playas en el norte adecuadas para la natación por la buena temperatura del agua. Y al sur el impactante y extraordinario glaciar Perito Moreno, la Tierra del Fuego y Ushuaia, la ciudad más austral del mundo.

Ruta 40

La carretera más larga y espectacular de Argentina. La mágica ruta nacional 40, a través de más de 5000 km por la Cordillera de los Andes, llega desde Cabo Vírgenes (Santa Cruz) hasta La Quiaca (Jujuy). Trepa sobre el nivel del mar hasta casi 5000 metros, atraviesa 236 puentes, cruza 18 importantes ríos, bordea 13 grandes lagos y salares, lleva a 20 reservas y parques nacionales y conecta con 27 pasos cordilleranos.

Información extraída de _Argentina_ (guía Lonely Planet), www.turismo.gov.ar y www.argentinaturistica.com

b Las siguientes personas tienen intención de viajar a Argentina. ¿Qué lugar de los anteriores les recomendarías? Compara con tu compañero.

1. LUZ Y CARLOS, 28 AÑOS
<u>Estamos pensando</u> alquilar un todo-terreno y recorrer el país de punta a punta.

2. LUIS Y CARLA, 34 Y 31 AÑOS
<u>Tenemos intención</u> de pasar unos días en Buenos Aires, claro, pero tenemos diez días para ir a otros sitios. <u>Lo que más nos interesa</u> es ver naturaleza, ¡la imaginamos tan distinta de la que conocemos!

3. ANA, 44 AÑOS
<u>Me gustaría</u> mucho conocer lugares prehispánicos, anteriores a la llegada de los europeos, y también algo de la época colonial. Soy historiadora.

4. PEDRO Y MERCEDES, 66 Y 65 AÑOS
<u>Queremos</u> ver contrastes. <u>Estamos pensando</u> ir a varios sitios: nunca hemos estado en la selva ni en el Polo, también la Patagonia debe ser impresionante.

5. MARCOS, 22 AÑOS
<u>Lo que más me interesa</u> es practicar deportes de riesgo y deportes acuáticos. Me han dicho que en Argentina hay lugares magníficos.

c En grupos, imaginad que vais a viajar a Argentina por separado. Primero, preguntad a vuestros compañeros sus planes y preferencias. Utilizad las siguientes expresiones.

Para preguntar planes y preferencias

¿Qué vas a hacer?
¿Qué planes / intenciones tienes?
¿Qué te apetece hacer?
¿Qué es lo que más te interesa / gusta?

Para contar planes y preferencias

Estoy pensando en
Pienso / Quiero
Tengo intención de
Me gustaría / apetecería } + infinitivo
Prefiero / Me gusta / Me interesa
Lo que más me gusta / interesa es

■ *¿Tú qué vas a hacer?*   ● *Estoy pensando...*

El sujeto del infinitivo coincide con el sujeto de la oración *(pienso, quiero)* o con el pronombre de *gustar, interesar, apetecer.*

   Me gustaría viajar a Chile.

Si no coincide, usamos el subjuntivo:

   [yo] Quiero que [tú] me llames.

   Me gusta que [tú] me llames.

   no coincidencia

d Escribe planes o cosas que te gustaría hacer próximamente. Después, comenta con tu compañero, como en el ejemplo.

Viajar a México   Ser profesor

■ *Tengo intención de viajar a México. Si viajo a México, visitaré las ruinas mayas del sur.*
● *¿Qué más harás?*
■ *Iré a Puebla, es una ciudad muy interesante. Lo que más me interesa es el arte.*

■ *Me gustaría cambiar de trabajo.*
● *¿Y qué harías?*
■ *Me gustaría ser profesor de español. Si consigo el nivel C, haré un curso para profesores.*

1 Planes de viaje

a Lee la carta que recibe Paloma de sus padres (unos españoles que emigraron a Argentina) con información para que Sergio organice su viaje.

Buenos Aires, 23 de julio

Querida Paloma:

Nos hace mucha ilusión que tu amigo Sergio venga a Argentina, ¡qué lástima que tú no puedas venir con él! ¿Cuándo vendrás a vernos de nuevo? Te echamos de menos.

Por lo que nos cuentas de los planes de Sergio, creemos que tiene tiempo para hacer varias cosas interesantes, pero debería concentrarse en tres lugares como mucho; si no lo hace así, se pasará la mayor parte del tiempo viajando. Aunque imaginamos que eso ya se lo dijiste tú.

Hablamos con unos amigos que nos comentaron que hay unas estancias muy lindas en Misiones y en Santa Fe y que están muy bien de precio. Nos recomendaron la estancia Haras Rancho. Está a solo 100 km de Iguazú y oferta muchas actividades; si a Sergio le gustan los caballos, es el lugar ideal. Pero no hacen reservas por internet, Sergio tendrá que escribirles si quiere alojarse allí. O podemos hacerle la reserva nosotros. Este puede ser un buen destino.

Otros lugares recomendables, según nuestra opinión, son Córdoba, los Andes, la Patagonia (debería visitar el sur, en la zona antártica) y... Hija, ¡son tantas las opciones que es difícil decidir!

Entendemos que Sergio querrá estar tranquilo en Buenos Aires y tendrá cosas que hacer, pero nos encantará que venga a vernos. Por favor, insiste para que nos visite, no todos los días podemos hablar con amigos tuyos.

Nosotros, ya sabes, estamos bien y deseando verte. Y también esperando que llames un poco más a menudo.

☆ Un fuerte abrazo de tus padres que te quieren

b ¿Cómo dicen los padres de Paloma las siguientes cosas?

• Creen que Paloma llama poco por teléfono. _____

• Paloma no viaja a Argentina. _____

• Sergio no puede ir a demasiados lugares diferentes. _____

• Quieren que Sergio los visite. _____

• Creen que Córdoba es un buen destino. _____

• Las estancias no son caras. _____

c Vas a ayudar a Sergio con los preparativos de su viaje. Con la información que ha aparecido en la unidad, decide con tu compañero dónde va a ir Sergio, qué va a hacer y cuánto tiempo va a estar en cada lugar.

Viaja el segundo domingo de enero y llega un lunes. Está tres semanas completas y toma el avión de vuelta un domingo. Quiere pasar 5/8 días en Buenos Aires y visitar 2 o 3 lugares alejados entre sí.

SEMANA 1	SEMANA 2	SEMANA 3
9 L llegada BBAA 9.00	16 L	23 L
10 M	17 M	24 M
11 X	18 X	25 X
12 J	19 J	26 J
13 V	20 V	27 V
14 S	21 S	28 S
15 D	22 D	29 D salida 17.00

CIERRE DE EDICIÓN

Sergio tiene que escribir dos textos para acabar de organizar su viaje a Argentina, uno formal a la estancia *Haras Rancho* (una carta), y otro informal a Jorge (un correo electrónico), el amigo con el que viaja a Argentina. Tú vas a escribir esos textos.

PLANIFICA ▼

1 Separa las siguientes expresiones usadas en cartas formales e informales.

1. Les agradecería que... / Les solicito que...   **2.** Escríbeme para...   **3.** Querido Jorge:
4. Por otro lado   **5.** Estaba interesado en...   **6.** El motivo de la presente carta   **7.** Como te he dicho
8. Me interesa   **9.** Espero tu respuesta   **10.** Un abrazo   **11.** Estimados Señores: **12.** Saludos
13. Si necesitan ponerse en contacto conmigo   **14.** Te pido que... / Por favor...   **15.** Hola, Jorge:
16. Apreciados Señores: **17.** Atentamente   **18.** Estaría cinco días y   **19.** Dime si...
20. Me dirijo a ustedes   **21.** Te escribo para / porque   **22.** Reciban un saludo muy cordial
23. Esperando noticias suyas   **24.** Además

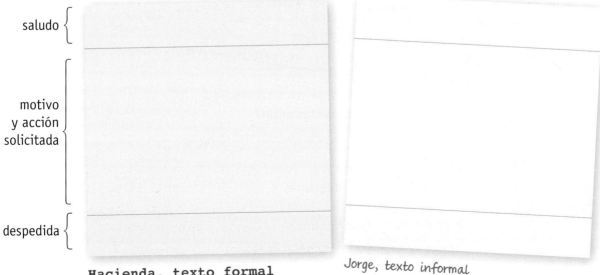

saludo {

motivo
y acción
solicitada {

despedida {

Hacienda, texto formal

Jorge, texto informal

2 Sergio ha recibido este mensaje de Jorge. Contéstale y cuéntale el plan de viaje que has preparado con tu compañero.

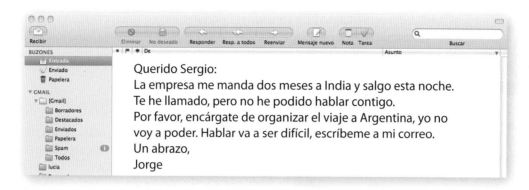

Querido Sergio:
La empresa me manda dos meses a India y salgo esta noche.
Te he llamado, pero no he podido hablar contigo.
Por favor, encárgate de organizar el viaje a Argentina, yo no
voy a poder. Hablar va a ser difícil, escríbeme a mi correo.
Un abrazo,
Jorge

3 Escribe a la estancia *Haras Rancho* para pedir información sobre reservas, precios y servicios del hotel. Informa sobre el día de llegada previsto, número de noches, tipo de alojamiento deseado, etc.

Recuerda las siguientes indicaciones:

1. En las cartas formales es importante el orden y posición de las distintas informaciones. Tienen tres partes:

   - **encabezamiento:**
     datos de la persona que escribe, el destinatario, lugar y fecha y, en ocasiones, asunto

   - **cuerpo:**
     saludo, motivo de la carta y acción solicitada

   - **cierre:**
     despedida y firma

   Fíjate en el modelo anterior y utiliza expresiones del ejercicio **1**.

2. La información se presenta de manera breve, clara y no ambigua. Antes de escribir, selecciona la información que vas a incluir.

3. Las cartas formales usan el tratamiento *usted* y fórmulas de cortesía. Es frecuente el uso de las formas condicionales y el imperativo para hacer peticiones.

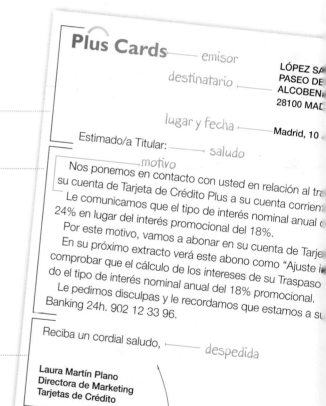

Plus Cards —— *emisor*

destinatario —— LÓPEZ SA
PASEO DE
ALCOBEN
28100 MAD

lugar y fecha —— Madrid, 10

Estimado/a Titular: —— *saludo*

motivo
Nos ponemos en contacto con usted en relación al tra
su cuenta de Tarjeta de Crédito Plus a su cuenta corrien
Le comunicamos que el tipo de interés nominal anual d
24% en lugar del interés promocional del 18%.
Por este motivo, vamos a abonar en su cuenta de Tarje
En su próximo extracto verá este abono como "Ajuste i
comprobar que el cálculo de los intereses de su Traspaso
do el tipo de interés nominal anual del 18% promocional.
Le pedimos disculpas y le recordamos que estamos a su
Banking 24h. 902 12 33 96.

Reciba un cordial saludo, —— *despedida*

Laura Martín Plano
Directora de Marketing
Tarjetas de Crédito

—— *firma*

Agencia ELE digital

En esta unidad vamos a ayudar a algunos viajeros respondiendo a sus preguntas y vamos a formular nuestras propias preguntas.

Entra en www.agenciaele.com para realizar esta actividad.

Desarrollar estrategias para recordar y reutilizar vocabulario.

Aprender y utilizar adecuadamente el vocabulario es una de mis preocupaciones mayores al aprender una lengua. Afortunadamente, he desarrollado muchas habilidades para hacerlo. Hay personas que son muy visuales y recuerdan leyendo y escribiendo palabras, otras tienen más «oreja» y aprenden más escuchando. Yo soy un poco de las dos: me sirve hacer tarjetas y dibujos, pero también me resulta útil escuchar canciones, ver películas, etc. Creo que lo más importante es que te DIVIERTAS cuando estudias, esa es la mejor forma de aprender palabras.

Estos son algunos de los trucos que uso para recordar palabras:

Carteles y tarjetas Hacía cartelitos en alemán y los pegaba en el apartamento que compartía en Hamburgo con mis amigos alemanes: *mantel, vaso, plato, silla, mesa,* etc.

Opuestos Estudiaba una palabra y su contrario: *subir-bajar, alto-flaco.* Después buscaba alguna frase en periódicos o revistas y trataba de decir lo contrario: «subió el precio de los tomates», «bajó el precio de los tomates».

subir – bajar   beneficio – perjuicio

Mapas de palabras Yo soy periodista y es muy importante conocer palabras relacionadas con mi profesión, para eso hago un dibujo y las asocio: *economía, inflación, alza de precios,* etc.

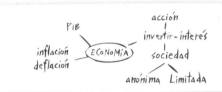

Asociaciones Creo asociaciones o imágenes mentales entre dos palabras a partir de sonidos parecidos. Cuando aprendía inglés lo hacía a menudo. Por ejemplo: *book* se parece al sonido de *buque* (barco) y yo imaginaba un libro navegando en el mar.

Busco oportunidades Siempre escribo las palabras más útiles de las unidades nuevas y las uso en todos los ejercicios de clase que puedo.

palabras útiles unidad 5:
¿sabes?, por cierto, fascinar, glaciar, atravesar, colonial

Gramática Para aprender la gramática, se pueden utilizar colores para el género. Es muy útil.

el problema
la moto

• Una profesora en la escuela nos enseñaba palabras con **versos**, «Soraya es uruguaya y toma el sol en la playa con una camisa a rayas». Las rimas son divertidas, no te olvidas más de las palabras.

Palabras relacionadas Hago pequeñas listas con nuevas palabras y otras nuevas y viejas que están relacionadas por morfología.

beneficio: beneficioso/a (adj.), benéfico (adj.), benefactor/a (nombre); beneficiar (verbo)

Diccionario personal Uso pequeñas tarjetas con la palabra en un lado y la definición y ejemplos en el otro. Me ayuda mucho para leer.

1 ¿Tú usas algunas de las estrategias de Iñaki para recordar palabras?

2 ¿Recuerdas más con imágenes o con sonidos?

Piensa en otras estrategias que utilizas para recordar palabras y compártelas con el grupo.

3 Escribe tres cosas que harás en las próximas unidades para recordar y reutilizar el vocabulario.

6 Yo en tu lugar...

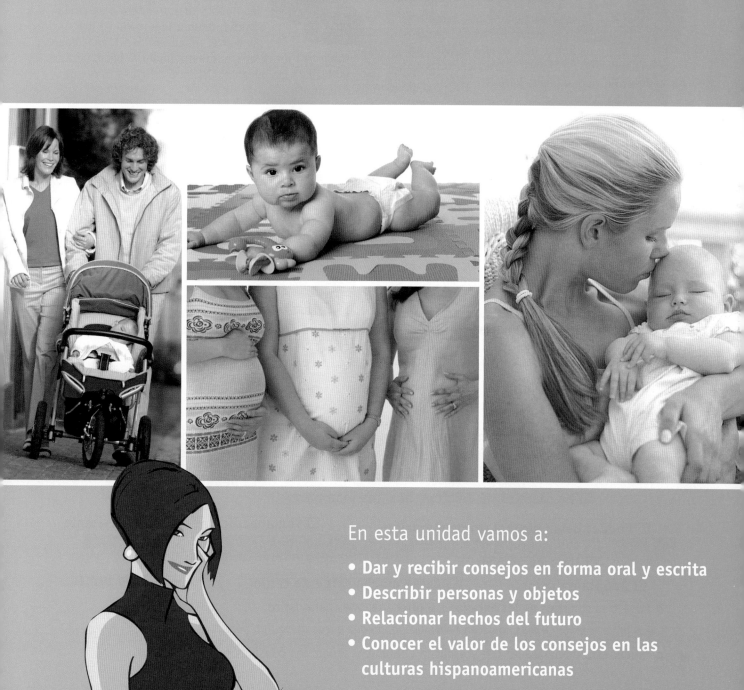

En esta unidad vamos a:

- Dar y recibir consejos en forma oral y escrita
- Describir personas y objetos
- Relacionar hechos del futuro
- Conocer el valor de los consejos en las culturas hispanoamericanas

1 Tengo un dilema

a Las siguientes personas tienen algunas dudas sobre qué hacer. Lee los textos y escribe el consejo que les darías.

Álex, 16 años

El otro día fui a la discoteca con unos amigos y me puse a bailar con una chica. Entonces llegó mi novia y nos vio. La verdad es que no pasó nada, ¡yo no estaba ligando! Claro que Marta no pensó lo mismo: no me habla, no contesta al teléfono y me ha bloqueado en Tuenti. Y también todas sus amigas. No sé qué puedo hacer.

_____
_____
_____

Sara, 30 años

La verdad es que tengo un dilema. Estoy embarazada y estoy contentísima por ello, pero ahora no sé cómo voy a organizarme con la maternidad y el trabajo. Mario y yo no sabemos si debo pedir un año entero para cuidar al niño, reducir la jornada o, simplemente, tomar las 16 semanas que tengo por ley. Y es que quiero cuidar al bebé, pero mi trabajo me encanta. ¡Uf, qué difícil es tomar una decisión!

_____
_____
_____

Tomás, 24 años

Nunca pensé estar en una situación como esta: acabo Económicas y al mismo tiempo me conceden una beca en el extranjero y me ofrecen un trabajo aquí en mi país. Si acepto el trabajo, ganaré dinero y podré independizarme. Pero si acepto la beca, mejoraré mi inglés y tendré más formación y una experiencia vital importante. Y en casa no me ayudan mucho: mi madre me anima a irme y mi padre me aconseja empezar a trabajar.

_____
_____
_____

Rebeca, 42 años

No sé si voy a poder mantenerme firme en mi propósito de dejar de fumar. Recuerdo lo que pasó la última vez que lo intenté: estaba irritable y de mal humor, dormía mal, me dolía el estómago… Y no pude pasar del tercer día. Sé que tengo que dejar de fumar, sin embargo…

_____
_____
_____

2 Consejos para el embarazo

a Cuando una mujer está embarazada, recibe muchos consejos de su familia, amigos, compañeros de trabajo, médicos, etc. ¿Cuáles de los siguientes consejos se suelen dar a una mujer embarazada? ¿Se te ocurre alguno más?

☐ **Bebe mucha agua**

☐ **No cambies tus hábitos, haz una vida normal**

☐ **Puedes beber alcohol con moderación**   ☐ **Toma medicinas contra el insomnio**

☐ **Duerme mucho**   ☐ **Asiste a un curso de preparación al parto**

☐ **Adopta un gato**   ☐ **Come mucha carne de cerdo**   ☐ **No fumes**

b Elige tres consejos de los anteriores y ofrece razones para darlos.

Las mujeres embarazadas no deben beber alcohol porque puede afectar al niño.

c ¡Rocío está embarazada! Lee y escucha el cómic y señala los consejos que ha recibido.

Al final de la unidad...

Vas a ofrecer consejos y hacer recomendaciones en español.

¡Estoy embarazada!

Rocío tiene una noticia para sus amigos y familiares.

En la oficina de Agencia ELE.

Ahora que estamos todos, quería daros una noticia, y es que... ¡estoy embarazada!

Enhorabuena, Rocío.

¿De cuánto estás?

De tres meses.

Supongo que todavía no sabes si es niño o niña, ¿no?

No, todavía no, pero ya estamos pensando algunos nombres.

Es importante que te tomes las cosas con calma.

Deberías cuidar tu alimentación, para no aumentar de peso excesivamente.

Si puedo hacer algo por ti, dímelo.

Tendrías que hablar con Teresa, que acaba de tener una niña.

Duerme mucho, el descanso es muy necesario.

Es muy bueno tomar un poco de sol todos los días, con precaución. Lástima que aquí no tenéis playa.

El ginecólogo de Rocío...

No fume ni beba. Y no tome medicinas si no se las receto yo.

La madre de Rocío...

Podrías comprarte ropa de embarazada en Dona, tienen ropa muy bonita...

Y no trabajes tanto...

Y cuídate mucho, hija.

Mercedes, la hermana de Rocío...

Yo que tú haría algún ejercicio suave. ¿Y si te apuntas a un curso de Aquagym para embarazadas?

Mateo, el marido de Rocío...

No te pongas esos zapatos. Debes llevar un calzado adecuado, de tacón bajo.

Tendrías que decírselo a Carmen, ¿no?

Uff, y esto no ha hecho más que empezar.

1 Consejos para Rocío

a Escribe en el lugar adecuado los consejos que la familia, amigos y médico han ofrecido a Rocío.

Verbos de obligación en indicativo	debes tienes que } + **infinitivo**	
Verbos en condicional	deberías tendrías que } + **infinitivo** podrías yo que tú + **condicional**	
Condición con *si*	¿y si...? si + presente + **imperativo**	
Imperativo		
Ser + adjetivo	es { importante bueno conveniente } + **infinitivo** lo mejor es } que + **subjuntivo**	

b Imagina que un amigo o familiar va a casarse. ¿Qué consejos le darías?

Tienes que...   Deberías...   Yo que tú...

¿Y si...?   No...   Es importante que...

c Escribe en dos papeles distintos dos situaciones sobre las que te gustaría recibir consejos. En grupos de cuatro, poned los papeles en el centro. Una persona levanta uno de los papeles y los demás tienen que darle consejos rápidamente.

- ■ *Tenemos que elegir un destino para el viaje de fin de curso.*
- ● *¿Por qué no vais al País Vasco? Tiene mar, una naturaleza impresionante, una comida magnífica y una oferta cultural muy buena.*

RECUERDA

En español el imperativo se utiliza para:

- **dar instrucciones:**
  Siga por esta calle y a 100 metros encontrará la farmacia.
- **dar consejos:**
  Llévate el paraguas, está lloviendo.
- **pedir algo a alguien:**
  Déjame el bolígrafo un momento... gracias.
- **invitar a alguien a hacer algo:**
  Siéntate y tómate algo con nosotros.
- **conceder permiso:**
  Pasa, pasa, no te quedes ahí.
- **dar órdenes:**
  Calla ya.

2 Cuando nazca el niño...

a Rocío habla con su hermana Mercedes, que tiene dos hijos. Señala de qué temas hablan.

○ La salud en el embarazo.

○ La relación de Rocío con su marido.

○ La habitación del bebé.

○ El trabajo de Rocío después de nacer el bebé.

○ La educación de los hijos.

○ Un trabajo inmediato.

○ El hospital y el parto.

○ Reformas en casa.

b ¿Cómo lo dicen? Mercedes y Rocío han utilizado las siguientes frases, ¿puedes poner el verbo en su forma correcta?

1 Yo que tú .... [ir]. Si tienes algún problema, me .... [llamar] y voy volando.

2 Pues eso, ... [animarse] y no .... [preocuparse]. Lo mejor es .... [pensar] que todo .... [salir] bien. Ya .... [ver] como es así.

3 Mateo dice que la casa .... [deber] tener cuatro habitaciones.

4 ● ¿Por qué no .... [venir]?
  ■ Perfecto. ¿Y si .... [ir] esta tarde?, la tengo libre.

5 ■ ¿Y cuándo .... [empezar]?
  ● Pronto. Porque cuando .... [nacer] el niño .... [ser] más difícil hacer obras.

6 ■ ¿Qué .... [hacer] en el trabajo cuando .... [nacer] el niño?
  ● Todavía lo .... [pensar]. Podría coger tres meses de baja más el mes de vacaciones.

7 La situación .... [ser] la misma cuando .... [empezar] a trabajar.

8 ■ ¿No .... [llevar] al niño a la guardería?
  ● Sí, cuando .... [cumplir] nueve meses.

c Compara tus respuestas con las de tu compañero. Después, oíd la audición de nuevo y comprobad vuestras respuestas.

Fíjate en la manera en que se relacionan dos hechos del futuro:

La situación será la misma	cuando empiece a trabajar.
futuro	cuando + subjuntivo

Cuando cumpla nueve meses	llevaré al niño a la guardería.
cuando + subjuntivo	futuro

> Las frases interrogativas y exclamativas se forman utilizando **cuándo** + **futuro**:
> ¿Cuándo empezaréis la reforma?
> ¡Cuándo acabará este ruido!

d Los siguientes acontecimientos son importantes en la vida de muchas personas. Comenta con tus compañeros si has vivido alguna de estas situaciones y cómo lo viviste (te sentiste triste o feliz, fue divertido, complicado, difícil...).

Cuando recibí la carta que me comunicaba que me daban la beca para estudiar en España, me quedé en blanco. Era un mar de contradicciones, no sabía cómo reaccionar. Por un lado, mis sueños se cumplían y era feliz, pero, por otra parte, tenía que dejar mi casa, mi familia, mis amigos...

casarse

tener un hijo

dejar la casa de los padres

conseguir un trabajo mejor

ganar un premio

hacer un gran viaje

cambiar de ciudad o país

entrar en la universidad

jubilarse

cumplir 50 años

e Elige los acontecimientos del ejercicio anterior que no han sucedido en tu vida. Habla con tu compañero sobre lo que harás cuando ocurran.

Cuando me jubile, me dedicaré a viajar.

f Escribe tres cosas que crees que ocurrirán en el mundo en los próximos 20 años y coméntalo con tu compañero.

Yo creo que no necesitaremos petróleo para los coches y aviones cuando avance la investigación con las energías renovables.

3 La higiene del bebé

a Rocío está mirando una revista con consejos para bañar a un bebé. Lee la primera parte y subraya las distintas maneras que utiliza la revista para ofrecer consejos.

> La higiene diaria del bebé es fundamental. Hay que realizarla con sumo cuidado. Tienes que tener en cuenta que cada parte del cuerpo de un bebé requiere de unos cuidados especiales, de una forma de lavarla o de productos específicos para ellas. Lee los siguientes consejos que ofrecemos a continuación:
> El cuerpo: es importante enjabonar todo el cuerpo del bebé pasando la esponja de arriba hacia abajo. Empezando por el cuello y continuando por el pecho, la tripa, los brazos y piernas, prestando mucha atención a las zonas con pliegues en la piel. Intenta no mojar su cara, pues le resultará desagradable.

Extraído de http://www.cosasdebebes.es

b Aquí tienes la continuación del artículo. Relaciona los consejos con las distintas partes del cuerpo del bebé.

1 Deben mantenerse cortas para evitar que se dañen. Para cortarlas, se recomienda usar una tijera de punta redondeada o un cortaúñas pequeño. Muchos aconsejan hacerlo cuando el bebé está dormido porque está completamente relajado y no lo molestamos.

2 Puedes limpiarlas con una bolita de algodón, sin olvidarte del pliegue de atrás, para que no quede húmedo. Los oídos del bebé deben tener un mínimo de cera para protegerlos.

3 Límpialos con una gasita mojada en agua hervida o en suero fisiológico. Es conveniente que limpies cada uno por separado y con gasas diferentes para evitar posibles infecciones.

4 Al principio, es conveniente hervir agua y dejarla enfriar para ese fin; nunca uses jabón. También es importante pasar un trapo con agua por la frente, la barbilla y los pliegues del cuello porque allí se acumula suciedad y a veces restos de leche.

5 Límpiasela después del baño porque el bebé está relajado y así no lo molestarás. Si tiene mucosidades, usa un paño húmedo.

6 Puedes lavárselo una vez por semana con un champú especial, suave y con pH neutro. Cepíllalo todos los días con un peine que no haga daño a su cuero cabelludo.

7 Límpiala con un trozo de gasa humedecida con agua hervida o suero fisiológico enrollada en el dedo índice después de la ingestión de cualquier alimento, incluso el pecho.

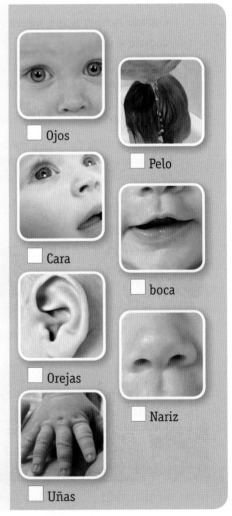

☐ Ojos
☐ Pelo
☐ Cara
☐ boca
☐ Orejas
☐ Nariz
☐ Uñas

c Señala a qué se refieren en las frases anteriores los pronombres en negrita.

1	cortar**las** •
	hacer**lo** •
	lo molestamos •
2	limpiar**las** •
	proteger**los** •
3	límpia**los** •
4	dejar**la** •

nariz
ojos
pelo x2
boca
oídos
bebé x2
uñas
cortar las uñas
agua
orejas

•	límpiase**la**	5
•	**lo** molestará	
•	lavár**se**lo	6
•	cepílla**lo**	
•	límpia**la**	7

4 Complementos del verbo

a Recuerda el uso de los pronombres de complemento directo y complemento indirecto.

Complemento directo
Indica la persona o cosa que recibe la acción del verbo. No lleva preposición, excepto cuando el complemento es de persona. *Limpia **los ojos** con una gasa.* *El martes vi **una película / a Marcos.*** Los pronombres de tercera persona son:

Complemento indirecto
Indica el destinatario de la acción del verbo. Lleva delante la preposición *a*. *Limpia los ojos **al bebé** con una gasa humedecida en agua hervida.* Se sustituye por los siguientes pronombres:

	masculino	**femenino**
singular	lo	la
plural	los	las

masculino / femenino
me, te, le
nos, os, les

Limpia los ojos con agua → *Límpialos con agua*
Limpia los ojos al bebé → *Límpiaselos*

> le / les + lo / la / los / las
> = se + lo / la / los / las
>
> *límpiaselos con agua hervida*

b Mira las frases anteriores y completa el esquema con:

verbo conjugado   CI   infinitivo / gerundio   CD

Cuando el verbo está conjugado (indicativo o subjuntivo)

¿me lo cuentas?   → | *me* | *lo* | *cuentas* |

Cuando el verbo está en imperativo

cuéntamelo   → | | | |

Cuando hay dos verbos, uno conjugado y otro en infinitivo o gerundio

¿me lo vas a contar?   → | | | |

¿vas a contármelo?   → | | | |

¿Qué va antes: el CD o el CI? ....

c Escribe la regla de posición del pronombre:

> Cuando el verbo está conjugado, los pronombres van .... del verbo.
> Cuando el verbo está en imperativo ....
> Cuando hay dos verbos, uno conjugado y otro en infinitivo o gerundio, hay .... posibilidades: ....
> ....

d Piensa en un objeto de la clase. Haz frases como las del ejemplo (sin nombrar el objeto y utilizando pronombres) hasta que tu compañero adivine de qué objeto se trata.

■ *Te la puedes comprar en una papelería... La puedes guardar en el bolsillo...*
La necesitas cuando te equivocas...
● *¡La goma de borrar!*

1 Rocío tiene casa nueva

a Rocío tiene casa nueva y comparte la noticia con sus amigos. Lee lo que le dicen.

Rocío Hace 2 días

Ya tengo nueva casa. Bueno, todavía no, hay que hacer reformas. Pero AQUÍ ESTÁ EL PLANO. Se aceptan sugerencias.

Paloma Hace 2 días

¡Tía, qué pasada! ¡Me encanta! Precioso, de verdad. Si necesitas que te eche una mano, no tienes más que decirlo. ¿Cuál va a ser el cuarto del bebé?

Rocío Hace 2 días

De momento la habitación 2. Así está junto a nuestro cuarto y lo oiremos si llora. Después, cuando crezca, lo cambiaremos al cuarto 3, que es un poco más grande.

Miki Hace 1 día

Yo lo pondría directamente en la habitación 4. Precisamente para no oírlo. ☺

Esteban Hace 1 día

¿No queríais una casa con jardín? No importa, la terraza es preciosa. ¿Por qué no ponéis una barbacoa? Cuando llegue el verano nos invitaréis, ¿verdad?

Miki Hace 1 día

Eso, ¿cuándo es la fiesta de inauguración?

Rocío Hace 1 día

Cuando acabemos la reforma. Y todavía faltan meses. Os mantendremos informados. Y como pide Esteban, cuando llegue el verano inauguraremos la terraza. ¡Con barbacoa!

Lola Hace 1 día

Precioso. ¿Has pensado en hacer el salón más grande? Quedarían tres habitaciones, pero no necesitas más, ¿no?

Esteban Hace 1 día

Buena idea la de Lola. Un amigo mío lo hizo y le quedó un salón espectacular.

Alba Hace 6 horas

Yo que tú no lo haría. ¿Y si tienes otro niño?

Rocío Hace 5 horas

Ahí está. Además, en la habitación de al lado del salón hemos pensado poner el estudio.

Miki Hace 5 horas

¿Pero todavía estudiáis? Je, je, je... Sí, me parece buena idea. ¡Es mejor que ponerse en el sofá del salón con el portátil encima de las piernas! Un buen consejo: tienes que pintar la cocina de rojo. Es lo último.

Alba Hace 3 horas

¡¡¡Rojo!!! Lo tuyo es grave... Rocío, lo mejor es que uses colores pastel. Y cuando quieras enloquecer, haz caso de los consejos de Miki. Es un experto en color :)

Elena Ahora

¡Siempre soy la última en enterarme! Bueno, enhorabuena, una casa muy, muy bonita. Tenemos que ir de tiendas, conozco unas con unos muebles magníficos y precios estupendos, ¿cuándo vamos?

b Escribe el nombre de la persona...

a ... que se muestra entusiasta con la nueva casa.

b ... más graciosa.

c ... que le da el consejo más raro.

d ... que quiere hacer una fiesta en casa de Rocío.

e ... que le ofrece ayuda.

f ... que le da un consejo sobre el cuarto del bebé.

2 Yo también quiero una casa

a Imagina tu casa ideal (aunque no puede tener más de 150 m²). Dibújala aquí y cuenta a tu compañero cómo sería. Tu compañero te ofrecerá opinión y consejo.

- ■ *Aquí tendré el estudio, con equipo de música y televisión.*
- ● *Yo que tú no pondría televisión, para eso está el salón. Mejor un buen sillón para leer y oír música.*

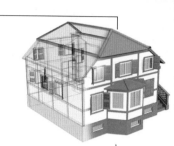

Mi casa ideal

CIERRE DE EDICIÓN

Ya has visto cuántos consejos recibe Rocío por su próxima maternidad o por las reformas de su casa. En la cultura hispana es muy frecuente dar consejos, es una forma de mostrar interés por las otras personas.

Ahora vas a pedir y dar consejos. Sigue las siguientes indicaciones.

PLANIFICA ▼

En grupos de 4/6 personas.

1 Elige una de las siguientes opciones y escríbela en un papel. Añade más información sobre lo que quieres hacer o lo que te preocupa.

* Gano muy poco. ¿Cómo se pide un aumento de sueldo?

* Me han ofrecido un trabajo mejor en el extranjero, pero me gusta mucho esta ciudad.

* Estoy buscando una academia de arte / un colegio para mí / mi hijo.

* Necesito urgentemente un ordenador / una cámara de fotos / un nuevo móvil. ¿Alguna idea?

ELABORA ▼

2 Pasa la hoja al compañero de tu izquierda. Recibirás una hoja de papel del compañero de tu derecha. Léelo y escribe un comentario o un consejo para su problema.

* Quiero ir de vacaciones a América del Sur, pero no sé dónde ni cuándo.

* Cambio de coche, ¿nuevo o segunda mano? ¿Modelo?

* ¿Merece la pena comprar un *e-book*?

Recuerda las formas de dar consejos que tienes en la página 58. Intenta utilizar una fórmula distinta cada vez.

PRESENTA Y COMPARTE ▼

3 Cuando recibas tu hoja, comenta con tus compañeros qué te parecen sus consejos. Votad los mejores consejos.

Agencia ELE digital

En esta unidad vamos a reflexionar sobre la identidad digital y a dar consejos para hacer un buen uso de internet.

Entra en www.agenciaele.com para realizar esta actividad.

Sobre los consejos en Hispanoamérica

Pedir y dar consejos es una costumbre muy arraigada entre los hispanohablantes, sobre todo en el ámbito privado. Es habitual que una persona, cuando se encuentra con sus familiares, amigos o colegas, comente algo de su vida buscando consejo, no tiene que pedirlo, los demás así lo entienden y le hacen sugerencias.

Pedir consejo es una manera de compartir las decisiones que se toman sobre la vida, tanto si se piensa cambiar de trabajo, mudarse, hacer un viaje, comprarse un traje nuevo para una fiesta o hacer la cena, incluso se piden consejos sobre temas tan íntimos como el amor o el dinero. Recibir un consejo, por otra parte, no es un ataque a la intimidad. Aunque a todos nos gusta aconsejar a los demás, los abuelos son los especialistas en consejos. Mi abuelo solía decir: «Consejos vendo, para mí no tengo»; a todos nos resulta más fácil arreglar la vida de los demás antes que la propia.

En las culturas del norte de Europa, por el contrario, no es habitual pedir ni dar consejos sobre cualquier tema en ámbitos familiares y amistosos. Ellos lo perciben como una intromisión en la vida privada. Puede pasar que le cuentes algo a una amiga alemana o inglesa esperando su consejo y no te diga nada porque entiende que no debe meterse en tu vida.

Lee las siguientes opiniones vertidas en un foro donde opinan personas de Hispanoamérica y compáralas con las tuyas:

04-nov-2011
Nik 2

1 Está bueno dar y recibir consejos, siempre alguien te puede decir lo que necesitás escuchar en su momento. Así como vos también podés hacerlo.

04-nov-2011
Brun

2 A mí me gusta que me aconsejen, siempre le pregunto a mi hermana mayor o a mis amigas, ellas me dan una visión y argumentos distintos de los que se me podrían ocurrir.

04-nov-2011
Yaco

3 Siempre di consejos (me gusta escuchar a la gente y aconsejar)... Si no los siguen es otra cuestión, pero todas las veces fueron para ayudar. Rara vez me he dejado aconsejar, hasta hace poco pensaba que podía conmigo misma, pero estaba bastante equivocada... Si se tiene la oportunidad de recibirlos hay que aceptarlos, yo creo, nunca viene mal otro punto de vista.

04-nov-2011
Roch

4 Y, tal vez, mejor es preguntar si los quieren recibir, porque muchas veces, hay personas (no todas) que no están dispuestas a que se los des, pero por lo general soy de darlos, y no me molesta para nada recibirlos. Mi abuelo siempre nos enseñó con refranes más que con consejos, por eso, a veces, los uso porque me parecen menos chocantes a la hora de tocar un tema y no saber cómo la otra persona lo pueda tomar.

En tu cultura...

1 ¿Pides consejos o sugerencias?, ¿a quién?, ¿en qué situaciones?, ¿con qué fin?

2 ¿Te gusta dar consejos?, ¿por qué?

3 ¿Te molesta que te den consejos cuando no los pides?, ¿qué haces en esa situación?

4 ¿Qué consejos le darías a un hispanohablante si quiere visitar tu país o conocer personas de tu país para evitar un choque cultural?

7 ¿Me haces un favor?

En esta unidad vamos a:

- Hacer, aceptar o rechazar una petición de forma oral y escrita
- Transmitir las palabras de otro
- Conocer distintas estrategias para hacer peticiones

1 ¿Eres un buen compañero?

a Existen personas que se preocupan por los demás, otras se muestran indiferentes. ¿Cómo eres tú? Haz este test y marca la opción elegida. Después, comprueba los resultados.

1 Si un compañero falta a clase y te pide los ejercicios, tú...
- **a.** Haces fotocopias y se las das.
- **b.** Le dejas tu cuaderno para que los copie.
- **c.** Le dices que se los pida a otro compañero.

2 En clase organizan una fiesta y te toca preparar algo típico de tu país:
- **a.** Preparas un plato delicioso con la receta de tu abuela.
- **b.** Haces algo rápido; si puede ser, precocinado.
- **c.** Llevas una botella de una bebida típica.

3 En la pausa de la clase, cuando vas a la cafetería:
- **a.** Antes de ir preguntas si alguien quiere algo.
- **b.** Ofreces tu bebida cuando vuelves.
- **c.** Te vas y vuelves sin decir nada a nadie.

4 Cuando hay que hacer ejercicios en parejas o grupos:
- **a.** Intentas colaborar al máximo en la tarea.
- **b.** Hablas con tus compañeros lo justo; total, tienen menos nivel que tú.
- **c.** Dejas que trabajen ellos. Es buen momento para descansar.

5 El profesor tiene un problema con el proyector y tú:
- **a.** Te levantas a ofrecer tu ayuda, quizá puedas hacer algo.
- **b.** No entiendes mucho de esto, pero preguntas a los demás si saben lo que pasa.
- **c.** Te dedicas a hablar de otras cosas con los demás, no es tu problema.

6 Un compañero te pide que le expliques (¡otra vez!) la diferencia entre *ser* y *estar*. ¿Cómo reaccionas?
- **a.** ¡Encantado! Así intento comprenderlo mejor, no me viene mal.
- **b.** ¡Buf! Es un poco complicado; pero bueno, vamos a ver qué dice el libro...
- **c.** Mira, mejor le preguntas al profesor, él es el que sabe.

7 Salís de excursión y uno de los últimos en incorporarse al grupo te pide la bici. ¿Cómo respondes?
- **a.** Bueno, si es poco rato, vale...
- **b.** Verás, es que ahora la necesito yo, lo siento...
- **c.** No, lo siento.

MIRA TU GRADO DE COMPAÑERISMO

Mayoría de respuestas A: eres el compañero ideal: educado, atento, amable... Todos quisiéramos estar contigo en clase.

Mayoría de respuestas B: no destacas especialmente por tu amabilidad, pero tienes buena voluntad. Puede ser agradable trabajar contigo cuando te lo propones.

Mayoría de respuestas C: tu colaboración deja bastante que desear; si quieres que el ambiente de la clase mejore y todos estemos más cómodos, deberías esforzarte un poco.

2 En la Agencia ELE

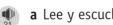 **a** Lee y escucha el cómic de Agencia ELE y contesta a las preguntas.

a ¿Por qué no va Sergio a la rueda de prensa? ....

b ¿Cuántas llamadas tiene que hacer Paloma hasta que encuentra a alguien para acompañarla? ....

c ¿Quién acompañará a Paloma a la rueda de prensa? ....

Al final de la unidad...

Vas a pedir un favor a un compañero y vas a aceptar o rechazar una petición.

Luis no se encuentra bien y llama a Paloma porque no puede acompañarla a la rueda de prensa.

¿Paloma? Mira, me encuentro fatal, algo me ha sentado mal; y no podré llegar a tiempo a la rueda de prensa.

He intentado hablar con Carmen, pero comunica. ¿Puedes llamarla tú? Y llama a Sergio para que te acompañe.

Claro, yo los llamo, no te preocupes. Tómate una manzanilla y métete en la cama.

¿Sergio? Hola, soy Paloma. ¿Puedes acompañarme mañana a la rueda de prensa del alcalde?

Lo siento, pero va a ser difícil. Es que tengo que ir al Centro de Salud, tengo hora para el médico. ¿No lo iba a hacer Luis?

Sí, pero no puede, está enfermo. Me ha dicho que te llame, pero si no puedes llamaré a Rocío. Gracias de todas formas.

Vale, suerte.

¿Rocío? Hola, soy Paloma. ¿Te importaría acompañarme a la rueda de prensa del alcalde?

Me encantaría, pero es que tengo que llevar a mi perro al veterinario. ¿Se lo has pedido a Sergio?

Sí, acabo de llamarlo, pero me ha dicho que tiene una cita médica.

Un momento, voy a llamar a Mateo, y le pregunto si puede llevar él al perro.

Gracias, eres un encanto.

Hola, cariño. Necesito que me hagas un favor.

Ha llamado Paloma para pedirme que vaya con ella a la rueda de prensa mañana por la mañana, ¿podrías llevar tú el perro al veterinario?

Pues..., bueno, vale.

De acuerdo, mil gracias, voy a llamar a Paloma.

Hola, Paloma, todo arreglado. Voy contigo.

Uf, qué bien, voy a llamar a Carmen para decírselo.

Más tarde...

Hola, Carmen, ¡por fin has dejado de comunicar! Me acaba de llamar Luis para decirme que está enfermo y que no puede acompañarme a la presentación.

Así que he llamado a Sergio y me ha dicho que tampoco puede. He llamado a Rocío y, por suerte... ¡Aquí está!

Estupendo, gracias por resolverlo. Por cierto, dile a Rocío que no se olvide de lo que me prometió para esta tarde. ¡Que os vaya bien!

1 ¿Me haces un favor?

a Busca en el cómic los recursos que se utilizan para hacer peticiones y cópialos aquí.

> **PARA PEDIR UN FAVOR**
> _____
> _____
> _____
> _____

b Las peticiones pueden ser aceptadas o rechazadas. Las expresiones siguientes se emplean para **aceptar una petición** (A) o **rechazarla** (R). Compara tus respuestas con las del compañero.

☐ Sí, ahora mismo   ☐ Claro que sí   ☐ No quiero + infinitivo   ☐ Claro que no   ☐ Sí, pero...

☐ Es que no podemos...   ☐ Bueno, vale   ☐ No puedo porque...   ☐ De acuerdo, ¿cuándo?

☐ Sí, claro, no hay inconveniente   ☐ Lo siento, pero...   ☐ Me encantaría, pero...

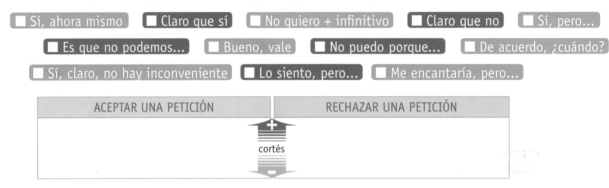

ACEPTAR UNA PETICIÓN	RECHAZAR UNA PETICIÓN

cortés

c Lee los siguientes diálogos y relaciona el grado de confianza en cada uno.

1 ■ ¿Apagas la televisión? Es tarde y tienes que dormir.
 ● Ahora no, estoy viendo un programa.

2 ■ ¿Podría venir a mi despacho esta tarde a las cinco?
 ● Sí, no hay inconveniente.

3 ■ ¿Puedes acompañarme al médico mañana?
 ● Lo siento, pero mañana tengo un examen.

4 ■ ¿Te importaría ayudarme a terminar este informe?
 ● Me encantaría, pero tengo una reunión con el jefe del departamento.

Mucha confianza   *Diálogo 1*
Poca confianza   *Diálogo 2*
Ninguna confianza   *Diálogo 3*
                           Diálogo 4

d Escucha los diálogos anteriores y compara tus respuestas con las de tu compañero. Comentad por qué habéis dado esas respuestas.

e ¿A quién harías estas peticiones? Une con una flecha las siguientes peticiones con sus destinatarios. Puede haber más de una opción.

> Para pedir algo tenemos que dar una justificación. La petición se expresa de manera cortés y, si es delicada, la justificación tiene que ser más detallada.

Qué pedimos
Salir antes del trabajo.
El coche para dar una vuelta.
Recoger al niño del colegio.
Un lápiz.
Una moneda para la máquina de café.

A quién se lo pedimos
Tu madre.
El jefe.
Una vecina con la que no tienes mucha confianza.
Un buen amigo.
Un compañero de trabajo.

f Con tu compañero, pide esas cosas a los destinatarios elegidos.

Ejemplo: salir antes del trabajo.
Mire, tengo que pedirle un favor: me gustaría salir a las 17:00 hoy en vez de a las 18:00, es que mi madre tiene que ir al médico y me gustaría acompañarla.

2 Me ha dicho que te llame

a Lee de nuevo el cómic. Señala los recursos que usamos cuando queremos transmitir las palabras de otras personas. Haz una lista y compárala con la de tu compañero.

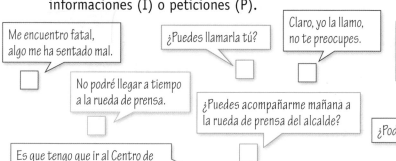

Me ha dicho que te llame.

b Indica si las siguientes intervenciones del cómic son informaciones (I) o peticiones (P).

Me encuentro fatal, algo me ha sentado mal. ☐

¿Puedes llamarla tú? ☐

Claro, yo la llamo, no te preocupes. ☐

Me encantaría, pero es que tengo que llevar a mi perro al veterinario. ☐

¿Te importaría acompañarme a la rueda de prensa del alcalde? ☐

No podré llegar a tiempo a la rueda de prensa. ☐

¿Puedes acompañarme mañana a la rueda de prensa del alcalde? ☐

¿Podrías llevar tú el perro al veterinario? ☐

Voy a llamar a Carmen para decírselo. ☐

Es que tengo que ir al Centro de Salud, tengo hora para el médico. ☐

c Ahora vuelve a leer el cómic y escribe cómo transmiten estos mensajes otras personas:

Me encuentro fatal... y no podré llegar a tiempo a la rueda de prensa.	
¿Puedes llamarla tú?	
Es que tengo que ir al Centro de Salud.	
¿Te importaría acompañarme a la rueda de prensa del alcalde?	

d Al transmitir las palabras de otros, pueden producirse cambios en los tiempos verbales y en otras palabras que indican tiempo y lugar. Fíjate en los cambios que se producen en estas frases:

Verbo *decir, preguntar, pedir...* en **presente** o **pretérito perfecto**

Información en presente

presente / pretérito perfecto + *que* + presente o imperfecto ·············☐

Tengo frío.
{ Dice que tiene frío.
{ Ha dicho que tiene / tenía frío.

Me duele la cabeza.
{ Dice que le duele la cabeza.
{ Ha dicho que le duele / dolía la cabeza.

> Al **pretérito perfecto** le puede seguir:
> - **presente:** *ha dicho (ahora) que está jugando con sus hijos.*
> - **imperfecto:** *ha dicho (esta mañana) que estaba jugando con sus hijos.*

Preguntas en presente

- Con partícula interrogativa → queda igual

  ¿Cuántos años tienes? → *Pregunta **(que) cuántos** años tengo.*
  ¿De dónde vienes? → *Me ha preguntado **(que) de dónde** vengo.*

- Sin partícula interrogativa → **presente / pretérito perfecto + *si* + pregunta original**

  ¿Tienes hambre? → *Dice **(que) si** tienes hambre.*

Petición en presente ✱

presente / pretérito perfecto + *que* + subjuntivo

Pásame la sal, por favor. → *Dice **que le pases** la sal.*
¿Puedes llamarme más tarde? → *Me ha pedido **que lo llame** más tarde.*

✱ Funcionan igual las instrucciones, los consejos y las órdenes.

> RECUERDA que pueden cambiar todos los elementos que hacen referencia al lugar y al tiempo:
> *aquí → allí, ahora → en aquel momento, este → ese.*

e Cuéntale a tu compañero lo que te han dicho estas personas.

Cuando hemos salido del trabajo, me ha dicho que _____ _____, así que nos hemos ido a cenar a un chino.

Mi vecina no se encuentra bien y me ha pedido que _____ _____ a su perro.

Cuando he ido a despedirme, el jefe me ha preguntado que _____ _____.

f Los siguientes verbos se utilizan para transmitir mensajes. Sustituye el verbo *decir* por uno de ellos en los siguientes ejemplos.

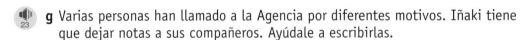

`admitir`   `explicar`   `preguntar`   `pedir (x2)`

1 Lo he llamado y estaba ocupado. Me **ha dicho** que lo llame más tarde.

2 En esta carta me **dice** que le envíe un documento importante del archivo.

3 Me **ha dicho** que si tengo novio.

4 **Dijo** que el teléfono no funcionaba porque la cobertura en esta zona era muy débil y mi teléfono tenía la antena estropeada.

5 El profesor lo descubrió y el chico **dijo** que sí, que estaba copiando.

g Varias personas han llamado a la Agencia por diferentes motivos. Iñaki tiene que dejar notas a sus compañeros. Ayúdale a escribirlas.

Han llamado para pedir una foto para usarla en un ejercicio de clase. Y preguntan que si la puedes enviar por correo electrónico.

3 Volver a empezar

a Para algunas personas es difícil trabajar y atender a la familia. Lee este
texto relacionado con la experiencia laboral de un padre de familia.

Trabajo y salud

La experiencia de X es muy frecuente en las familias españolas. La incorporación de la mujer al mundo laboral ha supuesto algunos cambios respecto a las familias tradicionales, en las que las mujeres se encargaban de los hijos.

«**Empecé a trabajar** con 25 años en una empresa editorial... Pocos años después me casé con Carmen, mi jefa. Cuando nació nuestro primer hijo nos planteamos la posibilidad de buscar a alguien para cuidarlo, pero pensamos que era mejor hacerlo uno de nosotros. Como Carmen gana más que yo, **dejé de trabajar** durante dos años para ocuparme de Jaime. Fue una experiencia maravillosa, pero echaba de menos el trabajo. Así que cuando **empezó a ir** a la guardería **volví a trabajar**. Cuando nació Alberto, el segundo, yo tenía un puesto muy bueno y no quería interrumpir mi carrera. Así que después de la baja de maternidad lo llevamos a la guardería y **seguimos trabajando** los dos. Claro, hemos tenido algunos problemas, sobre todo cuando se ponen enfermos; **llegas a pensar** que estás haciendo algo mal, te sientes culpable porque no puedes atender a todo, te pones de mal humor... ¡**Estuvimos a punto** de divorciarnos!»

b Aquí tienes algunas de las estructuras que han aparecido en el texto anterior. Relaciónalas con su significado.

1 **Empezar a** + infinitivo
2 **Seguir** + gerundio
3 **Dejar de** + infinitivo
4 **Estar a punto de** + infinitivo
5 **Volver a** + infinitivo
6 **Llegar a** + infinitivo

a Punto máximo (o mínimo) de una situación. *Estar a punto de*
b Momento inmediatamente anterior al inicio de algo. *llegar a*
c Repetición de una actividad. *volver a*
d Inicio de una actividad. *Empezar a*
e Interrupción de una actividad. *Dejar de*
f Continuación de una actividad. *Seguir hablando.*

c Completa la tabla siguiente y habla con tu compañero sobre estas actividades. Añade dos más.

- ¿*Tocas algún instrumento?*
- *Sí, la flauta.*

- ¿*Cuándo empezaste a tocar?*
- *A los 12 años.*

- ¿*Sigues tocando?*
- *Sí, pero poco.*

	Empezar a + infinitivo	Seguir + gerundio	Dejar de + infinitivo	Estar a punto de + infinitivo	Volver a + infinitivo	Llegar a + infinitivo
Practicar algún deporte						
Vivir con su pareja						
Ser vegetariano						
Tocar algún instrumento musical						

¿Qué es lo que más te ha sorprendido de las respuestas de tu compañero?

Paul empezó a coleccionar sellos a los siete años y todavía sigue haciéndolo.

1 La dificultad de decir «no»

Lee este texto y contesta a las preguntas.

PSICOLOGÍA

Cómo superar situaciones que nos hacen la vida más difícil

Vivir mejor

¿Por qué nos cuesta tanto decir «no»?

En muchas ocasiones nos encontramos haciendo cosas que no deseamos, simplemente por no haber dicho «no» a tiempo. Negarse a hacer algo que nos piden resulta muy complicado cuando no queremos parecer antipáticos. Si un compañero nos pide ayuda y dejamos lo que estamos haciendo para ayudarlo, vamos en contra de nuestros propios intereses y ponemos por delante los de los demás. Si el jefe nos pide que nos quedemos un rato más en el trabajo para terminar una tarea urgente, no nos negamos y llamamos a casa para decir que llegaremos más tarde, nuestra familia sale perdiendo. Si una amiga nos pide que le cuidemos al gato cuando se va de vacaciones y eso nos añade una serie de obligaciones que difícilmente podemos cumplir con facilidad y aun así aceptamos, nuestra amistad se devalúa. Este tipo de conductas pone demasiada presión en nuestras vidas y, si se mantienen durante mucho tiempo, empobrecen nuestras relaciones con los demás.

El miedo a que nos despidan, a que no cuenten con nosotros la próxima vez o, simplemente, el temor a defraudar al otro son las causas más frecuentes de este comportamiento. Si alguna vez te has arrepentido de haber aceptado hacer cosas que te desagradan solo por complacer a los demás, te conviene tener en cuenta estas recomendaciones:

- No te sientas culpable por decir no.
- Negarse a hacer algo no siempre es egoísmo; a veces es una señal de madurez.
- Di sí solo cuando tú quieras, si lo dices siempre no lo apreciarán.
- Decir no servirá para descargar tu agenda de tareas innecesarias.

1 ¿Estás de acuerdo con lo que expone? ¿Por qué?

2 ¿Te has sentido mal alguna vez por negarte a hacer algo?

3 ¿Crees que es más difícil decir «no» en unas situaciones que en otras?

2 Lo siento, es que...

a Miquel ha recibido una invitación a una fiesta de cumpleaños, pero no le apetece ir. Lee estas dos posibles respuestas. ¿Cuál escribirías tú?

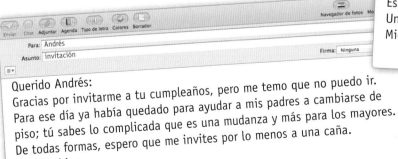

Para: Andrés
Asunto: invitación

Estimado Andrés:
Te agradezco enormemente tu invitación a la fiesta de cumpleaños, pero creo que no voy a poder asistir. Para ese día ya tenía otros planes y ahora es difícil cambiarlos.
Espero que lo paséis bien.
Un abrazo,
Miquel

Para: Andrés
Asunto: invitación

Querido Andrés:
Gracias por invitarme a tu cumpleaños, pero me temo que no puedo ir. Para ese día ya había quedado para ayudar a mis padres a cambiarse de piso; tú sabes lo complicada que es una mudanza y más para los mayores.
De todas formas, espero que me invites por lo menos a una caña.
Pasadlo bien.
Un abrazo,
Miquel

b Imagina que has recibido una invitación para la boda de un amigo al que hace tiempo que no ves. Desgraciadamente, ese fin de semana tienes un viaje programado desde hace meses. Escribe un correo electrónico justificando tu ausencia.

Cuando rechazamos una invitación o se niega una petición, normalmente añadimos una explicación que lo justifique; por ejemplo: *Es que tengo que ayudar a mis padres.* También podemos proponer una alternativa para no cerrar el asunto con un «no». Por ejemplo: *Lo dejamos para la semana que viene.*

CIERRE DE EDICIÓN

Vas a pedir un favor y aceptar o rechazar una petición.

PLANIFICA ▼

1 Lee estas situaciones y elige una.

a No puedes ir a clase porque estás enfermo desde hace varios días. Quieres que un compañero te recoja los materiales y le diga al profesor lo que te pasa.

b No puedes ir a trabajar (tu hijo está resfriado) y le pides a un compañero que haga por ti una tarea urgente y le cuente al jefe lo que te pasa.

c Tienes que ir a comprar unos muebles para tu salón y tu dormitorio y tu coche no es lo suficientemente grande. Pides a tu amigo que te acompañe el sábado por la mañana con su coche, te ayude con la compra y a montar los muebles.

d Tienes que recoger a un amigo en el aeropuerto y coincide con una visita importante a tu médico. Pides a un amigo que lo recoja, aunque él no lo conoce.

RECUERDA:
Para pedir favores:
¿Puedes... tú?
¿Te importaría...?
¿Podrías...?
¿Me haces un favor?
¿Podrías hacerme un favor?
Necesito pedirte un favor.
Tengo que pedirte una cosa.
¿Puedes...? Es que...

ELABORA ▼

2 Piensa durante un momento cómo vas a pedir el favor y escribe tu petición en dos papeles: uno para tu compañero de la derecha y otro para el de la izquierda.

Tú también recibirás dos peticiones: tienes que aceptar una y rechazar otra.

PRESENTA Y COMPARTE ▼

3 Representa con tus compañeros la petición y las respuestas.

En grupos, considerad si la petición y sus respuestas han mantenido el nivel de formalidad o informalidad requerida.

Agencia ELE digital

En esta unidad vamos a subtitular unos anuncios y a publicarlos.

Entra en www.agenciaele.com para realizar esta actividad.

Fórmulas y recursos para hacer peticiones corteses

En la vida cotidiana solemos pedir muchas cosas: la hora, un papel, una indicación para llegar a un lugar, un momento de atención, un vaso de agua... Las maneras de pedir las cosas también son variadas. En español existen dos tipos de estrategias para hacer peticiones: las **fórmulas** de cortesía y los **recursos** que las atenúan o suavizan. Muchas veces, usamos ambas.

1 Las **fórmulas de cortesía**: las peticiones pueden ser indirectas o muy indirectas, eso depende si pedimos a personas muy conocidas o menos conocidas.

MENOS INDIRECTAS			MÁS INDIRECTAS
¿Me dices la hora?	¿Me dirías la hora?	¿Te importaría decirme la hora?	¿Serías tan amable de decirme la hora?
¿Me das un vaso de agua?	¿Me darías un vaso de agua?	¿Te importaría darme un vaso de agua?	¿Serías tan amable de darme un vaso de agua?
¿Me dejas un euro?	¿Me dejarías un euro?	¿Te importaría dejarme un euro?	¿Serías tan amable de dejarme un euro?
¿Puedes abrir la ventana?	¿Podrías abrir la ventana?	¿Te importaría abrir la ventana?	¿Serías tan amable de abrir la ventana?

2 Los **recursos** más frecuentes para suavizar las peticiones son los diminutivos, las justificaciones y las frases hechas.

Diminutivos	
Para pedir agua	*Un vasito de agua.*
Para pedir tiempo a la persona con la que hablamos	*Un momentito.*
Para pedir dinero suelto: un euro, dos...	*Un eurillo/un eurito.*

Justificaciones	
Un vasito de agua	*(Es que) tengo que tomar una medicina.*
Un momentito	*(Es que) tengo algo importante que decirte.*
Un eurillo / un eurito	*(Es que) me he dejado el monedero en casa.*

Frases hechas	
Un vasito de agua	*¿Me puede traer un vasito de agua? Si no es molestia.*
Un momentito	*¿Podría hablar con usted un momentito, por favor?*
Un eurillo / un eurito	*Me dejas un eurillo, si puedes.*

Las peticiones son más directas con amigos, familiares, conocidos..., y más indirectas con desconocidos, personas mayores, superiores en el trabajo o estudios... También es más indirecta cuando la petición es delicada o supone un esfuerzo mayor para el que hace el favor.

Responde:

1 ¿Cómo te piden cosas en español? ¿Con qué expresiones estás más familiarizado?

2 ¿Qué fórmulas usas tú habitualmente?

3 Las expresiones anteriores, ¿te resultan similares en tu lengua y cultura?, ¿por qué?

8 Yo creo que...

LIBERTAD DE EXPRESIÓN

En esta unidad vamos a:

- **Intercambiar opiniones sobre la libertad de prensa y otros derechos**
- **Expresar opiniones, acuerdos y desacuerdos**
- **Organizar un debate**
- **Reflexionar sobre la forma de participar en un debate en las culturas hispanoamericanas**

1 Toda persona tiene derecho a...

En 1948 la Asamblea General de la Organización de las Naciones Unidas (ONU) aprobó y proclamó la Declaración Universal de Derechos Humanos. Cada país miembro de la ONU tiene la obligación de difundir el texto de los derechos entre sus ciudadanos, especialmente desde las escuelas y otros organismos educativos, independientemente de su situación política.

a Estos son algunos de los derechos básicos de las personas. ¿Puedes añadir otros?

- derecho a la educación
\- .... \- ....

- derecho a la protección de la intimidad
\- .... \- ....

- libertad de expresión
\- .... \- ....

b Con tu compañero, intenta establecer los tres derechos que consideráis fundamentales:

> Todo el mundo debería tener derecho a...
>
> a) ....
> b) ....
> c) ....

c Aquí tienes algunos de los derechos proclamados en la declaración de la ONU. ¿Crees que unos son más importantes que otros? Coméntalo con tus compañeros.

* Toda persona tiene derecho a la educación. La educación debe ser gratuita y obligatoria en la enseñanza elemental.

* Toda persona tiene derecho a un nivel de vida adecuado que le asegure, así como a su familia, la salud y el bienestar y, en especial la alimentación, el vestido, la vivienda, la asistencia médica y los servicios sociales necesarios.

* Toda persona tiene derecho al descanso, a disfrutar del tiempo libre, a una limitación razonable de la duración del trabajo y a vacaciones periódicas pagadas.

* Toda persona acusada de delito tiene derecho a ser considerado inocente mientras no se pruebe su culpabilidad.

* Toda persona tiene derecho a la libertad de pensamiento, de conciencia y de religión.

* Todo individuo tiene derecho a la vida, a la libertad y a la seguridad de su persona.

* Todo individuo tiene derecho a la libertad de opinión y de expresión; este derecho incluye el de no ser molestado a causa de sus opiniones, el de investigar y recibir informaciones y opiniones, y el de difundirlas, sin limitación de fronteras, por cualquier medio de expresión.

* Nadie será objeto de intromisiones arbitrarias en su vida privada, su familia, su domicilio o su correspondencia, ni de ataques a su honra o a su reputación. Toda persona tiene derecho a la protección de la ley contra estos ataques.

■ *Yo creo que el derecho a una vivienda es más importante que el derecho al trabajo, porque...*
● *Pues a mí me parece más importante el derecho a...*

d ¿Conoces la asociación «Reporteros sin Fronteras»? ¿A qué crees que se dedica? Su lema es «Investigar, denunciar, apoyar». ¿A quién? ¿Por qué?

 e Lee y escucha el cómic. ¿Qué opinión tienes sobre las propuestas de los miembros de Agencia ELE?

REPORTEROS SIN FRONTERAS
POR LA LIBERTAD DE PRENSA

 ### Al final de la unidad...

Vas a participar en un debate en clase.

Debate sobre la libertad de prensa

 Carmen recibe un correo electrónico informándola sobre la celebración del Día Mundial de la Libertad de Prensa.

En la Agencia reciben un correo electrónico...

Para: carmen.ariza@agenciaele.com
CC:
Asunto: Día Mundial de la Libertad de Prensa

3 de mayo, Día Mundial de la Libertad de Prensa. Es una oportunidad para defender la independencia de los medios de comunicación y rendir homenaje a los periodistas que han perdido su vida en el cumplimiento de su deber. Diferentes actos se organizarán en todo el mundo...

Mirad esto. ¿Qué os parece si organizamos algo para celebrarlo?

Buena idea. Me parece que es bueno sensibilizar a la gente. ¿Tú qué crees, Paloma?

Ya, pero, ¿no crees que todavía hay muchos países en los que ser periodista es arriesgado?

Pues sí, pero, ¿esto mejora la situación?

En mi opinión, estas celebraciones sirven para poco. No creo que hagan mucha falta.

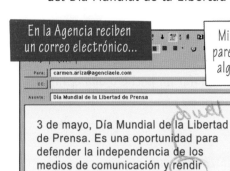
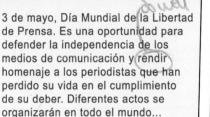

Entonces, según tú, ¿es mejor que nos quedemos quietos? ¿No crees que deberíamos defender el derecho a la información?

Pues no sé, no sé. Creo que hay demasiada información y es difícil discriminar.

Sí, es fácil decir eso desde aquí. Pero en muchos países puedes ir a la cárcel o perder la vida solo por expresar tu opinión.

Sí, es verdad; por eso es tan importante el trabajo de asociaciones como «Reporteros sin Fronteras». Queda mucho por hacer.

Es importante que podamos expresarnos sin presiones: hablar, vestirnos, escribir...

Es verdad, no es solo la prensa, también están perseguidas otras formas de expresión.

Sí, es evidente que no es un problema exclusivo del periodismo.

¿Sabes que se controla el acceso a internet en muchos países?

Sí, por eso estoy de acuerdo con Carmen; es importante que se sepa.

CRN
NUEVOS DATOS DE LA GUERRA

Más tarde

Sí, puede ser, quizá tengas razón...

Entonces, ¿os parece buena idea que organicemos un debate sobre la libertad de prensa?

Mejor sobre la libertad de expresión en general, ¿no?

Y vosotros, ¿qué opináis?

1 Yo creo que...

a En el cómic aparecen algunas expresiones que sirven para opinar, valorar, expresar acuerdo... Vuelve a leer el texto e intenta completar los siguientes cuadros:

▶**Pedir la opinión de alguien**

....

....

¿No crees que...?
Opinión + ¿no creéis?

....

....

▶**Acuerdo / Desacuerdo**

Estoy de acuerdo con...
Sí, puede ser.
Sí, es verdad.
No es eso.

▶**Introducir una opinión**

....

▶**Valorar un hecho o una opinión**

A mí me parece que...

....

....

Está claro que...

....

....

b Fíjate en las palabras señaladas en azul, que utilizamos para valorar un hecho o una opinión, y completa las reglas:

- Es **importante** que **podamos** expresarnos libremente.
- Es **mejor** que se **publique** todo.
- Está **claro** que **debe** haber un límite.
- Es **lógico** que **tengan** interés en saber qué pasa.

- Es **evidente** que la información **circula** con mucha rapidez.
- **No creo** que **deba** publicarse todo.
- Está **bien** que **defiendan** esos derechos.

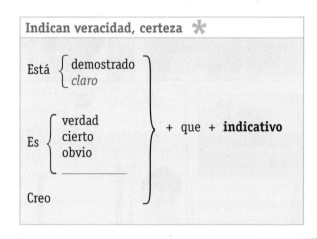

Indican veracidad, certeza ✳

Está { demostrado / *claro* }

Es { verdad / cierto / obvio / .... }   + que + **indicativo**

Creo

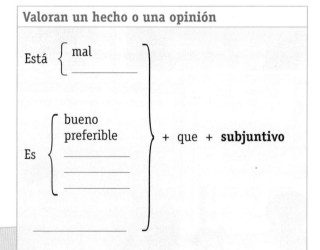

Valoran un hecho o una opinión

Está { mal / .... }

Es { bueno / preferible / .... / .... }   + que + **subjuntivo**

✳ **¡Atención!**
Cuando van en negativo:
No + ser / estar + adjetivo / adverbio + que + **subjuntivo**:
    No es verdad que **se pueda** decir todo.
    No está claro que **sea** legal hacer eso.

Creo que es una buena decisión.

Pues yo no creo que lo sea.

Cuando valoramos un hecho en general sin concretar quién lo hace, usamos el **infinitivo**.

EN GENERAL	CON UN SUJETO CONCRETO
Está mal publicar este tipo de información.	**Está mal que me digas** eso.
Es fácil decir eso.	**Está claro que no podemos** publicarlo todo.

c Construye frases con las palabras de cada situación, expresando tu opinión y justificándola. Toma nota de las opiniones de tus compañeros, luego tendrás que comentarlas.

1 *¿Injusto o normal?* Bar / ruido / vecinos / dormir.

■ *Es injusto que no podamos dormir por los ruidos del bar de enfrente. El descanso es más importante que la diversión.*
● *Es normal que no puedan dormir si hay un bar cerca de su casa.*

2 *¿Bien o absurdo?* Pagar / museo / entrada.

3 *¿Molesto o divertido?* Bares / ruido / humo.

4 *¿Buena idea o poco solidario?* Aparcar / doble fila.

5 *¿Normal o perjudicial?* Televisión / programas infantiles / horario nocturno.

d Da tu opinión sobre los siguientes temas.

Aumentan los precios de la entrada de los museos.

El centro de la ciudad cortado al tráfico por la fiesta de la bicicleta.

Los jóvenes pasan una media de cuatro horas delante de una pantalla (consola, televisión, ordenador).

Quejas de vecinos por los bares que abren de madrugada.

Construyen hotel en playa protegida.

e ¿Has tomado nota de las opiniones de tus compañeros? Vamos a sacar conclusiones.

Yo creo que Nick es muy juerguista, porque le parece normal que no se pueda dormir si hay un bar enfrente de la casa.

f Según su opinión, tu compañero puede ser:

| dormilón   sano   egoísta   juerguista   sociable   ecologista |

2 ¿Estás de acuerdo?

a Escucha las siguientes conversaciones. ¿Crees que están de acuerdo?

acuerdo		desacuerdo
1 x		1
2		2
3		3
4		4
5		5

b Vuelve a escuchar y completa con las formas que se utilizan para expresar acuerdo y desacuerdo.

Para expresar acuerdo:	Para expresar desacuerdo:
Sí, claro. Tienes razón. _____	Yo no pienso lo mismo (que tú). _____
Yo pienso igual que tú. _____	No, no es verdad ⎫ No, no es cierto ⎭ + que + subjuntivo
Sí, es cierto que... _____	No, no estoy de acuerdo. No, + *opinión contraria* No es eso. ¡Qué va!
Sí, es verdad. Sí, estoy de acuerdo. Sí, yo también creo que...	_____

c Escribe tres hechos o situaciones y da tu opinión. En grupos, comentad las opiniones de todos. Reaccionad adecuadamente a las opiniones de los demás.

- ■ *A mí lo del carril bici me parece una tontería.*
- ● *¿Tú crees? Yo creo que es muy útil.*

3 En primer lugar...

a Aquí tienes una serie de elementos que sirven para organizar las ideas.
Escucha el siguiente debate y completa el cuadro con las fórmulas que oigas.

Ordenar las ideas	En primer lugar... / en segundo lugar... Por una parte... / por otra (parte)... _____ / _____
Para reformular una idea	_____ / es decir
Presentar un argumento diferente	Sí, pero... _____
Para introducir el final	En conclusión / _____ / finalmente

b Escribe cuatro ventajas y cuatro inconvenientes de uno de estos temas: comida rápida; dónde hacer celebraciones; derechos de peatones y ciclistas. Después, coméntalo con tu compañero, ¿estáis de acuerdo?

Puedes seguir los siguientes pasos:

- Haz un esquema de las ideas que quieres tratar.
- Asegúrate de que conoces las palabras que quieres usar y las estructuras necesarias.
- Ordénalas según la relación que hay entre ellas y elige los elementos que creas oportunos para señalar esa relación.
- Puedes empezar a hablar, pero ¡no leas! Utiliza tus notas como un guión solo si no sabes qué decir.

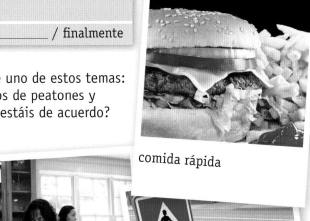

comida rápida

celebraciones: cocinar en casa o comer fuera

derechos de los peatones / derechos de los ciclistas

4 Derechos humanos

a En la web de esta asociación se denuncia el incumplimiento de los derechos humanos en algunos países. Léela y comenta con tus compañeros qué te parece más sorprendente.

- ■ *En mi opinión, es sorprendente que uno no pueda elegir con quién se casa.*
- ● *Pues yo creo que es peor que te encarcelen sin saber por qué.*

http://www.todostenemosderecho.org

Editar · Enviar a blog

Página de inicio de Mozilla Fire... | iGoogle | Google Chrome para Mac: graci... | +

Todos tenemos derecho

Hazte socio

Infórmate | Colabora | Conócenos | Buscar

Todavía tenemos mucho trabajo por hacer.
Esto todavía pasa en algunos países:

- ✗ **Uno no puede** elegir libremente con quién se casa.
- ✗ Te **encarcelan** sin que sepas por qué.
- ✗ **Pueden** quitarte tu casa o tus propiedades.
- ✗ **No se accede** libremente a internet.
- ✗ **Uno puede** ser acosado y perseguido por decir su opinión.
- ✗ **No te puedes** reunir libremente.
- ✗ **No se vota. No se elige** libremente a los gobernantes.
- ✗ **Tienes que pagar** cada vez que vas al médico.
- ✗ Si **no tienes** seguro de salud, es difícil que **te atiendan.**
- ✗ **No eliges** libremente el trabajo o **no se cobra** por él.
- ✗ **No se pagan** las vacaciones. **No existe** la educación gratuita.
- ✗ Si **no tienes** dinero, **no puedes** ir a la escuela.
- ✗ **No puedes** salir del país sin permiso del gobierno.
- ✗ Te **controlan** la correspondencia.
- ✗ **No puedes** leer la prensa internacional.

b Vuelve al texto anterior y fíjate en las estructuras que se utilizan cuando no nos interesa indicar quién hace lo que dice el verbo. Completa la siguiente tabla:

Se + 3.ª **persona del singular / plural**			*Uno* + 3.ª **persona del singular**
No se accede...	*Pueden*	*No te puedes...*	*Uno puede ser acosado...*

c ¿Pasan algunas de estas cosas en tu país? ¿Qué cosas son diferentes?

- ■ *En mi país no es así, uno puede elegir con quién se casa.*
- ● *En el mío también.*

1 El hábito no hace al monje

a ¿Es habitual el uniforme en las escuelas de tu país? ¿En qué tipo de escuelas? ¿Qué función tiene?

Lee este artículo sobre la polémica suscitada por la imposición del uniforme en una escuela pública de Madrid.

La **guerra** de los **uniformes**

Hay quien ve en el uniforme la solución a algunos problemas de la escuela pública y quien lo considera contrario al principio de diversidad y al derecho a expresarse.

Desde que la presidenta de la Comunidad de Madrid, Esperanza Aguirre, anunció al inicio del curso escolar la posibilidad de implantar los uniformes en los centros públicos de Madrid, se ha generado un debate sobre la conveniencia de esta medida. La competencia entre adolescentes por las marcas, la forma de vestir de algunos alumnos y las rivalidades que se crean por la ropa han hecho que la posibilidad de llevar uniforme en centros públicos se plantee como una solución a estos problemas. No todos están de acuerdo, hay quien ve en esta posibilidad una amenaza para la libertad de expresión de los alumnos y la diversidad de la escuela pública.

Carmen Gutiérrez es la directora del colegio público Profesor Tierno Galván de Alcobendas (Madrid). Este centro, donde más de la mitad del alumnado es inmigrante, es uno de los 30 colegios públicos de la Comunidad de Madrid que han adoptado el uniforme. Fue allí donde la presi-

denta ensalzó su uso porque ayuda a «minimizar diferencias y disolver tensiones» y hace que los niños «se sientan iguales y parte de un proyecto común». Su directora cuenta que la propuesta «era una forma de minimizar esa separación de clases sociales que había en el centro y que también se plasmaba en la forma de vestir de los alumnos».

Las asociaciones de padres tienen puntos de vista distintos. El vicepresidente de una de ellas cuenta que dentro de los padres hay posiciones a favor y en contra, pero cree que la posibilidad de llevar uniforme debe partir de una premisa fundamental: «El acuerdo de la comunidad educativa. No vale una imposición». Considera que puede ser cómodo para los padres y que ayudaría a evitar la complicación que suponen a veces modas y marcas, siempre y cuando «no sea obligatorio»; «además, no es cierto que la convivencia mejore porque todos vayan vestidos igual».

También advierte de que puede «coartar la libertad individual, especialmente entre los alumnos de Secundaria».

Sin embargo, desde otra asociación de padres aseguran que estos argumentos son «frívolos e insustanciales, porque los alumnos se pueden expresar fuera del colegio o los fines de semana», y se muestran partidarios del uso del uniforme: «Evita la discriminación entre chavales, sobre todo con los *marquismos* entre adolescentes, los iguala a todos y les hace sentir más el colegio y su pertenencia al grupo». Desde una tercera asociación opinan que esta medida es «superficial, sin ninguna justificación pedagógica demostrada». «La uniformidad de la sociedad no es lo que busca la escuela pública, que es diversidad y pluralidad», subraya.

Adaptado de Tiempo (05/10/2007)

b Escribe los argumentos que aparecen en el texto a favor y en contra del uso del uniforme.

A favor

_____

_____

_____

_____

En contra 👎

_____

_____

_____

_____

c Vamos a escuchar un debate en el que diferentes personas hablan sobre la conveniencia o no de llevar uniforme en la escuela. ¿Con qué persona estás de acuerdo? ¿Por qué?

d Añade en el cuadro de la actividad anterior los argumentos que has escuchado a favor y en contra. ¿Y tú? ¿Tienes argumentos a favor o en contra de los uniformes?

¿Crees que hay otras formas de expresión que también están limitadas?

 CIERRE DE EDICIÓN

Vas a participar en un debate en clase.

PLANIFICA ▼

1 Elegid uno de estos temas o pensad en otros que os interesen más:
- la libertad de expresión en internet y sus consecuencias,
- la conveniencia de llevar o no uniforme en los diferentes trabajos,
- la situación mundial en relación con el respeto al derecho a la libertad de expresión.

ELABORA ▼

2 Vamos a utilizar las diferentes estructuras que hemos visto a lo largo de la unidad. Clasifícalas según sus funciones:

| 1. Opinar | 2. Pedir la opinión | 3. Valorar un hecho | 4. Acuerdo / desacuerdo | 5. Ordenar / reformular ideas |

☐ Sí, claro.
☐ No, + valoración contraria.
☐ Por otra parte...
☐ Tienes razón.
☐ O sea...
☐ Yo pienso igual que tú.
☐ Sí, es verdad.
☐ Está mal actuar así.
☐ Sí, estoy de acuerdo.

☐ No, no es verdad que se pueda publicar todo.
☐ No, no es cierto que puedan vestir como les de la gana.
☐ No, no estoy de acuerdo.
☐ Sí, yo también creo que...
☐ No es eso.
☐ Es lógico que protesten.
☐ Yo no pienso lo mismo (que tú).
☐ Es inútil que lo hagan.

☐ Sí, es cierto que...
☐ No creo que puedan.
☐ En primer lugar...
☐ En segundo lugar...
☐ Por una parte...
☐ Finalmente...
☐ Sí, pero...
☐ Es decir...
☐ No, no es verdad.

3 En grupos vais a ordenar las ideas que tenéis sobre el tema elegido.

4 Construid vuestra argumentación utilizando los elementos que hemos visto en la unidad y que están recogidos en esta página. Podéis hacer un guion por escrito.

PRESENTA Y COMPARTE ▼

5 Vamos a ver si estamos de acuerdo. Un representante de cada grupo expone su argumentación según las preguntas que haga el moderador; el resto escucha, toma notas e interviene si lo cree necesario.

 **Agencia ELE digital**

Vamos a leer una noticia en un periódico digital y a dejar un comentario con nuestra opinión.

Entra en www.agenciaele.com para realizar esta actividad.

Maneras de opinar

1 Responde y comenta con tu compañero.

- ¿Cómo haces para intervenir en una conversación en tu cultura?

....

- ¿Puedes superponer tu palabra a la de las otras personas que están hablando?

....

- ¿Puedes interrumpir a una persona que está hablando?, ¿cómo?, ¿por qué?

....

Tenemos un factor de igualdad.

¡Pero qué manía con la igualdad!

EN ALGUNAS CULTURAS como las orientales, las personas esperan a que alguien termine completamente de hablar para dar su opinión. En español, es más habitual superponerse; apenas hay silencio entre las intervenciones de una persona y la siguiente, aunque hay marcas que indican que la persona acaba su turno: una mirada, un leve gesto con la cabeza o un cambio en la entonación.

Según los expertos, más de la mitad de las veces que cambiamos el turno de palabra, los hispanohablantes lo hacemos con solapamientos, es decir, empezamos a hablar mientras otra persona está hablando. En cambio, los solapamientos no pasan del 20 % entre los británicos y apenas llegan al 8 % en hablantes suecos.

Por otra parte, si cuando alguien nos cuenta algo, lo escuchamos muy silenciosamente, esta actitud puede interpretarse como falta de interés. Cuando hablamos, mostramos interés con gestos de aprobación con la cabeza, con sonrisas, con breves «interrupciones» que indican interés o sorpresa, como *Aja, Hmmmmm, ¿En serio?, No me digas...* Esta es una forma habitual de «colaborar» con la persona que habla, de mostrar nuestro interés.

¡ATENCIÓN!

Es importante que no confundamos interrupción con solapamiento.

En situaciones informales, los hispanohablantes podemos interrumpir al otro cuando estamos debatiendo, discutiendo o polemizando. Solemos ser muy vehementes en las charlas sobre política o fútbol y transmitimos no solo ideas, sino también nuestros sentimientos con la pasión con la que hablamos.

En cambio, las interrupciones no son bien vistas en ninguna situación, y mucho menos en las situaciones formales de comunicación en el trabajo, en la escuela o en la universidad. En estas situaciones, las interrupciones son incorrectas e interpretadas como mala educación.

2 ¿Te has fijado en los solapamientos que han aparecido en la unidad? ¿Qué sentiste al oírlos? Contesta verdadero o falso:

> En conversaciones con gente que habla español...
>
> 1. Tengo la sensación de que no respetan el turno del que habla. ☐
> 2. Me gusta que la gente gesticule, mueva las manos y sea expresiva. ☐
> 3. Me interrumpen antes de acabar y me molesta. ☐
> 4. Me resulta difícil saber cuándo puedo hablar. ☐
> 5. La gente manifiesta atención con sus ojos, movimientos de cabeza y fórmulas como *¡Ah!, ¿sí?* ☐
> 6. Me gusta que varias personas hablen a la vez. ☐
> 7. La gente habla demasiado alto y deprisa, no me gusta. ☐
> 8. La gente se entusiasma al hablar y parece una discusión, pero nadie está enfadado. ☐

9

¿Me explicas cómo se hace?

En esta unidad vamos a:

- **Dar y comprender instrucciones escritas y orales**
- **Expresar finalidad y posesión**
- **Describir objetos y su funcionamiento**
- **Hablar de formas alternativas de viajar**
- **Reflexionar sobre la forma de dar órdenes e instrucciones**

1 Nuevo redactor en Agencia ELE

a Lee la oferta de empleo, las dos solicitudes y las instrucciones. Luego, contesta a estas preguntas con tu compañero.

1 ¿Qué solicitud responde mejor a la oferta?

2 ¿Los candidatos han seguido las instrucciones para rellenar la solicitud?

OFERTA

Se necesita redactor/a en agencia de noticias.

Lugar: Madrid.

Descripción: Redactor con una experiencia mínima de 2 años en un puesto similar.

Requisitos: Disponibilidad absoluta para viajar.

Procedimiento: Rellenar esta solicitud, siguiendo las instrucciones, y enviarla a empleo@agenciaele.es, a la atención de Carmen Crespo.

INSTRUCCIONES PARA RELLENAR LA SOLICITUD

1. Rellene todos los campos.
2. Utilice un procesador de textos.
3. Escriba con letras mayúsculas.
4. No olvide firmar la solicitud.
5. Incluya una fotografía reciente.

AGENCIA ELE
Solicitud de empleo

DATOS PERSONALES DEL CANDIDATO

Apellidos	MORANTE RIVERO	Nombre	CARLOS		
Dirección	C/ BETIS, 5			Código postal	41010
Ciudad	SEVILLA	Estado civil	SOLTERO		
Teléfono	0034 23311112	Dirección de correo electrónico		carlosmr@correo.es	
Puesto al que desea optar	REDACTOR				

ESTUDIOS

Estudios de Secundaria	Vega del Guadalquivir	Dirección	C/ Triana, 54, Sevilla		
Desde	1995 A 1999				
Estudios Universitarios	Universidad Complutense de Madrid	Dirección	Avenida Complutense, s/n		
Desde	1999 A 2004	¿Se ha licenciado?	SÍ ☒ NO ☐	Título	Licenciado en Ciencias de la Información
Formación especializada	Escuela de Periodismo de Madrid	Dirección	C/ Eugenia de Montijo, 5, Madrid		
Desde	2006 A 2007	¿Se ha licenciado?	SÍ ☒ NO ☐	Título	Máster en Periodismo

EMPLEO ANTERIOR

Compañía	Agencia Prats	Dirección	Avenida de los Pinos, 74, Valencia	
Puesto	Redactor			Cierre de la compañía
Desde	2009 A 2011	Razón por la que dejó el puesto		
¿Podemos ponernos en contacto con su anterior supervisor para solicitar referencias?			SÍ ☒ NO ☐	

Firma

Fecha

AGENCIA ELE
olicitud de empleo

DATOS PERSONALES DEL CANDIDATO

Apellidos	López Arco		Nombre	Virginia		
Dirección	Calle Hermosilla, 14					
Ciudad	Madrid		Estado civil		Código postal	28000
Teléfono	0034 914678930		Dirección de correo electrónico		Virgi_lopez@telef.es	
Puesto al que desea optar	REDACTORA					

ESTUDIOS

Estudios de secundaria	Rafael Alberti		Dirección	C/ Mataleñas, 32, Santander		
Desde	1993 A 1997					
Estudios universitarios	Universidad del País Vasco		Dirección	Barrio de Sarriena, s/n, Leioa, Vizcaya		
Desde	2006 A 2009	¿Se ha licenciado?	SÍ ☒ NO ☐	Título	Grado en Periodismo	
Formación especializada			Dirección			
Desde	A	¿Se ha licenciado?	SÍ ☐ NO ☐	Título		

EMPLEO ANTERIOR

Compañía	Banco Bilbao Vizcaya		Dirección	Calle del Museo, 33, Bilbao	
Puesto	Cajera				
De	2000 A 2005	Razón por la que dejó el puesto		Comienzo de los estudios de Periodismo	
Podemos ponernos en contacto con su anterior supervisor para solicitar referencias?			SÍ ☒ NO ☐		

Firma

Fecha

---

b Carmen está preparando la entrevista. Lee las siguientes preguntas: ¿para cuál de los dos candidatos son? Escríbelas donde corresponde.

1 ¿Vas a hacer estudios especializados de Periodismo?
2 ¿Puedes mudarte a Madrid para el trabajo?
3 ¿Por qué decidiste cambiar de profesión?
4 ¿Cuál es tu estado civil?
5 ¿Por qué dejaste el trabajo en el banco?
6 ¿Trabajabas en equipo en la agencia anterior?

CARLOS

VIRGINIA

c Escucha y escribe las respuestas a las preguntas de **1b**.

1 ....
2 ....
3 ....
4 ....
5 ....
6 ....

2 El primer día de trabajo

Lee el cómic e imagina qué mensaje escribe Carlos a un amigo después del primer día de trabajo. Escríbelo.

Al final de la unidad...

Vas a responder a un correo electrónico para unos viajeros que van a pasar unos días en tu casa.

Rocío recibe a Carlos, el nuevo reportero de Agencia ELE.

1 Instrucciones para Carlos

a Carmen le da a Carlos las instrucciones de la lista. Escucha y numera del 1 al 4 el orden en que aparecen.

b Lee las instrucciones de Carmen y observa las formas verbales en negrita. Escribe cada estructura en la casilla correspondiente.

> *Información para Carlos:*
> - *Qué hacer cuando llegue tarde o vaya al médico.* ☐
> - *Leer las normas internas de la empresa.* ☐
> - *Cómo usar la tarjeta de identificación.* ☐
> - *Cómo usar el teléfono y la grabadora.* ☐

1 **Llámame** cuando llegues tarde.

2 Si vas al médico, **tienes que traer** un justificante.

3 Cuando hagas un trabajo, **asegúrate** de que respeta las indicaciones del Estatuto.

4 Para entrar en el edificio **debes traer** la tarjeta de identificación, y además **tienes que llevarla** siempre contigo.

5 Si necesitas más minutos en el teléfono, **rellena** este formulario.

6 Mira, **tienes que pulsar** este botón para grabar.

Características de las instrucciones:

- El lenguaje es claro y sencillo.
- Se utilizan diferentes formas: el imperativo, *tener que* + infinitivo y *deber* + infinitivo.

  Abre la puerta. / **Tienes que encender** la luz. / **Debes cerrar** otra vez la puerta.

- Si se explica un proceso, se describe paso por paso.

  Primero, **abre** la puerta; luego, **enciende** la luz; después, **cierra** otra vez la puerta.

- Se usa **Cuando** + presente de subjuntivo y **Si** + presente de indicativo para explicar qué hacer en situaciones concretas.

Imperativo	*Deber* + infinitivo	*Tener que* + infinitivo

c Completa estas instrucciones de una máquina de bebidas con las formas correctas de los siguientes verbos.

> pulsar
> llamar por teléfono
> introducir
> retirar

Para sacar una bebida de esta máquina, siga las siguientes instrucciones.

1 .... las monedas.

2 .... el botón con la bebida que desee.

3 Cuando la bebida esté en la bandeja, ... la lata.

4 Si la bebida no sale, ...

d Dos amigas están hablando. Escucha y señala la imagen que representa cada conversación.

a...........

b...........

c...........

d...........

e ¿En qué conversación no se dan instrucciones?

f Con un compañero, vas a dar y a recibir instrucciones para conseguir los siguientes objetivos.

ALUMNO A

- <u>Sacar</u> un <u>aparato electrónico</u> de su bolso o mochila.
- Escribir su nombre en la <u>pizarra</u>.
- Salir de la <u>clase</u>, volver a entrar y sentarse en la silla del profesor.

ALUMNO B

- Hacer un <u>dibujo</u> de una casa y ponerlo en la pared más alejada.
- Meter un objeto de otro compañero en su <u>bolso</u> o <u>mochila</u>.
- Cambiar de posición una <u>silla</u> o <u>mesa</u> de la clase.

NORMAS
Para DAR instrucciones:

- No debes usar ninguna palabra subrayada de la tabla de "objetivos".
- Piensa en todas las palabras que necesitarás.
- Si no sabes cómo se dice una palabra, explícalo de otro modo.

NORMAS
Para RECIBIR instrucciones:

- Haz exactamente lo que dice el compañero.
- No pidas explicaciones. Si no entiendes una palabra, no te muevas.
- Al final, asegúrate de que tu compañero no ha usado ninguna palabra de las subrayadas en tu tabla.

2 Objetos

a Seguro que sabes para qué sirven estos objetos. Coméntalo con tu compañero.

Las botas de agua me las pongo cuando llueve.

b Lee el texto y señala con qué objeto puedes tener...

- un jarrón
- una decoración navideña
- un GPS
- una prenda femenina
- un juego infantil
- un disfraz

USO CREATIVO DE OBJETOS COTIDIANOS

Piensa en la cantidad de objetos que te rodean en casa... ¿Cuándo los has utilizado por última vez?, ¿cuántos usos tienen?, ¿para qué podrían servirte? Con un poco de creatividad puedes convertir objetos de un solo uso en objetos multifuncionales. A continuación te ofrecemos modos creativos de emplear objetos cotidianos:

- Unas **botas de agua** viejas, de plástico, pueden servir para poner flores en el jardín o, incluso, en casa. Llena el fondo de agua y mete un bonito ramo de flores.
- Las **corbatas viejas** ya no tienes que tirarlas a la basura, pueden servirte para hacer una falda de colores o para que tu puerta luzca una original y colorida corona en Navidad.
- Los **teléfonos** ya no los usamos solo para hacer llamadas o para que nuestros amigos puedan localizarnos a cualquier hora; un teléfono inteligente también sirve para aprender idiomas, para encontrar un lugar, no perdernos en una ciudad nueva...
- Las **cáscaras de huevos**, podemos utilizarlas para que los niños las conviertan en juguetes, pintándolas con caras de animales.
- Con una **bolsa de basura** puedes vestirte de caballero medieval, de princesa...; también puedes hacer pulseras y otras joyas.

En fin, nuestra basura puede convertirse en objetos creativos e inteligentes que, además de permitirte un ahorro, nos ayudan a todos a conservar el medioambiente.

c Observa esta oración y completa el cuadro gramatical.

*Puedes utilizar el teléfono **para** llamar a tus amigos o **para que** tus amigos te llamen.*

Para expresar finalidad usamos *para*

*Puedes utilizar el teléfono **para** llamar a tus amigos.*

    para + ...

➤   Los verbos tienen el mismo sujeto:

    puedes (tú) – llamar (tú)

*Puedes utilizar el teléfono **para que** tus amigos te llamen.*

    para + ... + ...

➤   Los verbos tienen distinto sujeto:

    puedes (tú) – te llamen (tus amigos)

d Completa y relaciona las dos columnas con las formas adecuadas de los siguientes verbos.

guardar	hacerse	llamar	regar	convertir

¿Para qué usas ...?
1 las botas de agua
2 las corbatas viejas
3 la bolsa de basura
4 el teléfono
5 las cáscaras de huevo

a Para que los niños las .... en juguetes.
b Para que mis amigos me ....
c Para que mi hermana .... un vestido.
d Para .... las plantas.
e Para .... todas las cosas viejas que tengo en casa y que soy incapaz de tirar.

e Observa los siguientes objetos. ¿Sabes qué son? Busca con tu compañero usos creativos para ellos. No olvides indicar la finalidad.

Una televisión vieja puede servir para hacer un acuario, con peces de colores.

3 Manual de uso

a Carlos va a usar este aparato en su nuevo trabajo: ¿para qué sirve?

b Relaciona las palabras con la imagen.

1 El botón de encendido/ apagado ❑
2 Los auriculares ❑
3 La pantalla ❑
4 El volumen ❑
5 El conector USB ❑
6 El altavoz ❑

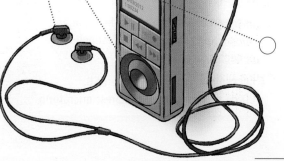

c Completa esta descripción con las palabras del recuadro y rellena la tabla.

> descargar   manejar   visualizar   grabar   reproducir

Este aparato le permitirá realizar grabaciones de audio con la máxima calidad. Su uso es muy sencillo y, gracias a su reducido tamaño, el transporte le resultará muy cómodo. La pantalla de LCD permite (1) _____ toda la información, los botones son fáciles de (2) _____ y con sus altavoces podemos (3) _____ el sonido con una calidad excelente. Esta grabadora ofrece la posibilidad de realizar las funciones básicas: reproducir, (4) _____ y almacenar información. La grabadora le permite (5) _____ los archivos al ordenador mediante el conector USB y cuenta con un programa básico de almacenamiento y edición de audio. El dispositivo está disponible en negro y en gris.

¿Cómo es?
¿Qué funciones realiza?
¿Qué accesorios posee?

d Carlos, el primer día, no sabe bien cómo funciona la grabadora ni la cámara de vídeo. ¿Cuáles son las instrucciones de cada una de ellas?

B ¿CÓMO EMPEZAR A GRABAR?

- Pulse el botón ENCENDER/APAGAR. ⏻
- Abra la pantalla. ▯
- Encuadre la imagen. ▭
- Pulse el botón GRABAR. ●
- Cuando haya terminado, vuelva a pulsar el botón GRABAR. ●
- Para reproducir la película, pulse sobre la pantalla el símbolo REPRODUCIR. ▶
- Si ha terminado, cierre la pantalla. ▯
- Pulse el botón ENCENDER/APAGAR. ⏻

A INSTRUCCIONES DE USO – IC 4532

- Encienda el aparato. ⏻
- Si va a utilizar un micrófono externo, introdúzcalo en la toma. 🎤
- Pulse el botón GRABAR. ●
- Hable por el micrófono.
- Cuando haya terminado, pulse el botón PARAR. ■
- Para escuchar la grabación, pulse el botón REPRODUCIR. ▶
- Si ha terminado, apague el aparato. ⏻

e Observa estas series de palabras. En cada serie, hay una palabra intrusa, ¿cuál es?

1 Aparatos electrónicos: teléfono inteligente, funda, tableta, cámara de fotos, ordenador

2 Componentes: botón, micrófono, pantalla, desconectar, altavoz

3 Funciones de los botones: reproducir, grabar, conector USB, retroceder, avanzar

4 Acciones contrarias: encender/apagar, pulsar/apretar, enchufar/desenchufar, conectar/desconectar

5 Accesorios: volumen, cable USB, CD de programas, auriculares, micrófono

f Piensa en un aparato y escribe tres o cuatro frases con instrucciones para que tu compañero lo adivine.

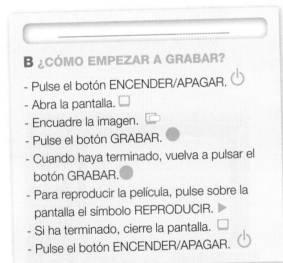
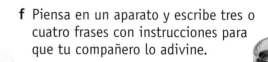

4 Una visita al médico

 a En el cómic, Carmen lleva a su hija Inés al médico. Escucha la conversación y marca qué le dice el doctor exactamente.

1 a Abre la boca. ☐
  b Abre tu boca. ☐

2 a ¿Te duele la garganta? ☐
  b ¿Te duele tu garganta? ☐

3 a Quítate la chaqueta. ☐
  b Quítate tu chaqueta. ☐

4 a ¿Cómo tienes los oídos? ☐
  b ¿Cómo tienes tus oídos? ☐

5 a Baja el brazo. ☐
  b Baja tu brazo. ☐

6 a Saca la lengua. ☐
  b Saca tu lengua. ☐

FÍJATE:

En español, a diferencia de otras lenguas, cuando expresamos posesión, referida a partes del cuerpo, (boca, lengua, etc.) u objetos de la persona (chaqueta, cartera, etc.), no es necesario utilizar el adjetivo posesivo *mi, tu, su*, etc.

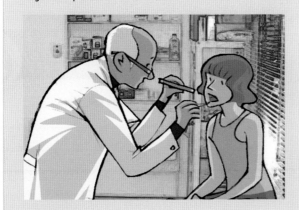

*Abre **la** boca.*

*Dame todo **el** dinero.*

Este uso puede observarse claramente con verbos reflexivos y pronominales: *cortarse las uñas, romperse el brazo, quemarse la mano, lavarse el pelo.*

Me he roto el pie.
¿Otra vez te has olvidado la cartera?

b Completa estos consejos de Carmen a su hija Inés.

Hija, para evitar más problemas con (1) _____ garganta, ponte siempre (2) _____ bufanda. Ahora, ponte (3) _____ chaqueta, que la tuya es muy ligera. Mira, tienes (4) _____ manos y (5) _____ cara heladas. Yo no, ¿has visto? Tengo (6) _____ manos calentitas, toma usa (7) _____ guantes, te los presto.

c Vamos a jugar a "Simón dice...". Primero completa esta tabla con palabras que aparecerán.

ACCIONES
Tocar, tirar de, sacar...

PARTES DEL CUERPO
La cabeza, las orejas, la punta de los pies...

Escucha las órdenes de tu compañero y síguelas cuando escuches la secuencia "Simón dice...".

Simón dice: "Tócate la cabeza".

1 Servicios en línea

» Una forma tradicional de viajar
» Casas para comprar
» Diversión en familia
» Una forma de viajar más barata

a Observa esta publicidad. ¿Qué servicio ofrece?

b Lee esta página web y confirma tu respuesta.

Disfruta de unas vacaciones diferentes intercambiando tu casa con otras personas de diferentes países. Visita nuevas ciudades y haz turismo de la forma más económica.

c ¿Intercambiarías tu casa? Coméntalo con tu compañero.

d Lee la opinión de una usuaria de Tu casa por la mía y contesta a las preguntas.

1 ¿Dónde ha estado?
2 ¿A quién ha conocido?
3 ¿Cómo valora la experiencia?

e Una pareja que está interesada en intercambiar su casa lee en la página web de la empresa las opiniones de otros usuarios. Escucha y completa.

Días inolvidables en Madrid.

Por: **Rosa**

Los días que hemos estado en Madrid se nos han quedado cortos, hay miles de cosas para visitar. Hemos conocido a Tim y a Ana, una pareja estupenda, y, por fotos, a sus cuatro preciosos hijos.

Lo que más me gustó: La casa es grandísima, muy soleada, había muchos juguetes, un futbolín "de los de verdad" y un jardín con una cama elástica, donde los niños han disfrutado muchísimo. También había aire acondicionado y calefacción: es una casa muy cómoda.

Lo que menos me gustó: Todos los recuerdos son buenos.

Tu casa por la mía
contacta alquiler buscar

Lo que más me gustó:
....
....
....

Lo que menos me gustó:
No poder conocer a los dueños de la casa.

Lo que más me gustó:
....
....
....

Lo que menos me gustó:
....
....
....

Lo que más me gustó:
Poder estar dos semanas en una ciudad tan cara.

Lo que menos me gustó:
....
....
....

CIERRE DE EDICIÓN

Vas a hacer un intercambio de casas con Rubén y María y has recibido
este correo electrónico.

Para: ruma@smail.com

Asunto: intercambio de casa

≡▼

Firma: Ninguna ▲▼ ! ▲▼

Hola:

Estamos encantados de intercambiar con vosotros nuestra casa. Esperamos que la ciudad os guste.

Hay algunas cosas que debéis saber para llegar hasta nuestra casa. Desde el aeropuerto podéis tomar un taxi, no está muy lejos. Decidle al taxista que os deje en la esquina de la calle Mirador con la avenida Italia; la casa está justo en la esquina, la reconoceréis por la puerta roja.

El barrio es bastante tranquilo, pero es mejor tomar algunas precauciones. Por favor, cerrad la puerta con llave al salir de la casa y echad el cerrojo por las noches.

La casa tiene sus truquillos, como todas. Si se corta el agua caliente de la ducha, cerrad el grifo y volved a abrirlo; si necesitáis sábanas o toallas, abrid el armario del pasillo y coged lo que necesitéis; en los armarios de la cocina tenéis cacharros y electrodomésticos de todo tipo. El horno no funciona muy bien: cuando terminéis de usarlo, aseguraos de que está bien apagado.

¿Hay algo que nosotros debamos saber antes de llegar?, ¿cómo llegar?, ¿trucos de la casa?

Bueno, nos despedimos por el momento. Esperamos vuestra respuesta y empezamos a hacer las maletas ☺

Un abrazo,

María y Rubén

PLANIFICA ▼

1 ¿Necesitas pedir alguna aclaración a su mensaje? Si es así, toma nota.

2 Marca qué información les darás sobre tu casa.

Instrucciones para llegar desde el aeropuerto	☐
Indicaciones sobre la zona	☐
Trucos de la casa que un extraño debe conocer (la llave, puertas y ventanas, alarma, etc.)	☐
Algún aparato que necesita instrucciones	☐
Otras instrucciones	☐

3 Busca en un diccionario las palabras que necesitas.

ELABORA ▼

4 Redacta el correo: agradece su correo, pide aclaraciones y anota las ideas principales de la respuesta.

5 Revisa el correo, asegúrate de que la información es clara y de que Rubén y María lo entenderán.

PRESENTA Y COMPARTE ▼

6 Envía el correo a la otra pareja.

7 Lee el correo: ¿se entiende todo? Si hay algo que no se entiende, subráyalo.

Agencia ELE digital

En esta unidad vas a crear un videotutorial y compartirlo.

Entra en www.agenciaele.com para realizar esta actividad.

Órdenes e instrucciones

Muchas personas piensan que el uso principal del **imperativo** es dar órdenes pero, en español, tiene muchos otros usos, a veces muy diferentes entre sí. Se usa para animar: *Corre, corre, que tú puedes*; para aconsejar: *Métete en la cama y abrígate bien*; para pedir cosas o favores: *Espera un momento, por favor, Échame una mano con este trabajo*; y, también, para invitar: *Venid a mi cumpleaños este sábado*. Esta manera de invitar es percibida, por algunos extranjeros, como una orden, a veces molesta por la insistencia: *Ven, siéntate, ponte cómodo, cómete algo…*, pero se trata en realidad de una manera de ser hospitalarios, nuestra manera de acercarnos al otro y ofrecerle lo que tenemos para compartirlo. Para entender adecuadamente el mensaje, es fundamental la entonación, que nos indica la intención del hablante.

- Las **instrucciones** son mensajes bastante neutros y pretenden que hagamos algo que no sabemos hacer o que nunca hemos hecho. En general, somos los usuarios los que buscamos una instrucción. Buscamos una receta en internet que nos explique la mejor manera de hacer una tortilla o un buen gazpacho andaluz; también preguntamos cómo llegar a la estación de trenes o al museo.

  *Pele las patatas en rodajas finas, **séquelas** con un paño de cocina y **fríalas** en abundante aceite caliente…*

  *Mira, **coge** la segunda a la derecha, luego **sigue** recto hasta que te encuentras, de frente, con el museo.*

- Las **órdenes**, tal como las entendemos: directas y breves, están relegadas a espacios muy acotados donde existen relaciones jerárquicas muy marcadas, como en la relación padres-hijos, maestros-alumnos o jefe-empleado.

  Dígale a Martínez que no se olvide de mandar el informe esta misma tarde.

  Haz caso a la profesora.

Una situación donde las órdenes son muy directas son las situaciones de peligro: un incendio, un accidente. En estos momentos, la urgencia nos permite dar órdenes sin mitigación ni cortesía y sin tener en cuenta las relaciones jerárquicas. Pero esto es universal y sucede en todas las lenguas y las culturas.

*¡**Fuego!** ¡Señora, **quédese** quieta, **tápese** la boca con un pañuelo, no grite!*

*[A un niño] ¡**Quítate** de ahí! ¡Te vas a caer!*

1 Relaciona las frases con su situación y la función desempeñada.

Frases
A Saca las manos de los bolsillos.
B Métete en la cama y descansa.
C Coja la segunda a la derecha.
D Diviértete mucho.
E Ayúdame con este texto, no lo entiendo.
F Siéntate y ponte cómodo.

Función
1 aconsejar
2 invitar
3 pedir cosas o favores
4 dar instrucciones
5 animar
6 dar órdenes

Situación
a Compañero de trabajo que tiene mucha fiebre y se va a su casa: ___, ____
b Primo que vive fuera de la ciudad, acaba de llegar de visita: ___, ____
c Hermano pequeño que se va de campamento: ___, ____.
d Preguntas cómo llegar a la boca de metro más cercana: ___, ____
 a duda a un amigo: ___, ____

10 No me cuentes cuentos

En esta unidad vamos a:

- Contar cuentos
- Narrar y describir personas y lugares en el pasado
- Escribir un cuento
- Comparar
- Desarrollar estrategias para narrar cuentos

1 Mucho cuento

a ¿Conoces los siguientes cuentos europeos? ¿Cómo se llaman en tu idioma?

3 ....

1 ....

2 ....

b Haz una lista de palabras relacionadas con cuentos. Comenta con tu compañero con qué cuento las relacionas.

4 ....

Hada

- Hada
- ¿Qué es un hada?
- En el cuento de La Cenicienta...

c Cuando eras pequeño, ¿te contaban cuentos?, ¿cuál era tu cuento favorito?

d Escribe algo relacionado con los cuentos: algo que te gustaba, te daba miedo...

A mí me daba miedo cuando aparecía la bruja.

2 Los tres deseos

a Rocío hace de canguro de sus sobrinos y les cuenta el cuento de *Los tres deseos*. Lee el cómic y escucha el cuento.

b Después de leer el cómic, contesta a las siguientes preguntas.

1 ¿Qué concede el hada? ¿A quién?
2 ¿Cuáles son las condiciones de los deseos?

3 ¿Por qué la mujer tiene un deseo tan absurdo?
4 ¿Qué piensa la sobrina de Rocío del matrimonio del cuento? ¿Y tú?

c A tu compañero y a ti un hada os concede tres deseos como en el cuento. Pensad qué vais a pedir.

| Quiero... | Deseo... | Me gustaría... |

Al final de la unidad...

Vais a escribir un cuento y a contárselo a la clase.

Rocío hace de canguro de sus sobrinos y les cuenta un cuento.

1 Érase una vez...

a Vamos a contar el cuento de *Blancanieves*. Para empezar, vamos a describir el lugar y los personajes. Complétalo con los verbos entre paréntesis. ¿Qué tiempo verbal utilizas?

b Continúa leyendo y completa la historia de *Blancanieves* a partir de las imágenes, con los verbos del recuadro en el tiempo del pasado adecuado.

> dormir matar subir
> mirarse estallar responder

Había una vez un país muy lejano en el que gobernaba un bondadoso rey. El país (1) (estar) _____ en paz y la gente (2) (vivir) _____ muy feliz.

El rey (3) (ser) _____ mayor, le (4) (gustar) _____ el ajedrez y también montar a caballo.

Pero su bien más querido (5) (ser) _____ Blancanieves, su hija.

Blancanieves (6) (tener) _____ ese nombre porque (7) (ser) _____ hermosa y tan blanca como la nieve.

Todos (8) (ser) _____ felices hasta que un día, la madre de Blancanieves murió…

Un día, el rey volvió a casarse. Quería una madre para Blancanieves y encontró una hermosa mujer a la que convirtió en reina. Pero, ¡oh, desgracia!, en realidad la nueva reina era una bruja que se había transformado en una hermosa mujer para engañar al rey.

Todas las semanas, la reina  _____ en su espejo mágico y decía: «Espejito, espejito, ¿quién es la más hermosa de todas las mujeres?». Y el espejo

 _____: «Tú eres la más hermosa entre todas las mujeres del reino».

Pero pasaron los años, Blancanieves creció y cada día era más hermosa. Hasta que llegó el día en que la reina preguntó a su espejo: «Espejito, espejito, ¿quién es la más hermosa entre todas las mujeres del reino?».

Y el espejo contestó: «Eres realmente hermosa, pero Blancanieves es más».

La reina _____ de ira. ¡No era posible! ¡Blancanieves era la más hermosa! Entonces decidió deshacerse de ella. Llamó a un cazador y le dijo: «Lléva-

te a Blancanieves, mátala y tráeme su corazón. Si no lo haces, te mataré».

El cazador llevó a Blancanieves al bosque, pero no la _____. Le dijo: «Vete, huye». Y Blancanieves huyó corriendo. Corrió y corrió hasta encontrar una pequeña casa.

Llamó a la puerta, no había nadie y entró. Vio una mesa con siete sillas, siete platos, siete vasos, siete cucharas, siete tenedores y siete cuchillos. Luego, _____ por las escaleras y vio una habitación con siete camas. Juntó varias de ellas y se _____.

Poco después...

> **El pretérito imperfecto** se usa para:
> - Describir situaciones, lugares y personas en el pasado.
>   *El rey **era** mayor. Le **gustaba** el ajedrez y montar a caballo.*
>   *Blancanieves **era** la más hermosa.*
> - Expresar acciones habituales en el pasado.
>   *Todas las semanas, la reina se **miraba** en su espejo mágico.*
> - Presentar las circunstancias que rodean un hecho:
>   ***Quería** una madre para Blancanieves y encontró…*
>
> **El pretérito indefinido** se usa para:
> - Hablar de acciones y hechos terminados en el pasado.
>   *Un día, el rey **volvió** a casarse.*

c Con tu compañero, escribe la continuación de la historia de *Blancanieves* hasta el final, a partir de las imágenes.

 d Escucha esta versión del cuento y compárala con la que has escrito con tu compañero.

2   Eso ya había pasado

a ¿Recuerdas el cuento de *Los tres deseos*? Señala el orden en el que suceden los acontecimientos de cada frase.

<u>antes</u>   **después**

1 Un matrimonio estaba muy contento porque un hada les había concedido tres deseos.
2 El hombre se enfadó porque su esposa había pedido una salchicha.
3 La esposa estaba muy enfadada porque su marido había deseado que la salchicha se pegase a su nariz.
4 El hada apareció y preguntó cuál era el tercer deseo.
5 Tenían que pedir un deseo en común porque cada uno ya había pedido un deseo individualmente.

Fíjate:

- *La mujer pidió una salchicha* y *el hombre se enfadó*.

- *El hombre se enfadó* porque *la mujer había pedido una salchicha*.

> - Normalmente, en una historia contamos los hechos en el orden en el que sucedieron.
> *La esposa pidió una salchicha y esta apareció en el plato. El marido se enfadó por ello.*
>
> - Pero a veces podemos poner en segundo lugar un hecho que ha ocurrido antes que el primero.
> *El hombre se enfadó porque su esposa **había desaprovechado** su deseo tontamente pidiendo una salchicha.*

Usamos el **pretérito pluscuamperfecto** para hablar de un hecho pasado que ha sucedido antes que otro hecho del que ya hemos hablado.

Este tiempo se forma igual en todos los verbos:

haber		participio
había		
habías		pensado
había	+	creído
habíamos		vivido
habíais		dicho *
habían		

Recuerda los participios irregulares.
Los principales son:

decir: *dicho*
hacer: *hecho*
satisfacer: *satisfecho*
abrir: *abierto*
cubrir: *cubierto*
escribir: *escrito*
freír: *frito*

imprimir: *impreso*
morir: *muerto*
poner: *puesto*
resolver: *resuelto*
romper: *roto*
ver: *visto*
volver: *vuelto*

b Piensa en la historia de *Blancanieves* y relaciona la información de las tres columnas.

1 El espejo dijo que la reina no era la más bella,
2 Blancanieves mordió la manzana envenenada,
3 La madre de Blancanieves murió,
4 Los enanitos se fueron a trabajar
5 El príncipe besó a Blancanieves,

entonces

por eso

y

tiempo después

a se quedó dormida.
b la madrastra estalló de ira.
c Blancanieves despertó.
d Blancanieves se quedó sola en la casa.
e el rey volvió a casarse.

c Ahora, cambia el orden de los elementos de las frases anteriores: pon en primer lugar el final de cada frase.

1 *La madrastra estalló de ira porque el espejo había dicho que no era la más bella.*

2 ....

3 ....

4 ....

5 ....

d Piensa en una anécdota, como la del ejemplo. Tus compañeros tendrán que averiguar qué es lo que te había sucedido antes, utilizando el pluscuamperfecto. Tú solo puedes contestar *sí* o *no*.

● *Como el día estaba precioso, ayer fui a la playa, pero tuve que volver a casa enseguida.*
■ *¿Habías olvidado algo importante?*
● *No.*
■ *¿Habías dejado el bronceador en casa?*
● *No.*
■ *¿Te habías olvidado el bañador?*
● *¡Sí!*

Aquí tienes algunas ideas que te pueden servir.

· LLEGUÉ TARDE AL TRABAJO.
· ME ARRUINÉ.
· PERDÍ EL AVIÓN.
· ADELGACÉ 20 KILOS.

3 La más bella del reino

a Los cuentos presentan a los mejores personajes del mundo, a los más inteligentes y más valientes, pero también a los más malvados. Relaciona los personajes con sus características y escribe frases, como en el ejemplo.

1 El Gato con Botas	la más bella del reino	más atrevida que otras niñas
2 El padre de Blancanieves	el mejor de los reyes	más astuto que el ogro
3 Pinocho	la más desobediente de los cuentos	más sensible que otras princesas
4 Blancanieves	el más listo de los animales	más rebelde que nadie
5 Caperucita	la más delicada	más bondadoso que ninguno
6 La princesa del guisante	el más mentiroso	más hermosa que su madrastra

1 *El Gato con Botas es el más listo de los animales y es más astuto que el ogro.*

2 ....

3 ....

4 ....

5 ....

6 ....

Para destacar a una persona o cosa entre otras:

el la los las	más / menos } adjetivo	de
	mejor/mejores peor/peores mayor/mayores menor/menores	

Para comparar dos o más personas o cosas:

más / menos } adjetivo	que
mejor peor mayor menor	

b ¿Qué puedes decir de los siguientes personajes?

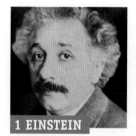

1 EINSTEIN

Es el más conocido de los físicos. Era inteligentísimo.

2 NADAL

3 MANDELA

4 FRIDA KAHLO

Para **destacar** la cualidad de un objeto o persona, pero sin relacionarla con otros objetos o personas de su misma clase, añadimos *-ísimo/a* a los adjetivos.

El príncipe azul era altísimo, guapísimo y muy valiente*.

*Algunos adjetivos no pueden utilizarse con la terminación *-ísimo* porque ya indican intensidad: *horrible, magnífico, maravilloso, horroroso, exótico.*

c Ahora piensa en un personaje muy famoso y escribe frases, comparando y destacando sus cualidades, para que tus compañeros adivinen quién es.

*Es el jugador de fútbol **más famoso de España**. Ha marcado **más goles que** sus compañeros.*

1 ¿Quieres que te cuente un cuento?

a ¿Cuáles de las siguientes palabras forman parte de la historia de *Caperucita Roja*?

> lobo • ogro • camisón • comer • bruja • bosque • leñador • veneno • obedecer
> miel • dientes • hacha • hechizo • cesta • abuela

Contad el cuento de *Caperucita Roja* entre todos.

b *Caperucita Roja* es un cuento muy popular. Sin embargo, es fácil confundirse. Escucha la siguiente versión que un padre le cuenta a su hijo y toma nota de sus confusiones.

c ¿Es igual vuestra versión a la del padre?

> El padre confunde el color de Caperucita.
> _____
> _____
> _____
> _____

2 Cuéntame un cuento

La clase se divide en tres grupos. Cada grupo va a escribir una parte de la historia de *Blancanieves* en una versión diferente, como la versión de *Caperucita Roja* que le cuenta el padre a su hijo en la actividad anterior. Luego, cada grupo leerá su parte para formar, entre todos, esta nueva versión de *Blancanieves*.

Grupo 1: tiene que empezar esta versión diferente hasta que el cazador deja a Blancanieves en el bosque.

> Blancanieves era una niña muy, muy fea y
> malísima. Vivía en un castillo con una madrastra
> buenísima y hermosa _____
> _____
> _____
> _____ .
>
> Y Blancanieves huyó corriendo. Corrió y corrió
> hasta encontrar una casa en el bosque.

Grupo 2: tiene que empezar el cuento cuando el cazador deja a Blancanieves sola en el bosque hasta que la salva el príncipe.

> En el bosque, Blancanieves se encontró con
> una casa enorme en donde vivían siete gigantes
> malísimos que odiaban a la bondadosa y her-
> mosa madrastra de la malvada y fea Blanca-
> nieves _____
> _____
> _____ .
>
> El príncipe subió a Blancanieves en su hermoso
> caballo y la llevó a su castillo para convertirla
> en su esposa.

Grupo 3: puede inspirarse en la imagen para escribir el final de la historia de *Blancanieves* después de casarse con el príncipe.

Blancanieves se casó con el apuesto príncipe y
_____
_____
_____
_____.

 CIERRE DE EDICIÓN

En parejas, vais a escribir un cuento y a contárselo a la clase. Puede ser una versión nueva de un cuento clásico o un cuento inventado.

PLANIFICA ▼

1 Haced un borrador y pensad en los siguientes aspectos:

- Los personajes.
- El lugar y la situación de los personajes.
- Acciones que tienen que hacer cada uno de los personajes según su función en la historia.
- Ayuda mágica que puede salvar a los protagonistas.

ELABORA ▼

2 En vuestra historia tenéis que:

- Presentar la situación, el lugar y los personajes.
- Recordar que los personajes de los cuentos son muy buenos o muy malos. Utilizad las expresiones que habéis trabajado.
- Utilizar palabras como: *primero, después, entonces, por eso, sin embargo*... Ayudan a entender la historia.
- Intentar usar el pretérito pluscuamperfecto en la historia.

PRESENTA Y COMPARTE ▼

3 Ahora que ya habéis planificado y pensado en vuestro cuento, escribid la historia. También podéis ilustrarla.

4 Contad la historia al grupo.

 **Agencia ELE digital**

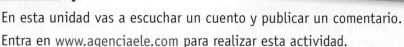

En esta unidad vas a escuchar un cuento y publicar un comentario.
Entra en www.agenciaele.com para realizar esta actividad.

Narrar cuentos

Cuando narramos un cuento:

- Es importante recordar que con nuestra voz y nuestros gestos llevaremos al oyente a imaginar lo que estamos contando.

- Es fundamental no utilizar una voz monótona: es necesario modular la voz, hacer pausas, gestos, silencio… para generar suspense e interés.

- Debemos pensar primero en el público al que va dirigido el cuento elegido: niños, adolescentes, adultos…

- Es muy importante encontrar el clímax de la historia para hacerla más intensa. Por ejemplo, el clímax de *Caperucita Roja* es cuando el lobo le dice a Caperucita que "tiene una boca grande para comerla mejor".

- Las imágenes también pueden servirnos para contar cuentos, ya que permiten que nuestro público se concentre en los dibujos, mientras leemos la historia. A su vez, las imágenes nos servirán para recordar y guiar nuestro relato.

En muchas culturas, la narración de cuentos se acompaña de diferentes recursos que ayudan a recordar la historia que se cuenta: música, imágenes, etc. Por ejemplo, los antiguos "juglares" acompañaban sus historias con instrumentos musicales, al igual que los *jeli* o *griot*, en África Occidental; en Japón, el *Kamishibai* es una forma tradicional de contar cuentos, a través de imágenes. En Marrakech, cuando atardece en la Plaza de Jamaa-el-Fna, una multitud de "cuentacuentos" llena la plaza, rodeados por un público atento que sigue con interés el relato y los gestos del narrador.

Kamishibai de Japón

1 Elegid un cuento tradicional, haced un resumen de la trama principal y dividdlo en partes más o menos iguales, (no más de 10 para que no sea muy largo).

2 Haced un dibujo para cada parte y, en el reverso del dibujo, escribid el texto que vais a leer.

3 Aunque no tengáis un teatrillo, como en el *Kamishibai* original, podéis ir mostrando las láminas, mientras leéis la historia que habéis escrito detrás. Cada participante del grupo puede representar las distintas voces de los protagonistas para darle más dinamismo a la historia. Debéis lograr que el público os escuche con atención: es importante de modular la voz y crear suspense en los momentos cruciales de la historia.

11 Personas con carácter

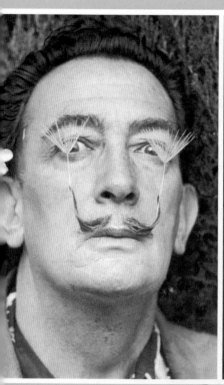

En esta unidad vamos a:

- Describir el carácter de personas
- Hablar de relaciones sociales
- Disculparnos y responder a las disculpas
- Opinar sobre aspectos culturales

1 Sensaciones ante lo nuevo

a Vamos a leer un artículo en una revista sobre salud. Primero, lee el título ⸍1⸌ y la entradilla ⸍2⸌. Después, contesta a las siguientes preguntas.

1 ¿Sobre qué crees que trata este artículo?

2 ¿Qué situaciones nuevas te producen incertidumbre e inseguridad?

PSICOLOGÍA | **CRECIMIENTO PERSONAL**

Lo nuevo, ¿terror o placer? ⸍1⸌

El paso de lo conocido a lo desconocido produce incertidumbre ⸍2⸌ e inseguridad, pero estos cambios deben vivirse con naturalidad.

Las situaciones nuevas, donde no sabemos qué va a ocurrir o cómo nos van a tratar, generalmente provocan timidez o, incluso, miedo.

Placer frente al cambio

Algunas personas, sin embargo, sienten especial atracción hacia lo desconocido y buscan experiencias que les permitan descubrir personas nuevas, adquirir habilidades o enfrentarse al abismo de sentimientos desconocidos. La vida de estas personas se caracteriza por tener procesos de cambio continuos, nuevos trabajos, nuevas relaciones, nuevos objetos. Son personas que aman lo nuevo, son *neofílicos*.

Terror frente a lo desconocido ⸍3⸌

La otra cara de la moneda son las personas que sienten un miedo enfermizo ante cualquier cambio, a la incertidumbre que provoca lo desconocido, a tratar con extraños. Sus vidas son, por lo general, más estáticas, conservan objetos, mantienen relaciones duraderas, hacen lo posible para no cambiar de trabajo. Son *neofóbicos*.

Un lugar intermedio

Estos son extremos poco comunes: la mayoría de las personas nos encontramos en algún punto intermedio entre los dos polos. Comenzar un nuevo trabajo o cambiar de escuela, por ejemplo, desencadena una mezcla de sentimientos, donde hay lugar tanto para el miedo por lo que podemos perdernos, como para la ilusión de vivir nuevas aventuras.

b Ahora lee el cuerpo del artículo ⸍3⸌ y comenta estas preguntas con tu compañero.

1 ¿Dónde te sitúas tú en esta línea?

Lo desconocido

Placer　　　　　　　　　　　　　　**Terror**

2 ¿Qué haces cuando llegas a un lugar en donde no conoces a nadie?

2 Primer paso: comprender qué pasa para perder el miedo

a Imagínate que te encuentras en esta situación: ¿qué harías?

Soy nuevo en el trabajo. Noto que el ambiente es tenso entre los compañeros y nadie habla conmigo.

b Lee y descubre cómo actuaron Maite y Sara, ¿quién lo hizo mejor?, ¿por qué?

MAITE

SARA

Durante un descanso, invité a un café a un colega y estuvimos hablando de la empresa y del departamento. Necesitaba saber qué pasaba. Entonces, Juan me contó los problemas que había en la empresa. Entendí que el problema no iba conmigo. Me relajé.

Los primeros días intenté descubrir si pasaba algo, sin hablar directamente con nadie. Poco a poco, en los descansos y las comidas, intenté ganarme la confianza de mi compañera, hasta que descubrí que no tenía nada en contra mía, sino que había un problema con Dirección.

c Por su comportamiento, ¿qué adjetivos crees que definen a Maite y a Sara?

extrovertida   reservada   sincera

prudente   valiente   directa

MAITE

....
....
....

SARA

....
....
....

d Escucha estas anécdotas de tres personas en su primer trabajo y elige la opción correcta.

ÁNGEL

1. Su jefa lo confundió con un cliente.
2. Él confundió a su jefa con una clienta.

SUSANA

1. Su jefe no la entendía cuando hablaba.
2. Ella no entendía a su jefe cuando hablaba.

RAMÓN

1. Su compañero le hizo sentir incómodo con preguntas personales.
2. Él hizo sentir incómodo a su compañero con preguntas personales.

e ¿Cómo definirías el carácter de estas tres personas? Consulta un diccionario si lo necesitas.

3 ¿Qué está pasando?

Lee el cómic y responde a estas preguntas.

1 ¿Qué problema tienen?
2 ¿Cómo reaccionan los personajes (Sergio, Luis, Carmen, Paloma y Carlos)?
3 En tu opinión, ¿cómo describirías la relación entre Sergio y Luis?
4 ¿Cómo termina el incidente?

Al final de la unidad...

Vas a hablar a tu compañero de vuestros amigos o familiares antes de ir a una fiesta.

Sergio y Paloma están preparando una entrevista a Antonio López.

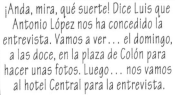

¡Anda, mira, qué suerte! Dice Luis que Antonio López nos ha concedido la entrevista. Vamos a ver… el domingo, a las doce, en la plaza de Colón para hacer unas fotos. Luego… nos vamos al hotel Central para la entrevista.

¡Qué bien! El sábado vi su última exposición y me encantó. Además, en esa plaza se pueden hacer buenas fotos.

Sí, ¿y si empezamos a preparar la entrevista ahora?

Perfecto, mira, aquí hay una foto. Parece agradable, ¿verdad?, tiene cara de buena persona.

Sí, es verdad, transmite paz, tranquilidad. Vamos a ver qué dice aquí: "El pintor y escultor español recibió en 1985 el premio Príncipe de Asturias, en 2006…"

El domingo en la plaza de Colón…

Son las doce y media y no creo que Antonio López quiera hacer una entrevista aquí, en medio del maratón.

Sí, debe de haber un error. Voy a llamar a Carmen.

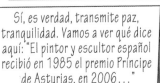

Al día siguiente

¿Que te equivocaste de día?, ¿que no era el domingo, sino mañana?, ¿pero a ti te parece normal?

Perdimos toda la mañana, nos pasamos la noche anterior trabajando para preparar la entrevista.

Bueno, también vosotros podíais haber confirmado el día.

¿Qué? Encima de que nos mandas el día que no es, la culpa es nuestra por no preguntar… ¡Esto es el colmo!

Yo creo que ya está bien, ¡eh! Vamos a hablar a mi despacho.

Esto… que… quería deciros que lo siento, de verdad, me despisté, me confundí de día. No volverá a ocurrir, en serio. Perdonad.

Bueno, Luis, son cosas que pasan, todos cometemos errores.

Sí, Paloma tiene razón. De todos modos, perdóname tú también, es que me he puesto un poco nervioso, habíamos trabajado mucho para esa entrevista.

No os preocupéis. Es normal.

1 Compañeros con carácter

a Paloma le explica a Carlos cómo son los compañeros: ¿a quién se refiere?

> Te habrá sorprendido la discusión, ¿no? No te preocupes, Luis y Sergio discuten mucho, pero son muy amigos.

> _____ es **simpático**, pero tiene un **carácter fuerte**, se enfada fácilmente. Como has visto, es **impaciente**, no le gusta perder el tiempo. Lo bueno es que se le pasa rápido el enfado y reconoce sus errores.

> _____ es **descuidado**. Se equivoca por no prestar atención. Es **buena persona**, pero a veces es difícil trabajar con él. Es muy **impulsivo** y dice las cosas sin pensarlas. Luego se arrepiente y pide perdón.

b Relaciona las formas en negrita con sus contrarios. Fíjate en la forma y, si dudas, confirma en un diccionario o con tu compañero el significado.

1 cuidadoso: ....

2 antipático: ....

3 mala persona: ....

4 carácter débil: ....

5 paciente: ....

6 reflexivo: ....

c Seguramente alguna vez has tenido un buen compañero de trabajo o estudios. Descríbelo y coméntalo con un compañero de clase.

> Nombre: ....
>
> ¿Cómo era? ....
>
> ¿Qué hacía para ser un buen compañero? ....

2 Un jefe diez

a Una empresa especializada ha publicado una encuesta sobre los jefes. Ordena las características, siendo 1 la más importante y 10 la menos importante.

UN JEFE 10 ES:

- ☐ exigente
- ☐ buen comunicador
- ☐ coherente
- ☐ respetuoso
- ☐ justo
- ☐ responsable
- ☐ generoso
- ☐ educado
- ☐ organizado
- ☐ simpático

(Adaptado de www.ottowalter.com)

b Paloma y Sergio están en un curso de formación, decidiendo cuáles son las cuatro características más importantes de un jefe. Escucha y señala de qué lista hablan.

Las **4** características fundamentales:

A
- buen comunicador
- respetuoso
- coherente
- exigente

B
- buen comunicador
- coherente
- respetuoso
- responsable

c Ahora, con dos compañeros, elaborad vuestra propia lista.

1 ....

2 ....

3 ....

4 ....

d ¿Quién sería buen jefe? Decidid qué compañero tiene las características de la lista y, por tanto, sería un buen jefe.

Para describir la personalidad se puede:

- Nombrar las cualidades.

*Carmen es **seria**.*
*Paloma parece **tranquila**.* } *Ser/parecer* + adjetivo

*Sergio no tiene **paciencia**.*
*Mario tiene **un carácter difícil**.* } *Tener* + sustantivo
Tener + *un/una* + sustantivo
+ adjetivo

- Describir las acciones que reflejan la personalidad.

***Se enfada** a menudo/**Crea** buen ambiente/**Trata** mal a la gente.*

- Expresar sus gustos.

***Le gusta** el trabajo bien hecho.*
***No soporta** llegar tarde a los sitios.*
***Odia** que lo corrijan.*

> En este tipo de oraciones, utilizamos el infinitivo cuando los sujetos coinciden, y el subjuntivo cuando los sujetos son distintos.
>
> (Sergio) *No soporta* (Sergio) ***llegar*** *tarde a los sitios.*
>
> (Sergio) *Odia que* (otras personas) *lo **corrijan**.*

3 Personajes

a Observa estas imágenes. Hay tres que no pertenecen al mundo hispano: ¿cuáles son?

1 .... 2 .... 3 .... 4 .... 5 .... 6 .... 7 .... 8 ....

b Escribe un adjetivo que defina a cada uno de los personajes. Compara y comenta con tu compañero. Puedes utilizar estos adjetivos u otros.

arrogante • cuidadoso • directo • despistado • educado • exigente • extrovertido • impulsivo • inseguro
justo • miedoso • prudente • reservado • responsable • reflexivo • simpático • sincero • valiente
Otros: ....

4 Relaciones sentimentales

a Carolina acaba de mudarse a Granada para estudiar. Lee este correo electrónico: ¿a quién escribe?

a una amiga de la infancia   **a su novio**   **a un ligue/rollo**

Hola:

Hace solo dos semanas que me he ido de Oviedo y ya te echo muchísimo de menos. No sé cómo voy a soportar todo el año en Granada, sin ti.

El ambiente en la nueva uni* es muy bueno, mis compañeros son encantadores, me están ayudando mucho a integrarme. Me llevo muy bien, sobre todo: con Esther y Alberto. Al principio yo creía que eran novios, se llevan genial, pero parece que no, que son solo amigos. Esther sale con un chico que se llama Juanjo, son novios desde el colegio, ¿te suena? :o) Alberto no tiene pareja, aunque yo creo que le gusta Esther.

Hay otro chico que me cae muy bien, Quique. Me ha dicho que cuando vengas a verme podemos quedar con él y con su novia para salir una noche. Parece que Quique no se lleva muy bien con Alberto. Dice que tiene un carácter difícil, que siempre está enfadado.

Hay otro chico, Luis, que se lleva muy bien con todo el mundo. De él no sé mucho, pero dicen que tiene mucho éxito con las chicas y que tiene varias novias. A mí me parece un poco arrogante.

Bueno, te dejo por ahora, me tengo que ir a clase. Te echo muuuucho de menos, ven pronto. Te quiero con toda mi alma. BSS

C.

*uni = universidad

b ¿Qué cuenta Carolina sobre la vida sentimental de sus compañeros?

Esther ....

Alberto ....

Quique ....

Luis ....

c Vuelve a leer el correo de Carolina y completa estas frases.

1 Carolina se lleva .... con Esther y Alberto.
2 Esther y Alberto se llevan ....
3 Quique y Alberto se llevan ....
4 Luis se lleva .... con todo el mundo.

Llevarse bien/mal

Me llevo		muy bien	con Alberto
Te llevas		bien	con Alberto y Esther
Se lleva		regular	con los compañeros
Nos llevamos		mal	con el jefe
Os lleváis		fatal	
Se llevan			

d ¿Con qué tipo de personas te llevas mejor? ¿Y peor? Coméntalo con un compañero. ¿Coincidís?

Me llevo bien con las personas pacientes y tranquilas, porque yo también soy bastante tranquila.

Me llevo genial con las personas ....

Me llevo regular con ....

Me llevo fatal con ....

5 **El arte de la disculpa**

a ¿Recuerdas la última vez que pediste perdón?

¿Qué pasó?   ¿Con quién?   ¿Cómo lo dijiste?

¿Qué hiciste para disculparte?

b Lee estas situaciones. ¿Pedirías disculpas? Coméntalo con un compañero.

	sí	no
1 Se te olvida el cumpleaños de tu pareja/mejor amigo.	☐	☐
2 Llegas pronto a una cita o a una reunión.	☐	☐
3 El profesor pide los deberes y tú no los has hecho.	☐	☐
4 Un amigo te presta su coche y le das un golpe.	☐	☐
5 Sin querer, rozas el bolso de una persona en el autobús.	☐	☐
6 Entras en el ascensor con otra persona.	☐	☐
7 Estás en un tren. Hay mucha gente y quieres bajar.	☐	☐
8 Vas a la fiesta de un amigo y llegas cinco minutos tarde.	☐	☐

c El programa nocturno de radio de Silvia Gerona dedica un día al arte de la disculpa; antes de oírlo, subraya lo que tú haces y coméntalo con tu compañero.

Cuando me disculpo...

- Admito que he hecho algo mal.
- A veces, pido perdón por cosas de las que no me siento culpable.
- No espero, pido perdón inmediatamente.
- Espero a que todo esté tranquilo.
- Acompaño las disculpas de explicaciones.
- No doy explicaciones, porque parecen excusas.
- Si me comprometo a algo en la disculpa, lo cumplo.
- Suelo tener un detalle con la persona afectada: un regalo, unas palabras bonitas, etc.
- Invito a esa persona a cenar.
- Le doy un abrazo.
- Vía que prefiero para pedir disculpas: cara a cara, por correo electrónico, por teléfono.

Pues depende, si tengo que disculparme con un compañero de trabajo prefiero hacerlo cara a cara.

d Escucha y comprueba si coincides con las pautas del psicólogo.
38

6 Acepto tus disculpas

a Lee y recuerda cómo se disculpan Sergio y Luis en el cómic. ¿Cómo responderías a sus disculpas? Escríbelo.

> Lo siento, de verdad, me despisté, me confundí de día. No volverá a ocurrir, en serio. Perdonad.

_____
_____

> Perdóname tú también, es que me he puesto un poco nervioso.

_____
_____

b Escucha estas disculpas y completa el cuadro.
39

	¿Acepta la disculpa?	
	sí	no
1 Un matrimonio en un restaurante		
2 Una dependienta y una clienta en una tienda de ropa		
3 Un alumno y un profesor en el colegio		
4 Dos amigos por teléfono después de un cumpleaños		
5 Un jefe y un empleado en el despacho del primero		
6 Una pareja de novios por teléfono		

Para pedir disculpas:

- Lo siento, de verdad, (es que)...
- Disculpa/e, (es que)...
- Perdóname/Perdóneme, (es que)...

Para reaccionar positivamente:

- No importa.
- No te preocupes.
- No es/pasa nada.
- No tiene importancia.

Para reaccionar negativamente:

- Lo siento, pero no puedo perdonarte/disculparte.
- De acuerdo, pero es la última vez que...
- Tus excusas no me valen.

c Con un compañero, leed estas situaciones y representadlas.

ALUMNO A

1. ERES EL MARIDO

Llegas 20 minutos tarde al restaurante, donde has quedado con tu mujer para celebrar vuestro décimo aniversario. Como otras veces, has salido tarde del trabajo. Muy a menudo calculas mal el tiempo que necesitas para llegar a los sitios, eres bastante impuntual, pero no puedes evitarlo. A tu mujer le molesta mucho: prevés que estará muy enfadada, sobre todo, un día tan especial. Discúlpate y busca una buena excusa. Inicia la conversación.

2. ERES LA CLIENTA

Has comprado algunas prendas de vestir en una tienda. Al salir, te parece un poco caro y miras el *ticket*. Te das cuenta de que la dependienta te ha cobrado una chaqueta dos veces. Es la segunda vez que te pasa algo parecido en poco tiempo, así que estás un poco alerta y molesta: no sabes si ha sido un error o si querían engañarte, desconfías. Inicia la conversación.

3. ERES EL ALUMNO

Estás esperando la nota del examen de Matemáticas. Es la última que te falta. Cuando se publican las listas, ves que tu nombre no está; te pones nervioso y temes haber suspendido. Vas a hablar con el profesor para ver cuál ha sido el problema. Inicia la conversación.

4. ERES EL AMIGO DE LA PERSONA QUE CUMPLE AÑOS

Uno de tus mejores amigos te ha invitado a su cumpleaños. Tú últimamente no tienes muchas ganas de salir, estás un poco deprimido. Varias veces le has dicho que salías, pero luego no lo has hecho. Esta vez pensabas ir, pero un problema en el trabajo te lo impidió, no llegaste a tiempo. Llámale para disculparte y explícale el motivo. Inicia la conversación.

ALUMNO B

1. ERES LA ESPOSA

Es vuestro décimo aniversario y llevas 20 minutos esperando a tu marido en el restaurante para celebrarlo. Te molesta muchísimo que llegue siempre tarde a todas partes, pero especialmente que no sea puntual el día de vuestro aniversario. Te contará una excusa, pero tú sabes que ha salido tarde, como siempre, porque no calcula bien el tiempo. Estás muy enfadada, te parece una falta de respeto.

2. ERES LA DEPENDIENTA

Una clienta ha comprado varias prendas de vestir, pero ha sido un poco pesada: ha estado mucho tiempo, te ha hecho sacar todo y te ha hecho mil preguntas. Vuelve a entrar con un problema en el *ticket*. La tienda está llena de gente y estás sola. Te imaginas que va a entretenerte demasiado, pero tú tienes que atender a los otros clientes. Discúlpate por el error y evita que te entretenga.

3. ERES EL PROFESOR

Acabas de publicar las notas de los exámenes de Matemáticas. Un alumno viene diciendo que su nombre no está en la lista. Te das cuenta de que te has confundido y la lista correcta está encima de la mesa. El alumno está un poco nervioso, porque cree que ha suspendido. Explícale el problema y discúlpate. Todos cometemos errores.

4. ERES LA PERSONA QUE CUMPLE AÑOS

Has celebrado tu cumpleaños y un amigo, que estaba invitado, no ha aparecido. No sabes nada de él, no ha llamado, pero sabes que últimamente está un poco deprimido, no le van muy bien las cosas. Te llama por teléfono para disculparse, crees que su explicación es solo una excusa, pero entiendes su situación. Anímale a hacer algo, para ayudarle, y que se distraiga un poco.

1 Retrato de un pintor

a En el cómic, Paloma y Sergio querían hacerle una entrevista a Antonio López.
¿Qué decían sobre su personalidad?

b Lee el artículo que prepararon finalmente y ayúdales a elegir un título.

Un artista con carácter / El pintor del tiempo pasado / Un hombre tranquilo

"*Solo se tiene paciencia con las cosas que amamos*"

ANTONIO LÓPEZ, el pintor español vivo más cotizado, nació y creció en Tomelloso (Ciudad Real), pero lleva muchos años viviendo en Madrid. Es un hombre amable y sencillo, aunque sus cuadros, más fieles a la realidad que una fotografía, esconden una gran dificultad técnica. **1**

Posee una modestia sincera, transparente, y un deseo enorme de comunicar las emociones que la realidad le produce. Cree que algo de talento tiene, pero que, sobre todo, hay mucho trabajo, mucha manualidad. Tiene una paciencia infinita en su trabajo, como una madre con un hijo, porque "solo se tiene paciencia con las cosas que amamos", dice. Por eso puede tardar años en terminar un cuadro. Puede no terminarlo nunca, dejar pasar el tiempo. Esta es otra cosa que Antonio ama, el tiempo, el que pasa, el que nunca termina. **2**

Antonio López no se parece a esos pintores que se dejan llevar por las modas, él pinta lo que quiere y como quiere. Se siente libre, igual que muchos artistas que no consiguen el éxito. Él sí tiene éxito, pero es tan fiel a su visión del mundo como los otros, aunque con más suerte. **3**

c Aquí tienes algunas ideas para escribir un texto que describa a una persona.
Sitúalas en el texto sobre Antonio López.

a Podemos compararlo con otras personas para establecer similitudes y diferencias.

b Decimos de quién vamos a hablar.

c Nombramos sus cualidades. También podemos poner ejemplos de sus actos o decir lo que le gusta o cree.

2 Personas con carácter

a Vais a escribir una presentación de un personaje para un *blog*, *Personas con carácter*. Con un compañero, elegid un personaje que os interese por su personalidad y escribid una presentación. Colgadla en la pared.

Personas con carácter

NOMBRE   RASGOS   EJEMPLOS   BUSCAR

Blog archive
▼ 2011 (8)
▼ abril

Instrucciones:
- No escribáis su nombre
- Nombrad rasgos de su carácter
- Poned ejemplos de acciones que lo definen

b Leed las presentaciones que vuestros compañeros han escrito y escribid en un papel el nombre del personaje.

c Confirmad con los autores del *blog* los nombres de los personajes y elegid varias presentaciones para publicarlas en el *blog*.

CIERRE DE EDICIÓN

Vas a llevar a tu compañero a una fiesta donde estarán tus amigos y/o familiares. Antes de ir, explícale cómo es la personalidad de estas personas, qué relaciones existen en el grupo y con quiénes crees que se llevará mejor.

PLANIFICA ▼

1 Prepara una imagen (foto, diagrama, dibujo, etc.) para acompañar tu descripción.

2 Piensa en la personalidad de algunas de las personas que estarán en la fiesta y en las relaciones que tienen entre ellos.

3 Busca en la unidad o en un diccionario las formas que necesitas para describir a esas personas y apunta las que no recuerdes bien.

4 ¿Con quién se llevará bien tu compañero? Proponle algunos temas sobre los que charlar con esas personas.

ELABORA ▼

5 Elabora un esquema de la presentación.

PRESENTA Y COMPARTE ▼

6 Haz la presentación de tus amigos y/o familiares a tu compañero.

7 Escucha la presentación de sus amigos y hazle a tu compañero alguna pregunta sobre el carácter o las relaciones de esas personas.

Agencia ELE digital

En esta unidad vas a hacer una presentación de una personalidad y la vas a subir a tu e-PEL.

Entra en www.agenciaele.com para realizar esta actividad.

Spain is different!

Las diferencias culturales son siempre relativas y, como le gustaba decir a mi abuela, depende del cristal con que se mire. Si comparamos las costumbres de españoles, argentinos, chilenos, uruguayos o colombianos con, por ejemplo, las de alemanes, austríacos, suecos o noruegos, nosotros somos extrovertidos y ellos son introvertidos, o abiertos y cerrados, si lo queremos decir de manera sencilla. Tenemos costumbre de contar nuestra vida privada, de hablar de nuestras preocupaciones a nuestros amigos, a nuestros vecinos aunque los conozcamos poco. Esta característica la podemos encontrar en muchas situaciones: una vez una amiga mía estaba de visita en Londres y cuando subió al metro, su hijo de cuatro años le preguntó: "Mamá ¿aquí está prohibido hablar?".

Si nos comparamos entre los españoles, los habitantes del sur parecen más extrovertidos que los del norte o el centro de la península. Los asturianos, gallegos o vascos tienen fama de ser más reservados y callados que los andaluces, extremeños o murcianos. También podemos comparar las costumbres de la gente de las ciudades con las del campo: en las ciudades la gente es más extrovertida que en el campo, donde es más reservada.

A pesar de todas estas salvedades, es bastante más habitual que los hispanohablantes seamos más abiertos, hablemos de nuestra vida privada, nos quejemos, le demos consejos a los demás sobre cómo conducir su vida, demos muchas explicaciones sobre lo que hacemos, etc.

1 Lee las siguientes opiniones de algunos estudiantes de español sobre aspectos que les han sorprendido después de pasar un tiempo en España. ¿Sobre qué cuestiones opina cada uno de ellos?

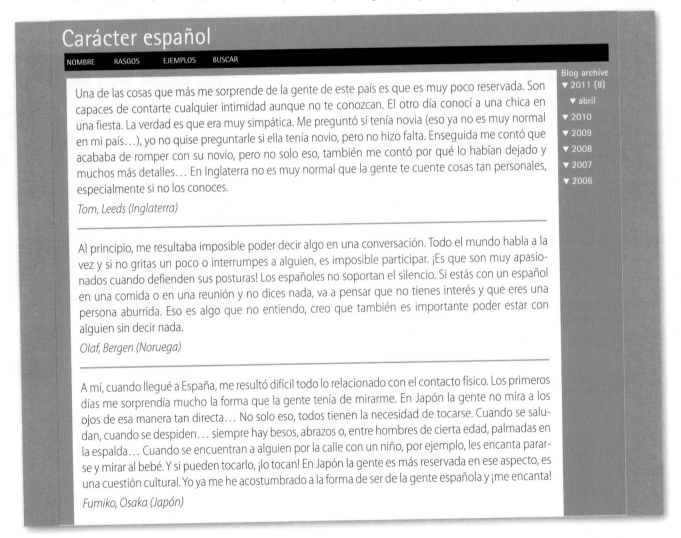

Carácter español

| NOMBRE | RASGOS | EJEMPLOS | BUSCAR |

Blog archive
▼ 2011 (8)
  ▼ abril
▼ 2010
▼ 2009
▼ 2008
▼ 2007
▼ 2006

Una de las cosas que más me sorprende de la gente de este país es que es muy poco reservada. Son capaces de contarte cualquier intimidad aunque no te conozcan. El otro día conocí a una chica en una fiesta. La verdad es que era muy simpática. Me preguntó si tenía novia (eso ya no es muy normal en mi país…), yo no quise preguntarle si ella tenía novio, pero no hizo falta. Enseguida me contó que acababa de romper con su novio, pero no solo eso, también me contó por qué lo habían dejado y muchos más detalles… En Inglaterra no es muy normal que la gente te cuente cosas tan personales, especialmente si no los conoces.

Tom, Leeds (Inglaterra)

Al principio, me resultaba imposible poder decir algo en una conversación. Todo el mundo habla a la vez y si no gritas un poco o interrumpes a alguien, es imposible participar. ¡Es que son muy apasionados cuando defienden sus posturas! Los españoles no soportan el silencio. Si estás con un español en una comida o en una reunión y no dices nada, va a pensar que no tienes interés y que eres una persona aburrida. Eso es algo que no entiendo, creo que también es importante poder estar con alguien sin decir nada.

Olaf, Bergen (Noruega)

A mí, cuando llegué a España, me resultó difícil todo lo relacionado con el contacto físico. Los primeros días me sorprendía mucho la forma que la gente tenía de mirarme. En Japón la gente no mira a los ojos de esa manera tan directa… No solo eso, todos tienen la necesidad de tocarse. Cuando se saludan, cuando se despiden… siempre hay besos, abrazos o, entre hombres de cierta edad, palmadas en la espalda… Cuando se encuentran a alguien por la calle con un niño, por ejemplo, les encanta pararse y mirar al bebé. Y si pueden tocarlo, ¡lo tocan! En Japón la gente es más reservada en ese aspecto, es una cuestión cultural. Yo ya me he acostumbrado a la forma de ser de la gente española y ¡me encanta!

Fumiko, Osaka (Japón)

2 ¿Has tenido experiencias parecidas? ¿Puedes escribir tú un comentario? ¿Se comporta de la misma manera la gente en tu país?

12 ¡Fiesta!

En esta unidad vamos a:

- **Expresar deseos**
- **Invitar o proponer**
- **Pedir y dar permiso**
- **Expresarnos con cortesía**
- **Reflexionar sobre las justificaciones en español**

1 ¡Qué fiesta!

a Se acerca el cumpleaños de tu pareja, un familiar o un amigo, y quieres organizar una gran fiesta. ¿Qué tipo de fiesta organizarías?

- *Yo haría una fiesta de disfraces de los años 70, por ejemplo, o de su peli favorita.*
- *Pues a mí me gustaría una fiesta solo con sus mejores amigos; algo informal al aire libre.*

b Estas personas nos cuentan sus fiestas más divertidas. Lee y relaciona cada imagen con la fiesta que describen.

○ Soy un forofo de la **música de los 70**, así que este año celebré mi cumpleaños con una fiesta de disfraces de esa época: pelucas, pantalones de campana, pista de baile y algunos cubatas... ¡fue genial!
Solo puse algo para picar, tortilla, jamón..., porque la idea no era comer, sino bailar.
Les pedí a mis invitados que, de regalo, trajeran flores, porque me encantan. Por eso a mi fiesta la llamé **"Flower power"**.

○ Lo pasé de maravilla en la boda de mi prima. Fue una boda íntima, con poca gente, pero muy elegante. Todos los invitados íbamos vestidos de etiqueta.
Primero nos ofrecieron aperitivos y cócteles en el jardín, y después pusieron mesas con bufet; hubo barra libre hasta las 5 de la mañana.

○ En mi empresa cada año se hace una cena antes de las vacaciones de verano, pero este año nos han invitado a un pic-nic, ya sabéis, ropa informal, unos sándwiches, saladitos, empanadas y refrescos.
Hacía un día espectacular, organizaron actividades al aire libre, estuvimos cantando...
Fue una buena forma de conocernos mejor y la dirección ha decidido que lo vamos a hacer todos los años.

c Y tú, ¿recuerdas la fiesta más divertida u original en la que has estado? ¿Cómo fue? Coméntalo con tus compañeros.

- *Yo estuve en una fiesta...*
- *¡Qué divertido!*

2 ¡Sorpresa!

a En la redacción de Agencia ELE están preparando una fiesta sorpresa. Lee el cómic y contesta a las preguntas.

1 ¿Para quién es la fiesta? ¿Qué celebran? ¿Qué tipo de fiesta están preparando?
2 ¿Quiénes van a la fiesta? ¿Quiénes no pueden ir? ¿Por qué?

b Mira la última tira del cómic. Con un compañero, elige la opción más adecuada y completa los bocadillos vacíos. Luego, escucha esa parte y comprueba.

1 a Sí, gracias.
  b Es que soy muy bueno en mi trabajo.
  c En realidad os lo debo a vosotros, yo no he hecho nada.

2 a Es verdad, me queda genial.
  b ¿Tú crees? Lo tengo hace mucho tiempo y lo compré muy barato.
  c Gracias.

> Expresamos admiración como muestra de aprecio o amistad. La persona que recibe el halago muestra humildad.

Al final de la unidad...

En pequeños grupos, vais a organizar una gran fiesta. Tenéis que decidir el tipo de fiesta, el lugar, la fecha, el protocolo... y después escribir una invitación para los invitados.

Paloma e Iñaki están organizando una fiesta sorpresa.

He pensado que podemos organizar una fiesta sorpresa para celebrar el premio al Periodista del Año que le han concedido a Luis.

¡¡¡Genial!! Le va a encantar. De paso, podemos aprovechar para celebrar que Rocío ha sido mamá.

¡Muy buena idea! A él le encanta el cine fantástico, ¿le preparamos una fiesta temática sobre *El señor de los anillos*?

Llevo toda la mañana pensando en la fiesta. Mira, a ver qué te parece: podemos ir todos disfrazados de personajes de la película y lo podemos celebrar aquí en la oficina.

¿En la oficina? Bueeeno, pero tenemos que decorarlo todo. ¿Y a quién vamos a invitar? Me encantaría que vinieran todos sus amigos y familiares.

Por supuesto. Les mandamos invitaciones a todos y les pedimos confirmación para ver si hay espacio.

Hola a todos:
Como ya sabéis, le han concedido a Luis el premio al mejor periodista del año. ¡Es el mejor! Estamos todos muy orgullosos de él y hemos pensado prepararle una fiesta sorpresa para el viernes 30 por la tarde en la oficina. Se trata de una fiesta de disfraces sobre su película favorita, *El señor de los anillos*. Así que ya podéis buscar vuestro disfraz. Por favor, necesitamos confirmación de asistencia. Contamos con todos vosotros.
Saludos,
Paloma e Iñaki

Carmen, estamos preparando una fiesta sorpresa para Luis, contamos contigo.

Mario, no puedes faltar.

Paloma, me temo que no voy a poder, es que esa semana viajo a Brasil. ¡Es una pena!

¿Tienes ya canguro para la fiesta de Luis?

Ah, sí, he visto el correo electrónico. Ya estoy pensando en el disfraz.

Por supuesto.

¿Vendrá Mateo?

Seguro que le gustaría venir porque le encantan las fiestas, pero él es el canguro. Ja, ja, ja.

Gracias por la invitación, Paloma. Me temo que no va a ser posible porque ese día tengo cita con el médico.

¡Por favor, Miguel, ven! Vamos a estar todos y va a ser muy divertido. Me encantaría que estuvieras tú también. ¡No puedes faltar!

Ojalá pudiera. Veré lo que puedo hacer, pero lo veo muy difícil. Si consigo cambiar la cita, te aviso, ¿vale?

Sergio, ya solo faltas tú por confirmar que vienes a la fiesta.

Ahhhh... eso no se dice. Ya lo verás.

Será un placer. ¿Tú de qué vas disfrazado?

¡¡SORPRESA!!

Enhorabuena, te lo mereces. Eres el mejor periodista.

1 _____

Vas guapísima, este disfraz te queda de maravilla...

2 _____
_____

Quisiera hacer un brindis por Luis. Por nuestro querido compañero Luis.

Por Luis, chin, chin...

1 Cuento contigo

a Después de leer y completar el cómic, ya sabemos quién va y quién no puede ir a la fiesta. Lee de nuevo el cómic y anota cómo se expresan las siguientes funciones.

Invitar o proponer	Aceptar una invitación o propuesta	Rechazar una invitación o propuesta

> Mario, no puedes faltar.

> Paloma, me temo que no voy a poder, es que esa semana viajo a Brasil. ¡Es una pena!

b Aquí tenéis más expresiones relacionadas con las invitaciones. Con un compañero, coloca cada una en el lugar correcto de la tabla de **1a**. Ojo, se han colado algunas que no tienen relación.

> Cuento contigo • Igualmente • Por favor, ven • Con mucho gusto • Me da igual
> Me encantaría, pero • No pasa nada • Preferiría quedarme en casa, gracias • ¡Cómo no!
> Eres muy amable, pero es que no puedo • Estaría muy bien • No puedes faltar
> ¿Vendrás? • Tengo que decirte que no porque ya tengo otros planes • ¡Qué rabia!
> Me temo que es imposible • Lo intentaré, veré qué puedo hacer

c Germán está llamando a sus amigos para hacer la lista definitiva de invitados para su fiesta. Escucha y señala si aceptan (A) o rechazan (R) la invitación.

> Vicente: _____
> Alicia: _____
> Pedro: _____

d Vuelve a escuchar las conversaciones y contesta a las preguntas.

1 ¿Qué celebra Germán?
2 ¿Cuándo es la fiesta?
3 ¿Qué tipo de fiesta es?

Recursos para rechazar una invitación o propuesta.

- Condicional de cortesía: *Me encantaría, pero es que...*

- Futuro simple: *No sé si podré. Lo intentaré, veré qué puedo hacer.*

- Perífrasis de futuro (ir a + infinitivo): *Pues va a ser imposible, no sé si voy a poder, me temo que va a ser difícil porque...*

Es muy frecuente utilizar las siguientes expresiones cuando se piden disculpas y dar una excusa o explicación:
Lo siento/me temo/lo lamento... (pero) es que/tengo que...

e Ahora imagina que has recibido estas tres invitaciones para el próximo sábado y para todas tienes que ir acompañado. Primero elige la fiesta que más te apetezca y después encuentra a alguien en clase que te acompañe.

2 Me encantaría que vinieras

a Observa estas viñetas del cómic. ¿En qué situaciones decimos las siguientes frases?

- Cuando proponemos algo de manera cortés: ....
- Cuando expresamos un deseo: ....

EL IMPERFECTO DE SUBJUNTIVO

En las frases anteriores aparece un nuevo tiempo verbal, el **imperfecto de subjuntivo**.

Se forma a partir de la 3.ª persona del plural del pretérito indefinido a la que le quitamos la terminación (-ron).

	hablar	comer	vivir
yo	habla**ra**/habla**se**	comi**era**/comi**ese**	vivi**era**/vivi**ese**
tú	habla**ras**/habla**ses**	comi**eras**/comi**eses**	vivi**eras**/vivi**eses**
él / ella / usted	habla**ra**/habla**se**	comi**era**/comi**ese**	vivi**era**/vivi**ese**
nosotros/as	hablá**ramos**/hablá**semos**	comié**ramos**/comié**semos**	vivié**ramos**/vivié**semos**
vosotros/as	habla**rais**/habla**seis**	comi**erais**/comi**eseis**	vivi**erais**/vivi**eseis**
ellos / ellas / ustedes	habla**ran**/habla**sen**	comi**eran**/comi**esen**	vivi**eran**/vivi**esen**

Se utiliza para:

A. **Expresar un deseo:**

- Condicional *(me gustaría, me encantaría, sería maravilloso)* + *que* + imperfecto de subjuntivo.
  *Sería maravilloso que Juan **pudiera** venir.*
  Recuerda que el condicional también se puede combinar con un infinitivo.
  *Me encantaría **ir** a la fiesta.*
  Los deseos expresados con esta estructura no se pueden cumplir o son difíciles de cumplir.

- *Ojalá* + imperfecto de subjuntivo.
  *Ojalá **estuviera** aquí Pedro.*
  Recuerda que *ojalá* + presente de subjuntivo se utiliza cuando se indica un deseo realizable en el futuro. *Ojalá **haga** sol mañana.*

- Las dos formas del imperfecto de subjuntivo (-ra y -se) son intercambiables prácticamente en todos sus usos, excepto para expresar cortesía:
  Quisiera/~~Quisiese~~ hacer un brindis.

- Observa el acento en la primera persona del plural: *habláramos, comiéramos, viviéramos.*

B. **Mostrar cortesía:**

Usamos de menor a mayor grado de cortesía las siguientes formas.

*Quiero/quería/querría/**quisiera** hacerle una pregunta.*

b En parejas, completad la tabla.

Infinitivo	3.ª persona plural pretérito indefinido	1.ª persona singular imperfecto de subjuntivo
Traer	trajeron	traje**ra**/traje**se**
Decir		
Querer		
Tener		
Ser/Ir		
Hacer		
Poner		
Estar		
Saber		
Pedir		

c Completa los siguientes diálogos. Ojo, en ocasiones puede haber más de una opción.

> ● Buenos días, ¿qué quería? ¿Puedo ayudarle en algo?
> ■ (Querer) _____ ver esos zapatos de allí. **1**

> ● **Ojalá** (llegar) _____ papá a tiempo para soplar las velas.
> *(Una hora más tarde)*
> ■ Hija, ha llamado papá y no puede venir.
> ● Lo echo mucho de menos, mamá. ¡**Ojalá** (estar) _____ aquí! **2**

> ● ¿Es que no estás contenta con el homenaje que te van a dar tus colegas?
> ■ No es eso, pero es que **no me gustaría que** todo el mundo (estar) _____ pendiente de mí, **no me gustaría** (ser) _____ el centro de atención. **3**

> ● Bienvenidos a todos, y gracias por vuestra presencia en este acto. Si me lo permitís, (querer) _____ decir unas palabras a D.ª Ángeles Mena con motivo de su próxima jubilación. **4**

> ● Miquel, estoy pensando en nuestra boda, ¿cómo **te gustaría que** lo (celebrar) _____?
> ■ Pues no sé, algo íntimo y muy sencillo. ¿Y a ti?
> ● A mí **me gustaría que** (poder, nosotros) _____ celebrarlo al aire libre, **me encantaría que** (venir) _____ todo el mundo, y **sería maravilloso que** (haber) _____ una gran orquesta. **5**

d María y Pedro están planeando su boda. Los padres de María son muy tradicionales y los de Pedro, muy modernos. En parejas, imaginad cómo les gustaría celebrarlo a los padres de cada uno.

Celebrar una boda civil
Casarse en una iglesia
Hacer el viaje de novios a Andalucía
Ir de luna de miel al Caribe
Invitar a padres, hermanos y amigos más cercanos
Hacer una fiesta multitudinaria
Casarse en una pequeña ermita en la montaña
Celebrar el banquete en una casa rural
Dar un gran banquete en un gran salón de bodas

> ● *A los padres de Pedro les gustaría que su hijo celebrara una boda civil.*
> ■ *Pues a los de María seguro que les encantaría que se casaran en una iglesia.*

3 El invitado pesado

a Escucha las conversaciones que esta invitada "pesada" mantiene con el anfitrión.
¿Qué quiere? ¿Lo consigue?

	¿QUÉ QUIERE?	¿LO CONSIGUE?
Conversación 1		
Conversación 2		
Conversación 3		
Conversación 4		

b Vuelve a escuchar el audio y señala las expresiones que se utilizan para:

Pedir permiso

- *¿Te molesta que + subjuntivo?*
- *¿Te importa si + indicativo?*
- *¿Es/sería posible que + subjuntivo?*
- *¿Te parecería bien que + subjuntivo?*
- *¿Me das permiso para...?*

Dar permiso

- *Por supuesto/claro (que sí).*
- *¡Cómo no!*
- *Como/donde/cuando quieras.*
- *Estás en tu casa.*
- *No, no, en absoluto.*

Dar permiso con objeción

- *Bueeeno.*
- *Bueno, vale.*
- *Pero...*
- *Sí, siempre y cuando...*
- *(Sí, pero) Solo si...*

Denegar permiso

- *Me temo que no.*
- *Lo siento, no es posible.*
- *De ninguna manera.*

c Ahora, en parejas, imaginad que estáis en una fiesta.
Seguid las instrucciones.

ALUMNO A

Eres un invitado y pides al anfitrión de la fiesta:
1 Que te cambie de sitio y te ponga en una mesa con tus amigos.
2 Que te haga una foto con otros invitados.
3 Que te dé permiso para decir unas palabras en su honor.
4 Que te deje llevar a unos amigos tuyos a la fiesta.

ALUMNO B

Eres el anfitrión de la fiesta y un invitado te pide permiso para varias cosas; contéstale según estas indicaciones:
1 No puedes cambiar a nadie de mesa.
2 No te importa hacer fotos, pero tú eres muy tímido.
3 No te gustan nada los brindis ni ser el centro de atención.
4 Te encanta conocer gente nueva.

4 ¡Vaya compromiso!

a Manuel ha recibido cuatro invitaciones para el mismo día. ¿De qué tipo de celebración se trata en cada caso?

> cumpleaños • bautizo • jubilación • inauguración

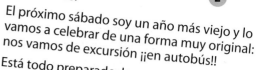

Hola, chicos: **2**

El próximo sábado soy un año más viejo y lo vamos a celebrar de una forma muy original: nos vamos de excursión ¡¡en autobús!!

Está todo preparado: las paradas, el desayuno, las excursiones, los bares… y risas, muchas risas.

No me falléis. Os espero el sábado 9 a las 10 de la mañana en la puerta de mi casa con ropa cómoda y zapatillas de deporte. ¡Ah!, y bocadillos.

Por favor, necesito confirmación lo antes posible para alquilar el autobús.

Besos,

Raúl

Estimado Sr. Gómez:

Con ocasión de la apertura de nuestra tienda Sol y Luna, tenemos el gusto de invitarle a un vino español que tendrá lugar el día 9 a las 22 horas en la C/ Valencia, 8.

Se ruega puntualidad.

SRC solyluna@smail.com **1**

Laura Pérez Meca

Os invito a mi bautizo que se celebrará el 9 de marzo a las 18 h. en la iglesia de San Esteban.

Después del bautizo se servirá una cena fría en el Hotel Reina.

Alicante, 2012

Lista de bautizo en DeRegalo o N.º cuenta: 3000001232210008

RSVP bautizoLaura@yahoo.es **3**

4

Sería un honor contar con su presencia en la Cena Homenaje al Sr. Cayetano Ruiz Fernández por sus 25 años de servicio.

La celebración tendrá lugar el sábado 9 de marzo a las 23 h. en Jardines de Murcia. El precio del cubierto será de 100 euros. Rigurosa etiqueta.

RSVP (pedroruiz@vinoseljardinero.es)

b Relaciona cada respuesta con su invitación.

A

Estimado Sr. Ruiz:

Estaría encantado de acompañarles en esa noche tan especial para todos los que admiramos a D. Cayetano, pero lamentablemente tengo otro compromiso familiar que me impide asistir.

Saludos cordiales,

Manuel Gómez

B

Queridos Ángel y Lola:

¿Cómo estáis?

Me encantaría pasar este día tan bonito con vosotros, pero me temo que no va a ser posible porque tengo programado desde hace mucho tiempo un viaje para ese día, y no puedo cancelarlo.

Saluda a toda la familia de mi parte.

Un fuerte abrazo,

Manuel

P.D.: Os he hecho un ingreso en el n.º de cuenta de Laurita

C

Apreciada Ana:

He recibido vuestra invitación a la inauguración. Sois muy amables, pero desgraciadamente no me es posible asistir por motivos profesionales.

Os deseo toda la suerte del mundo en esta aventura.

Atentamente,

Manuel

D

Hola, Raúl:

Gracias por la invitación.

¡No me lo puedo creer! Cada año me sorprendes más.

Será un placer pasar tu día contigo.

Besos,

Manuel

c De las tres fiestas a las que Manuel no asiste, elige una a la que irías y otra a la que no.

Escribe dos respuestas: una confirmando que asistes y otra para decir que no puedes ir.

Después, intercambia tus respuestas con las de tu compañero. ¿A qué fiesta va él?

1 Cumpleaños feliz

a Cada cultura tiene unas costumbres propias a la hora de comportarse en una fiesta. Lee las siguientes frases sobre los cumpleaños y señala qué cosas son iguales (I) o diferentes (D) en ~~tu cultura~~.

mi familia.

	I	D
1 Se puede llegar media hora más tarde.	I	
2 Se abren los regalos después de ~~soplar las velas~~ y delante de los invitados.		D *whenever.*
3 Los niños tiran de las orejas a la persona que cumple años, una vez por cada año que cumple.		D *son golpes*
4 El homenajeado pide deseos al soplar las velas, mientras los invitados cantan el *Cumpleaños feliz*.		D *será después*
5 Lo normal es que el que cumple años invite a los amigos.		
6 Lo tradicional es celebrarlo en la casa del cumpleañero. Cuando se va a un restaurante, lo normal es que los invitados paguen la comida e inviten al homenajeado.		
7 Si la fiesta se celebra en una casa, no es obligatorio llevar comida o bebida.		
8 Al día siguiente de la fiesta de cumpleaños no es necesario llamar por teléfono o escribir a la persona que ha organizado la fiesta para darle las gracias por haber sido invitado a la fiesta.		
9 Puedes llevar a un amigo.		

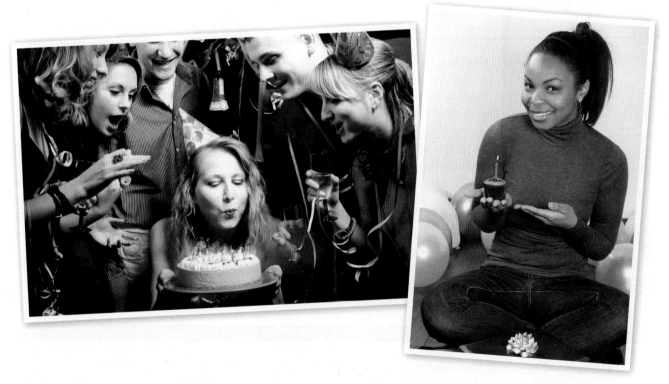

b Entre todos, poned en común si una fiesta de cumpleaños se celebra de forma distinta en vuestra cultura y en la cultura hispana.

● *Yo una vez tuve que organizar una fiesta para el aniversario de y...*

■ *Pues a mí una vez me invitaron a una fiesta en España.*

2 Las últimas tendencias

a ¿Alguna vez has recurrido a un profesional para organizar una fiesta? ¿Lo harías? ¿Por qué? Coméntalo con tus compañeros.

b Cada vez hay más empresas dedicadas a organizar fiestas y eventos. Lee lo que nos recomienda esta página web como lo último para celebrar cumpleaños y contesta con verdadero (V) o falso (F) a estas afirmaciones:

1 Toda fiesta debe estar decorada con las cosas típicas de un cumpleaños: guirnaldas, velas, gorros, confetis, piñatas… ☐

2 A los invitados se les puede decir qué tipo de regalo traer. ☐

3 Los invitados son los que sorprenden al homenajeado cantando todos juntos su canción favorita. ☐

Las últimas tendencias en fiestas de cumpleaños

CUMPLEAÑOS EN UN AUTOBÚS

UNA FIESTA HAWAIANA CON TUS AMIGOS

UNA FIESTA EN UN BARCO

BARBACOA PARA CUMPLEAÑOS

FIESTA CHILL OUT

Lo último en ideas originales es decidirte por una temática. Tienes varias opciones. Una de ellas es, en el caso de que los años a cumplir sean una fecha redonda como los 30 o los 40, organizar una fiesta en la que esa cifra sea la protagonista. La decoración a base de guirnaldas con los años, velas, gorros y todo tipo de parafernalia a juego es perfecta si los años que se cumplen no son demasiados. Para edades más maduras, se llevan más los *collages* con fotos que ilustren sus momentos más memorables u objetos que les recuerden los años vividos.

Otra opción que está de moda es la de organizar la fiesta de cumpleaños en torno a un tema que le apasione al homenajeado. Bien sea un forofo de *La guerra de las galaxias*, una enamorada de Betty Boop…, lo importante es que el tema elegido protagonice cada rincón.

Que la fiesta gire en torno a la gastronomía es otra opción. Se trata de elegir su tipo de comida favorita e idear todo tipo de platos fáciles de presentar y de comer en un bufet al aire libre. Puedes escoger una fiesta que imite una cata de vinos, si el homenajeado es un apasionado del tema. Cada invitado puede encargarse de traer una botella de vino en lugar de un regalo y organizar el bufet a base de quesos españoles, galletitas saladas, embutidos ibéricos… Otra opción para golosos es una fiesta de postres, olvidándose de la operación bikini y aligerándola con todo tipo de cócteles exóticos, zumos o sorbetes.

Y si lo que quieres es algo realmente original, además de que sea la última moda, no hay nada como organizar una yincana, contratar un espectáculo que tenga que ver con la temática de la fiesta como unos mariachis, un faquir o unas bailarinas que dominen la danza del vientre o mezclar actores que actúen como camareros falsos, y, en un momento dado, que representen alguna farsa con la que sorprender a los asistentes. Lo más *fashion* del momento es organizar con los invitados una actuación musical (un *lip up*), y sorprender al del cumpleaños con un *playback* de su canción favorita que le deje con la boca abierta. Haz un homenaje inolvidable a un familiar, compañero o amigo.

¡Nosotros te ayudamos!

c Imaginad que trabajáis como organizadores de fiestas profesionales. En pequeños grupos, pensad en una persona que todos conozcáis muy bien (un compañero, vuestro profesor…) y elegid la mejor fiesta para él. Si lo necesitáis, podéis hacerle preguntas para conocer mejor sus gustos.

¿Cuál es tu canción favorita? ¿Qué tipo de comida te gusta?

d Contadle la fiesta que habéis elegido para él, ¿habéis acertado?

Vais a organizar una gran fiesta y a mandar invitaciones a todos vuestros amigos. Vamos a ver quién es más original y quién consigue más invitados. Las ideas de la actividad anterior os pueden servir de inspiración.

PLANIFICA ▼

1 En pequeños grupos, tenéis que poneros de acuerdo en el tipo de fiesta que queréis celebrar. Pensad en los siguientes aspectos:

- motivo de la fiesta
- lugar, fecha, hora
- tipo de fiesta
- tipo de comida/bebida

- número de invitados y cómo vais a invitarlos
- ropa que tienen que llevar los invitados
- decoración de la casa/local
- regalos especiales/sorpresas

ELABORA ▼

2 Escribid la invitación según lo acordado. Recordad:

- Explicar el motivo de la fiesta
- Detallar bien a los invitados qué tipo de fiesta estáis organizando
- Invitar
- Especificar el lugar y la hora
- Pedir confirmación de asistencia

Fiesta de cumpleaños

Invitación para:

PRESENTA Y COMPARTE ▼

3 Mandad las invitaciones a vuestros compañeros. Cada uno tendrá que elegir a qué fiesta va a asistir, pero no podéis elegir vuestra propia fiesta.

4 Escribe una nota confirmando tu asistencia a la mejor fiesta, y escribe otra nota al resto de grupos rechazando la invitación. Recuerda:

- Saludar y despedirte
- Mostrar sorpresa y agradecimiento por la invitación y halagar al anfitrión
- Aceptar/rechazar cortésmente la invitación

5 ¿Cuál es la mejor fiesta? ¿Qué grupo ha conseguido más invitados?

Agencia ELE digital

En esta unidad vas a elaborar tarjetas digitales para una fiesta y enviarlas a los invitados.

Entra en www.agenciaele.com para realizar esta actividad.

Justificaciones

Si hay algo que nos gusta a los hispanohablantes es dar explicaciones. En muchas situaciones sentimos la necesidad de explicar las razones que nos mueven a actuar. Por ejemplo, cuando tenemos que **rechazar una invitación**, o una propuesta, no nos basta con decir: «No, no puedo, gracias por la invitación». Aunque en sí misma, la frase es correcta y elegante, no es suficiente para rechazar adecuadamente. De hecho, si alguien rechaza una invitación con estas fórmulas, como a veces sucede con algunos extranjeros que no dominan el español, esto se interpreta como una falta de sensibilidad y como una muestra de indiferencia. Nuestra cultura nos obliga a justificarnos, a lamentarnos y a contar a nuestro interlocutor que no vamos a aceptar su invitación o propuesta por una razón de peso. Se trata de mostrar que no es un acto de voluntad propia sino que estamos obligados por la situación:

Es que justo es el cumpleaños de mi madre.

Es que hace tres meses que tengo organizada una cena de trabajo a la que no puedo faltar.

Lo siento, me voy de viaje.

Para rechazar una invitación o propuesta, además de dar explicaciones, tenemos que lamentarnos, y en muchas ocasiones, proponer una nueva oportunidad para hacer lo que estamos rechazando.

Es curioso, pero lo mismo hacemos con las **disculpas**. De nuevo tenemos que dar muchas explicaciones, contar con detalle lo que ha pasado y, siempre, encontrar la razón fuera de la voluntad y el deseo propios:

No ha sonado el despertador.

No llegué a tiempo al metro, disculpa.

Perdón por el retraso, es que había mucho tráfico, más que ningún día.

He llegado a tiempo a la cita.

Damos explicaciones parecidas en muchas situaciones de la vida cotidiana, por ejemplo, cuando alguien nos dice que le gusta la ropa que llevamos o nos compramos algo.

● *Llevas una camisa preciosa.*

■ *¿Te gusta? La he comprado muy barata en rebajas.*

1 Imagina que un amigo te hace las siguientes peticiones o propuestas. Vas a contestar que <u>no</u> puedes hacer lo que te pide. ¿Cómo lo harías en español? ¿Y en tu idioma? ¿Te justificarías también en estas situaciones? Coméntalo con tu compañero.

¿Por qué no quedamos este fin de semana para ir al cine?

¿Puedes acompañarme mañana por la mañana al aeropuerto?

¿Le compramos una camisa a Juan para su cumpleaños?

13 ¡Qué desastre!

En esta unidad vamos a:

- **Referirnos a peticiones hechas en el pasado**
- **Comparar diferentes alojamientos**
- **Redactar una carta de reclamación**
- **Hablar por teléfono**
- **Reflexionar sobre las quejas en español**

1 Un desastre de vacaciones

a Contesta al siguiente test y comenta las respuestas con todo el grupo.

1 Te vas de vacaciones a Argentina y en el último momento cancelan el vuelo a Buenos Aires.
a Te vuelves a tu casa y esperas a que te llamen.
b Solicitas que te den plaza en el siguiente vuelo.
c Pides que te devuelvan el dinero.

2 Tienes reservada una habitación en un hotel de cinco estrellas y te dan una habitación muy ruidosa en la planta baja.
a Pides una rebaja en el precio.
b Llevas tus cosas a la habitación y no reclamas.
c Exiges un cambio de habitación.

3 Coges un taxi del aeropuerto al hotel y te cobran un precio que te parece excesivo.
a Pagas al taxista.
b Solicitas una lista de tarifas para comprobar el importe.
c Pides un descuento en el precio.

4 Vas a un restaurante famoso por su carne. La carne que te sirven está muy dura.
a Llamas al camarero para que te cambie el plato.
b Pides hablar con el responsable de la cocina.
c Te vas del restaurante sin pagar.

5 Has contratado un crucero para quince días y unos días antes de salir te comunican que tu destino se cancela, pero te ofrecen otro.
a Cancelas el crucero y pides una indemnización.
b Denuncias a la agencia.
c Aceptas su oferta.

b ¿Recuerdas algún viaje especial? ¿Cómo fue ese viaje? ¿Y el hotel? Habla con tus compañeros.

El año pasado contraté un viaje organizado y...

2 ¡Qué viaje!

Lee el cómic y decide si estas afirmaciones son verdaderas (V) o falsas (F).

1 El viaje de Carmen fue fatal porque tuvo muchas reuniones. ☐
2 Iñaki perdió el avión por culpa del recepcionista del hotel. ☐
3 Una vez Rocío viajó en primera clase con unos reyes. ☐
4 Miquel no esperaba que le dieran una *suite*. ☐
5 El guía de Luis no hablaba español. ☐

Al final de la unidad...

Vais a escribir una reclamación por escrito.

Los empleados de Agencia ELE están hablando de viajes mientras toman un café.

1 Había pedido que...

a Lee las siguientes viñetas del cómic y subraya los verbos en subjuntivo.

Le había dicho al recepcionista que me despertara a las 7 h para ir al aeropuerto y el muy despistado me despertó a las 8 h.

Cuenta, cuenta...

Les pedí a los de la compañía aérea que nos dieran un asiento amplio, ¡y resulta que nos pusieron en primera!

Yo también tuve suerte en mi último viaje. Había pedido que me reservaran una habitación para tres y, cuando llegamos, nos habían dado la mejor *suite* del hotel, ¡con salón, comedor y balcón!

b ¿Qué crees que dijo cada persona?

Por favor, ¿podría despertarme mañana a las 7h? Es que tengo un vuelo muy temprano. Estoy en la habitación 708.

....
....
....

....
....
....

Iñaki

Rocío

Miquel

c Reflexiona y marca la opción correcta: Iñaki (I), Rocío (R) o Miquel (M).

da un consejo ☐   pide disculpas ☐   hace una petición ☐

da una orden ☐   hace un favor ☐

En los ejemplos, el hablante reproduce sus propias palabras, interpretando la intención original, en este caso una petición. Hay dos sujetos y dos verbos: el primero va en pasado del indicativo y el segundo va en imperfecto de subjuntivo.

Les <u>pedí / había pedido</u> + que + <u>nos dieran</u>
     (yo)   (ellos)

d El pasado fin de semana Rocío y Mateo estuvieron preparando sus vacaciones a Colombia. Mira las tareas que tenían pendientes. ¿Qué crees que se pidieron el uno al otro? Escribe las frases teniendo en cuenta la siguiente información que tienes sobre ellos.

Rocío
- Tiene una prima en Colombia.
- Su compañero de despacho estuvo de vacaciones en Colombia.
- Ha viajado por muchos lugares donde hay peligro de contraer enfermedades tropicales.

Mateo
- Su hermana ha trabajado en Colombia.
- Le encanta organizar viajes y rutas para las vacaciones.
- Siempre encuentra buenas ofertas de hoteles en internet.

Mateo le pidió a Rocío que enviara un correo electrónico a la prima de Bogotá avisándole de su visita.

Tareas pendientes:
- Definir el itinerario del viaje
- Pedirle la guía a un compañero de trabajo
- Hacer las reservas de hoteles por internet
- Enviar un correo electrónico a la prima avisándole de su visita
- Averiguar qué vacunas hay que ponerse para ir a la zona de la selva amazónica
- Hablar con Isabel

e En las siguientes tarjetas aparecen distintas peticiones. En parejas, cada uno elige dos de ellas y comenta con su compañero qué propondría en cada caso.

UN GRUPO DE JUBILADOS

1 Organizar el itinerario para pasar una semana de vacaciones en España.

PADRES DE UN INSTITUTO

2 Preparar el viaje fin de estudios de los alumnos de secundaria a un país europeo.

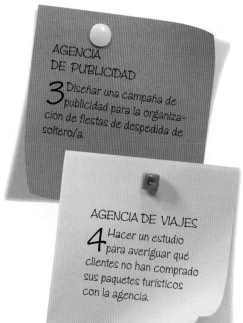

AGENCIA DE PUBLICIDAD

3 Diseñar una campaña de publicidad para la organización de fiestas de despedida de soltero/a.

AGENCIA DE VIAJES

4 Hacer un estudio para averiguar qué clientes no han comprado sus paquetes turísticos con la agencia.

- ● *A mí, un grupo de jubilados me pidió...*
- ■ *¡Ah! Me parece muy buena idea, pero también podrías...*

2 Carta de reclamación

a Lee la siguiente carta de reclamación y subraya los problemas que ha tenido Ricardo. Para ti, ¿cuál es el más grave?

b Ordena las siguientes expresiones de una carta formal y clasifica en la tabla a qué parte corresponden.

- ● Quedo a la espera de su respuesta
- ● Estimado señor
- ● Le saluda atentamente
- ● Reciba un saludo muy cordial
- ● Apreciado señor
- ● El motivo de la presente carta
- ● Me dirijo a usted
- ● Le agradecería que

Hotel Salus
C/ Artigas, 2566
Montevideo, Uruguay

Ricardo Pereyra
Avda. Paseo Colón, 255
CP 1063 - Buenos Aires

Buenos Aires, 11 de julio de 2011

Estimado Sr. Director:

Me dirijo a usted para expresar mi disconformidad con el servicio que presta su agencia.

Hace dos semanas que volví de mi estadía de cinco días en uno de los apartamentos que ustedes alquilan. Lamentablemente, nada de lo que muestra su página web refleja la realidad. Además de tener poca luz natural y de dar a una calle sumamente ruidosa, la calefacción funcionó solo un día, y usted bien sabe que los inviernos en Montevideo son fríos. Cuando llamé a recepción y pedí que la repararan, me prometieron que lo harían, pero nunca vinieron. Por si esto fuera poco, la conexión a internet solo funcionaba por la mañana, ¡y encima era muy lenta! Se trataba de un viaje de trabajo y, como se puede imaginar, el viaje fue un desastre.

Por todo lo expuesto, le pido que considere algún tipo de indemnización por los perjuicios sufridos. Quedo a la espera de su pronta respuesta.

Le saluda atentamente,

Ricardo Pereyra

Saludo	Contenidos	Despedida

c Esta es la hoja de reclamaciones que rellenó Paloma en el aeropuerto el día de la huelga. Léela y escribe la carta de reclamación, basándote en el modelo del apartado anterior. Compara tu carta con la de tu compañero. ¿Hay muchas diferencias?

Hoja de reclamaciones

AENA (Aeropuertos Españoles y Navegación Aérea)

Aeropuerto: Barajas

Compañía aérea: Iberplus

Fecha y hora: 3 de diciembre, a las 14:35

Nombre del reclamante: Paloma Martín

Pasaporte N.º: 6530986

E-mail: palomar76@agenciaele.es

Dirección postal: C/ Marqués de Olivares, 75 – 28012 Madrid

RECLAMACIÓN

Como consecuencia de la huelga de controladores aéreos, no puedo ir a la boda de mi hermana, que será mañana, sábado 4 de diciembre, en Buenos Aires. Además, el lunes 6 tengo una entrevista muy importante y temo no poder llegar.

Espero recibir algún tipo de compensación económica por las enormes molestias y el daño psicológico sufrido.

Firma: Paloma Martín

3 Al teléfono

a Estas personas hablan por teléfono antes de un viaje. Escucha las conversaciones y completa el cuadro con toda la información que puedas obtener.

¿Quién llama?	¿Con quién quiere hablar?	¿Puede ponerse?	¿Por qué llama?

b Vuelve a escuchar y toma nota de los recursos que usan los hablantes para:

1 Responder al teléfono: ....

2 Preguntar por alguien: ....

3 Pasar una llamada: ....

4 Tomar nota de un mensaje: ....

5 Terminar la llamada, agradecer y saludar: ....

c Relaciona la información de las dos columnas. Puede haber más de una opción.

1 ¡Hola, buenas tardes! ¿Está Susana, por favor?

2 Buenos días, ¿podría darme el teléfono de la agencia de alquiler de autos Avos?

3 ¿De parte de quién?

4 Buenas tardes, quería información sobre los horarios del museo.

5 ¿Puedo hablar con la señora Ramírez?

6 ¡Hola! ¿Está Lucas, por favor?

7 ¿Quiere dejarle algún recado?

a Para obtener esa información tiene que llamar al número de teléfono...

b Lo siento, en este momento no puede ponerse, está ocupada.

c Sí, está, pero se está duchando. ¿Lo llamas luego?

d Sí, tome nota, por favor.

e Dígale que ha llamado el señor Martínez y que me gustaría tener una reunión con él.

f Un momentito, ahora se pone.

g Del señor Campos.

d Ponte de espaldas con un compañero y simula cuatro conversaciones telefónicas, según las indicaciones de las tarjetas. En dos conversaciones tú llamas, y en otras dos, tú respondes al teléfono.

LLAMA

RESPONDE

1 Nombre: Pedro Sánchez.
Llama a: Sr. Madrona.
Asunto: cancelar la cita del martes 28 de junio y fijar otra para el 4 de julio.

1 Secretaria del señor Madrona.
El Sr. Madrona no está.
Estará de vuelta la primera semana de julio.

2 Nombre: Perla Rueda.
Llama a: Sra. Gómez, dueña de casa con habitaciones.
Asunto: ampliar la reserva de la habitación una semana más durante la segunda semana de julio.

2 Sra. Gómez.
En julio tiene todas las habitaciones completas excepto la suite, que es la más cara.

3 Nombre: Ricardo Ferrante.
Llama a: Sra. Cardoso.
Asunto: confirmar la reunión de asesores del lunes 21 a las 11:00.

3 Secretario de la señora Cardoso.
La Sra. Cardoso está reunida.
Toma nota de la confirmación.

4 Nombre: Inés García.
Llama a: Agencia Tradulex.
Asunto: contratar a un intérprete español-griego para el 12 y 13 de noviembre.

4 Agencia Tradulex.
El intérprete solo está disponible el 13 y el 14 de noviembre.

4 Semejanzas y diferencias

a Todas estas personas van a pasar una temporada en México D.F., la capital de México. Decide qué alojamiento le recomiendas a cada uno.

Daniel Fernández: Los días 25 al 28 de mayo tiene que asistir a la convención anual de su empresa. Quiere un hotel céntrico para poder visitar los monumentos y los museos más importantes de la ciudad.

A

Amaya Vázquez: Va a a pasar una larga temporada en México D.F. porque quiere hacer un máster en la UNAM. Quiere estar en la ciudad, pero no le importa si el alojamiento está en el centro.

B

Juan Alcantara y **Sofía Martín:** Directivos de una empresa de telefonía móvil. Tienen una reunión con los responsables de la empresa en México. Están 24 horas.

C

Mercedes García y **Natalia Figueroa:** Tienen 30 años. Están de vacaciones en México y van a estar una semana en México D.F. para visitar la ciudad. Quieren habitaciones individuales.

D

1 El **Hotel Ejecutivo** está ubicado a unos pasos del principal núcleo financiero y turístico de la Ciudad de México. Su servicio personalizado le hará sentir como en casa. Comodidades: restaurante, internet, caja fuerte, acceso a minusválidos, sala de convenciones, wi-fi, servicio de lavandería, parada de autobús, estacionamiento gratuito, seguridad las 24 horas. 80 dólares por persona.

2 **Apartamento Paso** está ubicado a media cuadra del metro Barranca del Muerto, muy cerca de la Avda. Revolución e Insurgentes. Ideal para comunicarse con toda la ciudad. Tiene dos habitaciones, cocina y balcones con vistas muy lindas a la ciudad. Los precios son muy accesibles y se alquila por semana, mes o el tiempo que usted lo requiera. 60 dólares por persona.

3 **Hotel Aeropuerto** situado en la Terminal 2 del Aeropuerto Internacional de la Ciudad de México. Es un complejo que ofrece un hermoso edificio principal en forma de círculo, con un total de 287 lujosas, amplias y confortables habitaciones. Es el lugar ideal para todos sus eventos: reuniones, conferencias, convenciones, eventos privados, etc. Comodidades del hotel: piscina descubierta, restaurante, estacionamiento, gimnasio, internet, business center, aire acondicionado, wi-fi, sala de reuniones. 70 dólares por persona.

4 **Renting cuartos** Ofrezco habitación amueblada dentro de mi casa, baño compartido con otra persona. Seriedad absoluta. En la mejor zona del sur de México D. F. Muy cerca de hospitales, centros comerciales, teatros, escuelas, etc. A media cuadra del supermercado. Internet inalámbrico, estacionamiento para un auto pequeño. Se requiere comprobante de trabajo o escuela, depósito y renta adelantada. 60 dólares por semana.

Creo que el mejor alojamiento para Amaya es... porque es...

b Cuando viajas, ¿cuál es tu opción de alojamiento favorita? Explícasela a tu compañero, con sus ventajas y desventajas.

- A mí me gustan los hoteles pequeños y familiares. Son más baratos que los hoteles grandes o de lujo, y el trato es mejor, más directo que en otros lugares.

- A mí los hoteles no me gustan tanto... Me gusta mucho el campo y por eso prefiero una casa rural...

Habitación en una casa de familia

Hotel lujoso y con todos los servicios

Hotel pequeño y familiar   Casa rural

Camping   Residencia estudiantil

Apartamento alquilado

Apartamento compartido con otros

¡RECUERDA!

¿Recuerdas cómo se compara en español?

> *más*
< *menos* } + adjetivo / sustantivo + *que*

= *tan* + adjetivo / adverbio + *como / de*

= verbo + *igual de* + adjetivo / adverbio + *como*

= verbo + *tanto* + *como*

= *tanto/a/os/as* + sustantivo + *como*

Irregulares: bueno/a > mejor
             malo/a > peor

*El Hotel Aeropuerto es **mejor que** el... para... porque...*
*Yo diría que el Apartamento Paso no está **tan cerca de**... como...*
*El Hotel Ejecutivo le conviene **más a gente de negocios que** a familias porque...*

1 Reclamaciones

José Mena y Alba Prado son dos pasajeros que acaban de presentar cartas de reclamación en el aeropuerto porque sus maletas no han llegado. Léelas y decide cuál es la más *suave* y cuál es la más *fuerte*. ¿Quién crees que está más enfadado? Subraya todas las palabras que crees que dan esa información.

CARTA A

José Mena
C/ San Miguel, 23
Murcia, España

Departamento de reclamaciones
Pan Europa

Lima, 6 de abril de 2012

Muy señores míos:

Les escribo esta carta para informarles de que mi maleta no ha llegado en el vuelo Pan Europa 376 que salió de Madrid a Lima el 5 de abril.

Se trata de una maleta roja de tamaño mediano, con candado y tarjeta a mi nombre, de la marca Samsoday. En ella hay ropa, calzado y algunos libros y regalos. Les estaría muy agradecido si pudieran localizarla.

Les rogaría tuvieran a bien informarme en caso de que la encontraran y me llamaran a mi móvil.

Un cordial saludo,

José Mena

P.D. Mi móvil es el 34 628 945 8834.

CARTA B

Alba Prado
C/ Godoy Cruz, 305
Buenos Aires, Argentina

Departamento de reclamaciones
Pan Europa

Lima, 6 de abril de 2012

De mi mayor consideración:

Me dirijo a ustedes a fin de expresar mi descontento con el servicio que ofrece la compañía aérea Pan Europa.

Durante el vuelo, la atención a los pasajeros fue deficiente, la comida estaba fría y la amabilidad del equipo de azafatas dejaba mucho que desear. Después de un viaje transatlántico de 13 horas, cuál no fue mi sorpresa al descubrir en el aeropuerto que mi maleta no había llegado. De más está decir que en ella llevaba todos los papeles y documentos para el congreso al que estoy invitada en Perú. Se imaginarán que he tenido que cancelar mi ponencia en dicho congreso. Ahora estoy en esta ciudad sin ropa ni calzado ni material de trabajo.

Les exijo una compensación económica inmediata para poder comprar ropa y zapatos para mi estancia aquí. Además, les pido que me informen a mi móvil del estado de la búsqueda de la maleta (de marca Kiplong, color gris y tamaño grande), y una vez que aparezca, exijo que me la lleven al hotel Miraflores, donde estaré alojada.

Sin otro particular, atentamente,

Alba Prado

P.D. Mi vuelo era el 376 Madrid - Lima, del 5 de abril y mi móvil es el 54 15 4789 8865.

CIERRE DE EDICIÓN

En grupos, vamos a hacer una reclamación por escrito.

PLANIFICA ▼

1 Lee estas tres situaciones que surgieron en distintos viajes y elige una.

A

Al ir a recoger el equipaje, avisaron a todos los pasajeros de que el equipaje llegaría dos días después. Estabas invitado a una boda al día siguiente y la ropa estaba en la maleta.

B

Al llegar al aeropuerto, te enteras de que habían cancelado el vuelo, pero no te lo habían comunicado. Te perdiste la reunión anual de tu empresa.

C

Al llegar al hotel, te dijeron que no podías llevar a tu perro, cuando hiciste la reserva no pusieron ninguna objeción.

2 Busca a otros dos compañeros que hayan escogido la misma situación.

ELABORA ▼

3 Con tus compañeros, escribe la carta de reclamación. Recuerda las partes de una carta formal: saludo, introducción, descripción del problema, petición de compensación y despedida. Decide el tono de la carta.

4 Con tu grupo, presentad vuestra carta a vuestros compañeros.

PRESENTA Y COMPARTE ▼

5 Al escuchar las cartas, tendrás que votar cuál es la más fuerte, la más suave y la que pide la compensación más exagerada.

Grupo número...	La más fuerte	La más suave	Compensación más exagerada
1			
2			
3			
...			

En esta unidad vas a ayudar a un usuario de la red a hacer una reclamación.

Entra en www.agenciaele.com para realizar esta actividad.

Quejas

La queja es la manifestación de un sentimiento negativo. Siempre nos quejamos de algo que otros hacen con consecuencias desagradables para nosotros aunque no las hagan voluntariamente para molestarnos.

Oiga, no aparque ahí, que no puedo salir y tengo que ir a recoger a los niños a la escuela.

No hay derecho, llevo más de veinte minutos al teléfono y no me solucionan el problema.

¡Jo, siempre llueve en fin de semana! Y yo quería ir a la playa…

Los hispanohablantes tenemos fama de quejarnos mucho y de casi todo: del tiempo, del gobierno, de los precios, del trabajo, de los ruidos, de los niños. Puede ser cierto que al hablar expresamos muchas quejas, pero curiosamente hacemos pocas denuncias formales, no nos quejamos o reclamamos por escrito.

Parece que nos quejamos como una manera de compartir nuestras desventuras: no ganamos nada con la queja, pero cuando nos quejamos, contamos media vida. Es una forma de desahogo.

Es muy interesante, si prestamos atención en los lugares donde la gente tiene que esperar para ser atendida como los centros de salud, la cola para pagar algún servicio o para obtener algún beneficio, cómo la gente empieza una conversación y lo hace con una queja:

¿Se lo puede creer? Llevo aquí media hora y la cola no se mueve. El otro día pasó lo mismo…

¡Qué barbaridad! Es que cada día estamos peor. Es la tercera vez que vengo y todavía no he podido solucionar mi problema.

1 Elige una de estas situaciones y piensa cómo actuarías en tu país.

1 Has pedido un taxi y no ha llegado a la hora. Llegas tarde a una cita importante.

2 En un restaurante has devuelto un plato porque la salsa no estaba buena, no te han traído otro plato y te han cobrado un menú completo.

3 Tu vecino de al lado hace fiestas todas las semanas, los jueves, los viernes o los sábados.

4 Tu vecino de arriba escucha música con un volumen muy alto.

5 La vecina de arriba no se quita los zapatos de tacón cuando llega a casa.

6 El aire acondicionado de la casa de arriba te llena el balcón de agua.

2 ¿Reaccionarías de alguna de estas maneras? Coméntalo con tus compañeros.

Hablas con la persona y le pides que no se vuelva a repetir la situación que te molesta.

Haces una reclamación por escrito.

Se lo cuentas al portero de tu edificio o urbanización.

Haces la denuncia a la policía.

Haces algo que moleste a tus vecinos para que sufran como tú sufres.

No pagas por el servicio que te han dado.

No haces nada.

Dejas una nota en la puerta o en el buzón de tu vecino.

14 Que tengas suerte

En esta unidad vamos a:

- Hacer recomendaciones y sugerencias
- Proponer planes
- Lamentarnos
- Despedirnos
- Expresar deseos
- Transmitir las palabras de otros
- Reflexionar sobre estrategias de aprendizaje

1 Mi calle se vistió de fiesta

a Hay muchas ocasiones para celebrar algo. ¿Cuáles de los siguientes acontecimientos celebráis tú y tu familia?

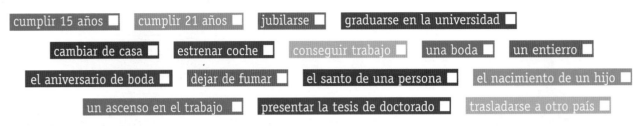

cumplir 15 años ☐   cumplir 21 años ☐   jubilarse ☐   graduarse en la universidad ☐

cambiar de casa ☐   estrenar coche ☐   conseguir trabajo ☐   una boda ☐   un entierro ☐

el aniversario de boda ☐   dejar de fumar ☐   el santo de una persona ☐   el nacimiento de un hijo ☐

un ascenso en el trabajo ☐   presentar la tesis de doctorado ☐   trasladarse a otro país ☐

b ¿Con quién celebras cada una de ellas?

con la familia	con amigos	con compañeros de trabajo	con profesores	con la pareja

c Elige una celebración, y con tu compañero, comenta qué sueles hacer en ese caso.

d En algunos países se celebra "La Fiesta de quince". ¿La conoces?
Lee el texto y contesta a las preguntas.

   1 ¿Qué se celebra?   **2** ¿Dónde se celebra?   **3** ¿En qué consiste la ceremonia de las quince velas?

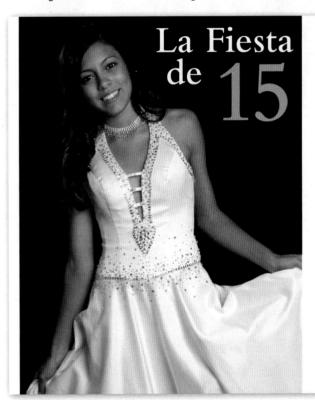

La Fiesta de 15

La *fiesta de quince años*, también llamada *fiesta de quinceañera*, *fiesta de quince* o, simplemente, *quinces*, es la celebración del decimoquinto cumpleaños de una adolescente, que suele celebrarse de forma totalmente distinta a los otros cumpleaños. La palabra "quinceañera" hace referencia a la propia chica que cumple los años.

Se celebra el paso de la quinceañera de niña a mujer. Es un modo de reconocer que la chica ha alcanzado la madurez; antiguamente, era la primera vez que la joven se maquillaba y llevaba zapatos de tacón.

La celebración varía mucho según los países: México, Cuba, República Dominicana, Venezuela, Colombia, Argentina, Chile, Uruguay, Paraguay… A menudo, la fiesta incluye la *ceremonia de las 15 velas,* en la que la cumpleañera entrega una vela a las personas que considera más importantes en esos quince años. Este ritual, suele estar acompañado por un discurso que, en general, dedica la chica a cada una de las personas que recibe una vela.

e ¿Cuál es la celebración más curiosa o interesante de tu país? Coméntalo con tu compañero.

Al final de la unidad...

Vais a escribir un libro de despedida del curso de español.

Fiesta de despedida

En la última semana de trabajo de Mario en Agencia ELE y los compañeros están pensando en cómo celebrarlo.

¿Sabíais que esta es la última semana de Mario en Madrid?

¡Anda, es verdad! No me acordaba. Tendríamos que hacerle una fiesta de despedida, ¿no?

Sí, podríamos invitarlo a cenar o...

Hola, Mario:
Lamento no poder estar en la Agencia tu última semana, he tenido que viajar a Sevilla. No quería dejar de despedirme de ti y desearte toda la suerte del mundo en Galicia, te lo mereces. Que te vaya bien en tu nuevo trabajo. Ya sabes, cuando nos eches de menos, ven a vernos. O podríamos encontrarnos a mitad de camino, ¿qué te parece?

Un abrazo
Iñaki

Mario, esta es tu última semana de trabajo aquí, ¿verdad?

Sí, pasado mañana me voy para Galicia.

Mira, cuando llegues a Galicia, llama a Andrea, mi amiga argentina que es profesora de español.

Pero no la conozco...

No seas tímido, ella ya sabe que tú la vas a llamar.

Vale, está bien. Perdonad, me voy a Administración. ¡Hasta ahora!

La verdad es que me da lástima que Mario se vaya. Es una persona que vale mucho.

Sí, a mí también me da pena saber que no lo veré aquí todos los días. Lo voy a echar mucho de menos.

Más tarde, en el bar de la esquina

Mario, mira, queríamos darte esto. Es para que te lleves un recuerdo de Luis y mío.

Oh, pero no deberíais haberos molestado.

No es ninguna molestia. Ábrelo, ábrelo, a ver si te gusta.

¡Es precioso! Me va a venir bien en Galicia.

Cuando te lo pongas en Galicia, no te olvides de mandarnos una foto.

Prometido.

Bueno, Mario, trabaja y también disfruta tanto como aquí. ¡Ah! No dejes de poner tus fotos en Facebook.

¿Os gustaría que creara un perfil para todo el equipo de Agencia ELE?

Mario, me ha encantado conocerte y trabajar contigo. Te deseo lo mejor, cuídate mucho y pásalo bien.

Gracias, Rocío.

Bueno, no os pongáis tan sentimentales, que voy a llorar en cualquier momento. Mario, lo dicho, vuelve cuando quieras, esta es tu casa.

Gracias, chicos. Bueno, me voy porque si no pierdo el avión. ¡Hasta pronto!

¡Genial!

1 Sugerir no cuesta nada

a En el cómic aparecen formas que sirven para sugerir o recomendar, lamentarse y para proponer planes. Clasifica las siguientes frases.

1 Tendríamos que hacerle una fiesta.
2 Podríamos invitarlo a cenar o...
3 Lamento no poder estar...
4 Cuando nos eches de menos, ven...
5 Podríamos encontrarnos...
6 Cuando llegues a Galicia, llama a...

7 Me da lástima que Mario se vaya...
8 Me da pena saber que no lo veré...
9 No te olvides de mandarnos una foto.
10 No dejes de poner tus fotos en Facebook.
11 ¿Os gustaría que creara un perfil...?

SUGERIR O RECOMENDAR	LAMENTARSE	PROPONER PLANES

b Todas estas estructuras sirven para sugerir o recomendar, lamentarse y proponer planes. Completa las siguientes tablas con: infinitivo, presente de subjuntivo, imperfecto de subjuntivo o imperativo.

Sugerir o recomendar:

Te recomiendo
Te sugiero
No dejes de
No te olvides de
} + ...

Lo mejor sería
Sería mejor/importante/necesario
} + que + ...

Te recomiendo
Te sugiero
} + que + ...

Cuando + ..., ...

Lamentarse:

Me da pena/lástima
Es una pena/lástima
Lamento
} + ...

Me da pena/lástima
Es una pena/lástima
Lamento
} + que + ...

Sería una pena/lástima
Me daría pena/lástima
} + que + ...

Proponer planes:

¿Podríamos
¿Os gustaría
¿Tendríamos que
} + ...?

¿Os gustaría que + ...?

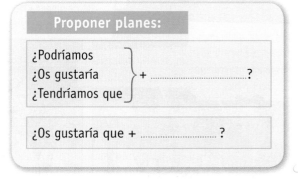

c ¿Cómo reaccionarías ante las siguientes situaciones? Completa los diálogos.

1 **A:** ¿Sabes? No puedo ir a la despedida de soltero de Jorge, es que tengo que ir a Roma este fin de semana.

   B: ....
   ....

2 A: No sé qué regalarles a mis padres para sus bodas de plata.

B: ....

3 A: Mañana me voy a pasar el día a Salamanca. ¿Alguna idea?

B: ....

....

4 A: En dos semanas es la cena de Navidad. ¿Qué se os ocurre?

B: ....

C: ....

d En grupos de tres: el alumno A lee en voz alta una tarjeta con una situación, y B y C le hacen sugerencias. El alumno A debe responder si está o no de acuerdo con las propuestas. Luego, B lee otra tarjeta, y así sucesivamente.

1 Este año son las bodas de plata de mis padres. Quiero hacerles una fiesta sorpresa, pero mi padre es muy tímido.

2 Mi mujer cumple cincuenta años y quiero que tenga la mejor fiesta de su vida. Es una persona muy abierta, pero no le gusta la aventura.

3 Mi mejor amigo se va de viaje a Latinoamérica un año. Tiene por lo menos cincuenta amigos.

4 Mi hija cumple quince años y le gustan las fiestas. Espera una celebración por todo lo alto.

5 Mi hijo cumple cinco años en verano. Le encanta jugar al fútbol y nadar en la piscina.

6 Acaban de ascender a mi hermano en el trabajo. Me encantaría celebrarlo. ¿Qué podría hacer?

2 Buenos deseos

a Es muy habitual formular deseos a otra persona en determinadas situaciones. Relaciona los deseos con las situaciones. Puede haber más de una opción.

Deseos	Situación
1 Que sueñes con los angelitos.	a En un hospital.
2 Que tengas suerte.	b Antes de un examen.
3 Que cumplas muchos más.	c En Nochevieja.
4 Que seas muy feliz.	d En una boda.
5 Que te diviertas.	e A un niño al acostarse.
6 Que tengas buen viaje.	f En la comida.
7 Que te mejores.	g En un cumpleaños.
8 Que empieces con el pie derecho.	h Al ir a dormir.
9 Que tengas una buena entrada y salida de año.	i En el aeropuerto.
10 Que aproveche.*	j En una fiesta.
	k El primer día en un trabajo nuevo.

* Siempre va en tercera persona del singular.

b Observa las frases anteriores y completa.

Todas las frases anteriores son deseos. Empiezan con _____,
el verbo está en la _____ persona del singular y el tiempo verbal es el
_____.

c Utiliza las frases de la actividad **2a** y escribe deseos para todas estas personas.
Ten en cuenta a quién van dirigidos en cada caso.

1 A tus hijos pequeños:
_____

2 A tus compañeros de clase:
_____

3 A tu vecino que tiene 80 años:
_____

4 A tus mejores amigos:
_____

5 A tus padres:
_____

6 A tu profesor:
_____

7 A tu jefe:
_____

8 A tus abuelos:
_____

9 A un huésped de tu hotel:
_____

10 A un compañero de trabajo:
_____

 d Escucha las siguientes situaciones. Piensa y anota el
deseo adecuado. Compáralo con el de tu compañero.

 e Vuelve a escuchar y reacciona. ¡Cuidado! El orden de las
intervenciones es diferente.

3 Es una forma de decir

a En el cómic aparecen estas dos situaciones. Observa los
verbos resaltados y decide qué expresan.

¿Sabíais que esta es la última semana de Mario en Madrid?

¡**Anda**, es verdad! No me acordaba. Tendríamos que hacerle una fiesta de despedida, ¿no?

Sí, podríamos invitarlo a cenar o...

Anda aquí expresa:
a alegría
b sorpresa
c tristeza

Más tarde, en el bar de la esquina

Mario, **mira**, queríamos darte esto. Es para que te lleves un recuerdo de Luis y mío.

Oh, pero no deberíais haberos molestado.

Mira aquí sirve para:
a llamar la atención
b cambiar de tema
c expresar enfado

Estos verbos en imperativo han perdido su significado original y tienen otro diferente. Por eso se llaman **imperativos lexicalizados**.

b Aquí tienes ejemplos de imperativos lexicalizados muy frecuentes en el español peninsular. ¿Puedes imaginarte una situación para cada frase? Coméntalo con tu compañero.

1 **Venga**, nos vemos el domingo.
Un amigo que se está despidiendo de otro...

2 **Mira**, ya he terminado los deberes.

3 **Vaya**, acaba de irse el tren.

4 **Oye**, ¿dónde has dejado las llaves del coche?

5 **Deja**, ya lo traigo yo.

6 **Anda**, no lo esperaba. Me alegro por ti.

7 ¡No me **digas** que has aprobado!

8 **Toma**, es un regalo para ti.

> Los imperativos lexicalizados se usan en distintas situaciones para expresar sorpresa, incredulidad, desilusión, llamar la atención, etc.

c Elige la opción más adecuada.

1 **A:** ¿Sabes? Mañana me voy de viaje a la India.
B: a ¡Oye!
b ¡Deja!
c ¡Anda!

2 **A:** Quería decirte que al final no se hace el picnic mañana.
B: a ¡Mira!
b ¡Venga!
c ¡Vaya!

3 **A: a** Anda, no lo sabía.
b ¡Oiga! ¡Por aquí no!
c Mira, tenemos que organizarnos.
B: ¿Qué es lo que sugieres?

4 **A:** ¡Adivina a quién acabo de ver por la calle!
B: ¿A quién?
A: ¡A Penélope Spruz!
A: a ¡Oye!
b ¡No me digas!
c ¡Toma!

5 **A: a** No sabía que habías vuelto de vacaciones.
b ¡Qué suerte!
c Toma, esto es para ti.
B: ¡Gracias!
A: De nada. Es un recuerdo de mi viaje a Guatemala.

6 **A: a** Tome, aquí tiene un plano.
b Deje, no importa.
c Oiga, ¿podría decirme dónde está el Museo de Bellas Artes?
B: Sí, está en la otra esquina, ¿lo ve?

7 **A:** ¿Cuánto son las dos cervezas?
B: a Venga, vámonos.
b Mira, no sé qué decirte.
c Deja, hoy pago yo.

> Algunos de estos imperativos (como *anda,* para expresar sorpresa, o *vaya,* para animar) nunca se modifican, pero hay otros como *mira, toma, no me digas, deja, oye* que cambian según hablamos de *tú* o de *usted* o nos dirijamos a una o más personas.

d Escucha los diálogos anteriores completos. ¿Hay muchas diferencias con los tuyos? Fíjate en la entonación de los imperativos lexicalizados.

4 Él me dijo, yo le dije

a Este es el primer correo electrónico que Mario le escribe a Rocío desde que se fue de Madrid. Léelo y comenta con tu compañero si, en tu opinión, Mario está contento en Galicia.

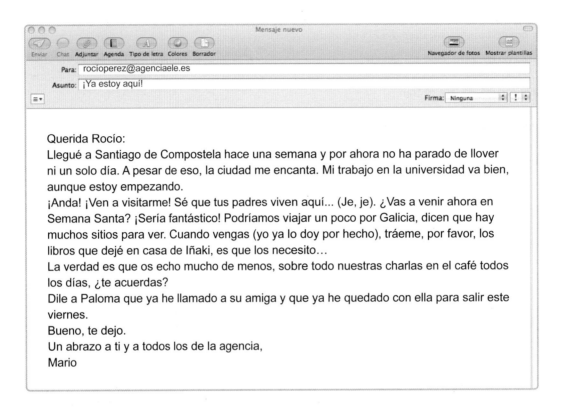

Mensaje nuevo

Enviar Chat Adjuntar Agenda Tipo de letra Colores Borrador   Navegador de fotos Mostrar plantillas

Para: rocioperez@agenciaele.es
Asunto: ¡Ya estoy aquí!

Firma: Ninguna

Querida Rocío:

Llegué a Santiago de Compostela hace una semana y por ahora no ha parado de llover ni un solo día. A pesar de eso, la ciudad me encanta. Mi trabajo en la universidad va bien, aunque estoy empezando.

¡Anda! ¡Ven a visitarme! Sé que tus padres viven aquí... (Je, je). ¿Vas a venir ahora en Semana Santa? ¡Sería fantástico! Podríamos viajar un poco por Galicia, dicen que hay muchos sitios para ver. Cuando vengas (yo ya lo doy por hecho), tráeme, por favor, los libros que dejé en casa de Iñaki, es que los necesito…

La verdad es que os echo mucho de menos, sobre todo nuestras charlas en el café todos los días, ¿te acuerdas?

Dile a Paloma que ya he llamado a su amiga y que ya he quedado con ella para salir este viernes.

Bueno, te dejo.

Un abrazo a ti y a todos los de la agencia,

Mario

b Esto es lo que ocurrió en Agencia ELE unos días después. Lee las diferentes escenas y contesta a las preguntas. Observa los verbos que están subrayados y que sirven para introducir palabras de otros.

¿Sabéis que hace unos días recibí un mail de Mario?

No me digas, qué pronto. ¿Y qué tal?

Escribió que desde su llegada no había parado de llover, pero que a pesar de eso la ciudad le encantaba. Dijo también que el trabajo en la universidad iba bien, que estaba empezando, claro.

¿Dijo algo de vernos?

Sí, me invitó a que fuera en Semana Santa.

¿Mencionó algo de sus libros?

Sí, me pidió que, cuando fuera, se los llevara porque los necesitaba.

Y dime, ¿te escribió algo sobre mi amiga?

Sí, sí, me comentó que ya la había llamado y que habían quedado para el viernes. Ah, por supuesto añadió que nos echaba mucho de menos.

1 ¿Qué le escribió Mario a Rocío? ....
2 ¿Qué le dijo también? ....
3 ¿A qué la invitó? ....
4 ¿Qué le pidió? ....
5 ¿Escribió algo sobre la amiga de Iñaki? ....
6 Y por último, ¿qué añadió? ....

c Completa el siguiente cuadro con los cambios producidos en los tiempos verbales entre el correo electrónico de Mario y las palabras de Rocío.

	Palabras textuales de Mario:	Mario...
1	«Por ahora no **ha parado** de llover». • **Pretérito perfecto de indicativo**	le contó que desde su llegada no **había parado** de llover. • **Pretérito pluscuamperfecto de indicativo**
2	«La ciudad me **encanta**». • **Presente de indicativo**	también le contó que la ciudad le **encantaba**. • **Pretérito imperfecto de indicativo**
3	«Mi trabajo en la universidad **va** bien, aunque **estoy** empezando». • **Presente de indicativo**	le dijo que el trabajo en la universidad .... •
4	«¡**Ven** a visitarme!». •	la invitó a que .... •
5	«Cuando **vengas**, **tráeme**, por favor, los libros (...) Es que los **necesito**». •	le pidió que cuando .... •
6	«Ya **he llamado** a su amiga argentina y ya **he quedado** con ella para este viernes». •	le comentó que ya .... •

d Mario está muy contento después de haber salido con Andrea y llama a Miquel para contarle la conversación que tuvo con ella. Léela y escribe las palabras textuales de Mario y de Andrea.

Andrea:

Mario:

Andrea:

Mario:

Andrea:

Mario:

Andrea:

Mario:

Andrea:

Mario:

(...)

Mario: ... Andrea me comentó que yo hablaba muy bien español y que casi no tenía acento. Se lo agradecí mucho, claro. También me pidió que le dijera cuáles eran mis cantantes hispanos favoritos. Le respondí que yo era un poco antiguo y que mis preferidos eran Joan Manuel Serrat y Chavela Vargas. ¡Me rogó que le cantara una canción! ¡Yo me negué! En un momento me preguntó si había tenido alguna novia española. Le respondí que las españolas me caían muy bien, pero que hasta ahora no había salido con ninguna. Antes de despedirnos, me sugirió que quedáramos para el fin de semana siguiente. Yo acepté encantado.

e Haz una lista de cinco cosas que en las últimas clases ha preguntado, ha pedido, ha propuesto o ha dicho tu profesor. ¿Coincides con tu compañero?

El otro día la profesora nos pidió que escribiéramos una redacción.

1 Viejos amigos

a ¿Cuándo crees que se suele hacer un libro de despedida? ¿Quién lo hace? ¿Para qué? ¿Qué contiene? ¿Has hecho alguna vez alguno? Coméntalo con tu compañero.

b Aquí tienes tres hojas del libro de despedida de un curso de español que hizo Mario en España. Esto es lo que escribieron algunos de sus compañeros.

Queridos compañeros: este curso ha sido muy divertido, nos hemos reído mucho. Recuerdo especialmente el día en que estábamos practicando los verbos en grupo, a Peter se le escapó la pelota por la ventana y tuvo que bajar a la calle a buscarla. ¡Nos moríamos todos de risa!
Espero que nos volvamos a ver en otro curso, dos besos, Evelyne

Querida profesora: muchas gracias por este curso maravilloso. Ojalá todas mis profesoras sean como tú.
Nunca olvidaré la palabra "entonces" que tú decías tantas veces en cada clase.
Un abrazo, Jean Pierre

Queridos compañeros: por ser el mayor de este grupo me permito desearles a todos que tengan salud, suerte y mucho éxito en la vida. Ha sido un placer compartir este curso con gente joven y de tantos países.
Profesora, nunca voy a olvidar que para formar el pretérito imperfecto de subjuntivo voy a utilizar el pretérito indefinido.
Mi casa es su casa. Vengan cuando quieran a mi ciudad. Un abrazo, Amer

c ¿Qué crees que escribió Mario en el libro de despedida? Escríbelo.

_____
_____
_____
_____
_____
_____
_____
_____
_____

CIERRE DE EDICIÓN

Vais a escribir un libro de despedida del curso de español.

Sigue los siguientes pasos:

PLANIFICA ▼

1 Piensa en algún momento especial del curso: el mejor o el más divertido. Escribe en un papel un breve relato que comience así: *El momento más divertido del curso fue cuando…*

2 Tu profesor te entregará un papel con el nombre de un compañero.

3 Piensa en esta persona a lo largo de todo el curso: su papel en el grupo y su aprendizaje de español.

ELABORA ▼

4 Escribe en el libro de despedida el episodio elegido en **1** y unas palabras dedicadas al compañero que figuraba en el papel. Recuerda que puedes escribir una despedida, una recomendación o un deseo.

Libro de despedida del curso de español

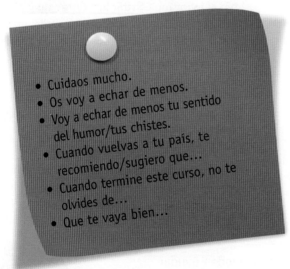

- Cuidaos mucho.
- Os voy a echar de menos.
- Voy a echar de menos tu sentido del humor/tus chistes.
- Cuando vuelvas a tu país, te recomiendo/sugiero que…
- Cuando termine este curso, no te olvides de…
- Que te vaya bien…

5 Si quieres, escríbele algo a tu profesor: un agradecimiento, una sugerencia o un deseo.

PRESENTA Y COMPARTE ▼

6 Lee en voz alta tu despedida.

7 El grupo tiene que adivinar a quién te refieres. Entre todos, se decidirá cuál es la más bonita, la más divertida, la más triste o la más emocionante.

Agencia ELE digital

En esta unidad vas a elaborar un libro digital de despedida de Agencia ELE.

Entra en www.agenciaele.com para realizar esta actividad.

Estrategias de aprendizaje

Cuando estudiamos una lengua extranjera, aprendemos a leer, escribir, hablar y comprender lo que nos dicen. La gramática y el vocabulario forman parte de estas cuatro habilidades. Cada una de ellas exige distintas estrategias para recordar y poner en práctica lo que hemos aprendido.

Estrategias para hablar

- Imagina una situación e inventa un diálogo. Por ejemplo: hacer la compra en un supermercado, hablar con un amigo por teléfono, etc. Repasa los diálogos del libro y trata de inventar otros. Es mucho mejor si practicas con un compañero de clase.

- Graba el diálogo que has inventado y escúchalo con atención: observa si repites mucho una palabra, si hay palabras que no recuerdas, las palabras que mejor utilizas, etc.

- Canta canciones en un karaoke (también te servirá para comparar tu pronunciación con el original). Es mucho más divertido si practicas con tus compañeros de clase.

Estrategias de comprensión auditiva

- Busca en internet algún vídeo en donde se den instrucciones (una receta de cocina, ejercicios de gimnasia, etc.) y escúchalo mirando las imágenes. Verás que relacionarás muy rápidamente la palabra con la instrucción. Luego busca un vídeo similar, pero no mires las imágenes, y trata de seguir las instrucciones.

- Ve un telediario en tu idioma y luego en el idioma que estudias: te va a ayudar a reconocer más vocabulario, ya que sabes cuál es el tema que trata.

Estrategias de lectura

- Busca una noticia internacional en un periódico en tu idioma y luego busca la misma noticia en un periódico en español. Ambas noticias compartirán vocabulario en común, que te servirá para deducir el texto en español.

- Busca información que tú ya conozcas sobre un país, un actor/actriz, músico, etc., en Wikipedia en español. Como tú ya tienes información previa, te será más fácil deducir las palabras en español. Luego busca esta misma información en Wikipedia (en tu idioma) para comprobar el vocabulario.

Estrategias de escritura

Si no tienes a alguien que corrija tus textos, es un poco más complicado comprobar si lo que has escrito es correcto, pero hay algunos trucos.

- Primero, piensa qué tipo de textos quieres elaborar. No es lo mismo escribir una carta a un periódico, que una carta a un amigo. Cada texto tendrá un vocabulario y una estructura más formal o más informal.

- Si quieres comprobar si has escrito bien una frase (no muy larga) puedes ponerla en el buscador de Google (en español) y fijarte si ha sido usada por hablantes nativos. Este método no es infalible, pero ayuda bastante.

- Una vez que has escrito el texto, puedes utilizar el procesador de textos en español para comprobar si hay errores. Esto tampoco es 100% seguro, ya que hay correcciones que este programa no hace, pero puede ayudar.

1 Haz una lista con otras estrategias que crees que te pueden ayudar y compártelas con tu compañero.

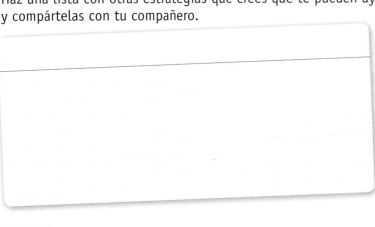

Unidad 1

Entre líneas

4 **Estudiaba poco**

c En parejas, completad las tablas de los cursos de español que cuatro personas hicieron el año pasado.
Alumno B

Alumnos	Horas por semana	N.º de profesores	Act. en clase	Act. extracurriculares
Paul		2		
Gertrude	25		Textos literarios	Paseos y museos
Gianni	10	1	Ejercicios de gramática y dictados	
Tania				Clases de baile

Unidad 2

Línea directa

a ¿Se usa *usted, tú* y *vos* de la misma forma en todos los países? Vuelve a leer los textos para completar el cuadro:

	Argentina	Costa Rica	España	México
Usted				
Tú				
Vos				

b ¿Conoces cómo es el uso del *usted, tú* y *vos* en otros países de Latinoamérica? Coméntalo en la clase.

c Fíjate en los comentarios de Pablo y ASM. ¿Les molesta el cambio de costumbres en los usos de *tú* y *usted*? ¿Tú qué piensas?

d Contesta las preguntas que hace el último forista, ASM: ¿esto es así en todos los países?, ¿cómo es en el tuyo?

Unidad 3

Entre líneas

3 **¿Sabías que...?**
Aquí tienes algunas curiosidades de películas y actores para comentar con tu compañero.

ALUMNO A

Marilyn Monroe / problemas para memorizar textos / más de 45 tomas para una frase (Where is the bourbon? / ¿Dónde está el «bourbon»?) / película *Some like it hot* (en España: *Con faldas y a lo loco*)

Cleopatra / presupuesto de 2 millones de dólares / coste final de 44 millones / ruina de 20th Century Fox / sueldo de Elisabeth Taylor: 1 millón

Lo que el viento se llevó (Gone with the wind) / cinco directores distintos / último director sufrió graves problemas de salud / dos años para encontrar protagonista femenina / comenzó rodaje sin actriz principal

Katherine Hepburn / 12 nominaciones a los Oscar / 4 premios / en ninguna ocasión fue a recoger el premio

ALUMNO B

Braveheart / película de la Edad Media / actor con reloj de pulsera / *Gladiator* / película sobre la antigua Roma / hombre con pantalón vaquero

Un perro andaluz (1917) / película surrealista española de Luis Buñuel / en el guión colaboró Salvador Dalí

Casablanca / la canción «As Time Goes By» no fue creada para película, era una canción poco conocida de diez años antes de *Casablanca* / en la película no se dice la frase «Play it again, Sam», es de una comedia de Woody Allen / es una leyenda que no había guion

Meryl Streep / actriz más nominada a los Oscar: 16 ocasiones / 2 premios : mejor actriz secundaria en *Kramer contra Kramer* (1979) y mejor actriz principal en *La decisión de Sophie* (1982)

Agencia ELE digital es una propuesta de trabajo que se realiza con recursos digitales. Encontrarás las instrucciones para cada unidad en www.agenciaele.com

CONTENIDOS

Unidad 1 Vivir en Babel
Vas a escribir una biografía lingüística y la vas a publicar en un ePEL.

Unidad 2 Trabajar para vivir
Vas a hacer una presentación sobre tu informe y lo vas a compartir en la red.

Unidad 3 Me va de cine
Vas a doblar una parte de una película y la vas a subir al ePEL.

Unidad 4 Ciudades para el futuro
Vas a ver un programa sobre una ciudad que conoces muy bien, vas a crear un vídeo y lo vas a publicar en la red.

Unidad 5 Vacaciones en Argentina
Vas a ayudar a algunos viajeros respondiendo a sus preguntas y vas a formular tus propias preguntas.

Unidad 6 Yo en tu lugar...
Vas a reflexionar sobre la identidad digital y a dar consejos para hacer un buen uso de internet.

Unidad 7 ¿Me haces un favor?
Vas a subtitular unos anuncios y a publicarlos.

Unidad 8 Yo creo que...
Vas a leer una noticia en un periódico digital y a dejar un comentario con tu opinión.

Unidad 9 ¿Me explicas cómo se hace?
Vas a crear un videotutorial y compartirlo.

Unidad 10 No me cuentes cuentos
Vas a escuchar un cuento y publicar un comentario.

Unidad 11 Personas con carácter
Vas a hacer una presentación de una personalidad y la vas a subir a tu e-PEL.

Unidad 12 ¡Fiesta!
Vas a elaborar tarjetas digitales para una fiesta y enviarlas a los invitados.

Unidad 13 ¡Qué desastre!
Vas a ayudar a un usuario de la red a hacer una reclamación.

Unidad 14 Que tengas suerte
Vas a elaborar un libro digital de despedida de Agencia ELE.

1 Vivir en Babel

Condiciones personales para un buen aprendizaje de idiomas

1 Lee el siguiente texto sobre las características de los buenos aprendientes de idiomas. Escribe el tema de cada párrafo.

Se ha escrito mucho sobre qué condiciones debe reunir el buen aprendiente de idiomas. Los autores no establecen un tipo único, pero hablan de aptitudes, actitudes, motivación y oportunidades, entre otros aspectos. Aunque hay muchos tipos de buenos estudiantes, estas son algunas de las características que tienen muchos de ellos.

1 ....

No debemos olvidar que una lengua no es un fenómeno aislado, sino que está íntimamente relacionada con la cultura. De ahí que el buen estudiante de un idioma determinado generalmente muestra un interés hacia ese mundo cultural. En términos concretos, intentará ponerse en contacto con hablantes nativos (o incluso no nativos) de esa lengua a fin de practicarla y para ir conociendo su idiosincrasia poco a poco.

2 ....

Asimismo, el buen estudiante de lenguas trata de poner en práctica estrategias de aprendizaje. Ahora bien, hay que dejar en claro que las estrategias que le sirven a un alumno no necesariamente le sirven a otro. Pero el buen

estudiante de idiomas, puesto que suele reflexionar acerca de cómo está aprendiendo, sabe qué funciona bien para él o ella.

3 ....

En cuanto al progreso, el buen estudiante es realista. Sabe que le llevará tiempo y esfuerzo llegar a ser competente en el idioma que está estudiando. También es consciente de que habrá etapas en las que no sentirá mucho progreso y, de esta manera, sabrá ir regulando sus expectativas.

4 ....

El buen estudiante en general no tiene temor a cometer equivocaciones porque sabe que los errores forman parte de todo aprendizaje. Está ansioso por experimentar con la nueva lengua y dispuesto a correr riesgos. El buen alumno de idiomas quiere comunicarse de manera fluida y con corrección, pero sabe que los errores son naturales y van reduciéndose en el proceso de aprendizaje.

5 ....

No hay que olvidar que los rasgos de personalidad de los alumnos también pueden influir en su aprendiza-

je. Se cree que un alumno abierto es un buen estudiante de lenguas por las características asociadas a la extroversión, tales como la actitud activa y la capacidad de arriesgarse, pero no siempre resulta así. Por otro lado, los alumnos introvertidos, aunque no hablen tanto, también pueden ser buenos estudiantes: escuchan con atención, piensan y aprenden igual o más que los otros.

6 ....

Por último, está demostrado que cuantas más lenguas sepa el estudiante mejor será su aprendizaje. De este modo, podrá hacer relaciones entre la lengua que está aprendiendo y las otras que ya sabe. Estará más entrenado, por así decirlo. También le servirá mucho a la hora de aprender vocabulario: en el caso del español, por ejemplo, tienen facilidades si conoce otras lenguas de origen románico.

7 ....

(Adaptado *de* www.facebook.com/ notes/idiomas-elc-english-language-center/eres-un-buen-estudiante-de-idio-mas/1298964660356955

2 Responde a las preguntas.

a ¿Qué características tienes del buen aprendiente?
b ¿Que características no tienes? ¿Crees que puedes mejorar?

Comenta con tu compañero.

3 Busca en el texto maneras diferentes de decir:

alumno	....	de esta manera	....
con respecto a	....	se sabe	....
para finalizar	....	error	....
en mi opinión	....		

2 Trabajar para vivir

1 Lee el titular y entradilla de la noticia y contesta a las siguientes preguntas:

1 ¿Qué crees que mide una «Encuesta de población activa» (EPA)?

2 ¿Qué son los jóvenes ni-ni?

3 ¿Qué ha aumentado en los últimos meses?

a jóvenes que ni estudian ni trabajan

b jóvenes que estudian

c jóvenes que trabajan

Reengancharse al tren

Los datos de la última EPA muestran que ha aumentado el porcentaje de jóvenes que vuelven a las aulas y disminuyen los que ni estudian, ni trabajan, los conocidos como ni-ni.

MARTA GARIJO - Madrid - 11/02/2011

"Ahora si no tienes el graduado escolar, no te cogen casi ni para limpiar", comenta irónica Marta. Con 21 años ha vuelto a las aulas para acabar lo que no hizo con 16, la Educación Secundaria Obligatoria (ESO). El paro juvenil continúa doblando la media española: un 42,8% de los menores de 25 años busca trabajo y no lo encuentra. Aunque en la última Encuesta de Población Activa (EPA) crece el porcentaje de jóvenes que vuelven a las aulas y disminuye los que ni estudian, ni trabajan, los conocidos como ni-ni. Frente a los 408 000 jóvenes de entre 16 y 24 años que en el tercer trimestre de 2010 se enmarcaban en esta categoría, en el cuarto la cifra ha bajado hasta los 239.400.

En el centro de educación para adultos (Cepa) Fuencarral, donde estudia Marta, la crisis también se ha notado. Rosa Castelo, profesora desde hace 33 años y desde hace 9 en el Cepa de Fuencarral, asegura que "el ascenso del paro ha hecho que crezca el número de alumnos que vienen en busca del graduado escolar". El centro es en apariencia como cualquier otro instituto; sin embargo la diferencia se encuentra en que por sus pasillos no hay quinceañeros gritando, sino amas de casa que han vuelto a las aulas, jubilados que se apuntan a sus cursos de informática o jóvenes que estudian para conseguir el graduado escolar.

Precisamente lo que hace Marta, al igual que la mayoría de sus compañeros: buscan una salida ante la falta de ofertas de trabajo. Marta no acabó la ESO y quiere otra oportunidad. Castelo explica que a los alumnos hay que "empujarlos" porque en muchos casos han perdido el hábito de estudio. "Parte de nuestra tarea es hacerles ver que ellos pueden conseguirlo. Son alumnos que han perdido el tren y se quieren reenganchar", añade esta profesora, que transmite su vocación de pedagoga mientras habla.

(Adaptado de EL PAÍS)

DESPUÉS DE LEER

2 Según el texto:

a ¿Qué son los jóvenes ni-ni?

b ¿Ha crecido o disminuido el número de jóvenes ni-ni?

c ¿Cuál es la situación del paro juvenil en España en relación con otros grupos de edad?

d ¿Por qué vuelven a las aulas los jóvenes que no acabaron sus estudios?

e ¿Por qué el artículo se llama «reengancharse al tren»? Intenta relacionar su significado con la expresión «perder el tren».

3 Me va de cine

1 ¿Has visto la película *Apocalypse Now*? Ordena la sinopsis de la película.

☐ En una pequeña lancha, y acompañado de un reducido grupo de hombres,

☐ localizar y matar a Walter Kurtz, un antiguo coronel de los boinas verdes

☐ Durante la guerra de Vietnam, el capitán Willard es requerido por sus superiores para llevar a cabo una misión secreta:

☐ Willard se interna en el corazón de Vietnam para descubrir el horror de la guerra.

☐ que, enloquecido, se ha internado en la selva y ha creado su propio ejército con nativos de la región.

2 ¿Sabías que Coppola dijo sobre la película: «No es una película sobre la guerra de Vietnam. Es Vietnam»? Lee el texto y ofrece tres razones para justificar esta afirmación.

apocalypse now

CUANDO EL DIRECTOR Francis Ford Coppola decidió realizar *Apocalypse Now* no podía imaginar que iba a librar una auténtica guerra. Confirmado tras el estreno de *El padrino* como uno de los nuevos prodigios de Hollywood, se permitió el lujo de diseñar una ambiciosa producción ambientada durante la guerra de Vietnam e inspirada por la novela de Joseph Conrad *El corazón de las tinieblas*. Harvey Keitel obtuvo el papel de Willard, mientras que Marlon Brando aceptó dar vida al misterioso Kurtz exigiendo más de tres millones de dólares por su trabajo.

El rodaje de *Apocalypse Now* comenzó el 20 de marzo de 1976 en los alrededores de Manila. Apenas habían transcurrido dos semanas cuando comenzaron los problemas. Keitel hizo las maletas y abandonó el proyecto. Copppola improvisó rápidamente y le confió el papel a Martin Sheen. Con él prosiguió el trabajo hasta que un terrible ciclón arrasó Filipinas.* Los de-

corados, las cámaras, y prácticamente todos los equipos quedaron destruidos por el viento, mientras que el equipo estaba refugiado en hoteles de Manila. El coste de los daños superaba el millón de dólares.

Tras la construcción de nuevos decorados, el equipo volvió a la carga. Las condiciones de trabajo fueron durísimas. El calor húmedo y los insectos hicieron estragos entre los integrantes del rodaje. Aunque hubo sustos mayores: Martin Sheen sufrió un infarto y estuvo a punto de perder la vida. Durante seis semanas quedó recluido en un hospital.

En los meses siguientes, Francis Ford Coppola sufrió una crisis nerviosa y pasó momentos muy difíciles durante el montaje de la cinta. Por fin, la película se presentó en Cannes, en mayo de 1979, y consiguió la Palma de oro.

*El peor huracán sufrido por Filipinas en 40 años detuvo la producción durante seis semanas.

Adaptado de *El cine*, Larousse

3 En el texto hay varias expresiones y combinaciones formadas por *verbo + nombre*; algunas combinaciones ofrecen un significado nuevo, distinto de la suma de los dos significados. Forma combinaciones con los elementos de las dos columnas.

a librar	① vida
b permitirse	② estragos
c obtener	③ una guerra
d dar	④ la vida
e hacer	⑤ el lujo
f volver	⑥ a la carga
g hacer	⑦ infarto
h perder	⑧ las maletas
i sufrir	⑨ el papel

4 ¿Conoces su significado? Intenta descubrirlo por el contexto.

5 Escribe la sinopsis de tu película favorita y deja que la lean tus compañeros. Entre todos, elegid cuál os parece la película más interesante. Fíjate en estos ejemplos.

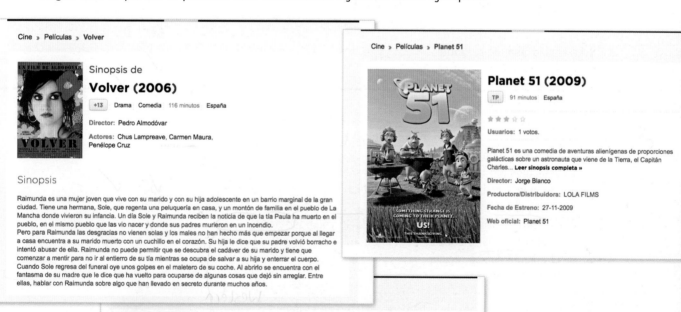

Cine » Películas » Volver

Sinopsis de
Volver (2006)

+13 Drama Comedia 116 minutos España

Director: Pedro Almodóvar

Actores: Chus Lampreave, Carmen Maura, Penélope Cruz

Sinopsis

Raimunda es una mujer joven que vive con su marido y con su hija adolescente en un barrio marginal de la gran ciudad. Tiene una hermana, Sole, que regenta una peluquería en casa, y un montón de familia en el pueblo de La Mancha donde vivieron su infancia. Un día Sole y Raimunda reciben la noticia de que la tía Paula ha muerto en el pueblo, en el mismo pueblo que las vio nacer y donde sus padres murieron en un incendio.
Pero para Raimunda las desgracias no vienen solas y los males no han hecho más que empezar porque al llegar a casa encuentra a su marido muerto con un cuchillo en el corazón. Su hija le dice que su padre volvió borracho e intentó abusar de ella. Raimunda no puede permitir que se descubra el cadáver de su marido y tiene que comenzar a mentir para no ir al entierro de su tía mientras se ocupa de salvar a su hija y enterrar el cuerpo. Cuando Sole regresa del funeral oye unos golpes en el maletero de su coche. Al abrirlo se encuentra con el fantasma de su madre que le dice que ha vuelto para ocuparse de algunas cosas que dejó sin arreglar. Entre ellas, hablar con Raimunda sobre algo que han llevado en secreto durante muchos años.

Cine » Películas » Planet 51

Planet 51 (2009)

TP 91 minutos España

★★★☆☆
Usuarios: 1 votos.

Planet 51 es una comedia de aventuras alienígenas de proporciones galácticas sobre un astronauta que viene de la Tierra, el Capitán Charles... **Leer sinopsis completa »**

Director: Jorge Blanco

Productora/Distribuidora: LOLA FILMS

Fecha de Estreno: 27-11-2009

Web oficial: Planet 51

Sinopsis de
Apocalypse Now redux (1979)

+18 Bélica 142 minutos EE.UU.

Director: Francis Coppola

Actores: Dennis Hopper, Frederic Forrest, Martin Sheen

Sinopsis

El capitán Benjamin Willard se encuentra inmovilizado por el miedo en una oscura habitación de un hotel de Saigón. Al poco tiempo, es requerido para llevar a cabo una peligrosa misión: debe remontar el río y adentrarse en Camboya para encontrar a un oficial norteamericano que ha organizado su propio ejército. Su bojetivo es matar al coronel Kurtz. Willard comienza el arriesgado viaje a bordo de una pequeña lancha con otros cuatro hombres a bordo, que desconocen el verdadero carácter de la expedición.

4 Ciudades para el futuro

1 Conoces estas palabras y expresiones. Si no, pregunta a tu compañero o profesor.

cambio climático

contaminante   urbe

planta desalinizadora

energía solar   turbina eólica

2 Escribe uno o más ejemplos de...

A	energías limpias:	*energía eólica...*
B	combustibles fósiles:	Petróleo, Carbón gas natural
C	materiales reciclables:	Plastico paper, cristal

3 Antes de leer el texto (**AL**), responde a las siguientes preguntas. Vuelve a responder después de leer el texto(**DL**).

AL DL

1 La ciudad libre de carbono...
  - A es imposible ☑ ☐
  - B ya existe ☐ ☑
  - C con el tiempo se creará ☐ ☐

2 ¿Qué deberá tener prioridad en una ciudad del futuro?
  - A vehículos todoterrenos ☐ ☐
  - B vehículos por vías magnéticas ☐ ☐
  - C peatones, ciclistas y transporte público ☑ ☑

3 ¿Qué energía sustituirá a la actual basada en combustibles fósiles?
  - A la energía solar y eólica ☑ ☑
  - B la energía que se recicla ☐ ☑
  - C la energía nuclear ☐ ☐

4 ¿Qué dos grandes tipos de urbanismo existen en el mundo occidental? *Western*
  - A el extensivo o de baja densidad y el intensivo o alta densidad ☐ ☑
  - B el de las energías limpias y el tradicional ☐ ☐
  - C el de los coches y el del transporte público ☑ ☐

5 ¿Dónde estarán los servicios en la ciudad del futuro?
  - A lejos del núcleo de población ☐ ☐
  - B en el centro de la población ☑ ☐
  - C repartidos por todo el núcleo de población, cerca de las casas ☐ ☑

Share

4 ¿Cuál será, según el artículo, el futuro más probable de las ciudades? Utiliza las siguientes palabras: *energía solar, agua de lluvia, bicicletas, transporte público, jardín.*

Energía solar será dominante y nos suministará con agua caliente. Agua de lluvia tamben será imperativo por el crecimiento de la naturaleza.

soitu.es | actualidad

| Portada | Hartos del coche | Vida urbana | Cine | Tendencias | Salud | Fotografía | N | Vídeos | El Descodificador |
| El Selector | Medio ambiente | Vida digital | Música | Sexo | I love publi | Gastronomía | N | Diseño + Arquitectura | El blog de Gervasio |

Ciudades del futuro: con rascacielos y sin automóviles

El cambio climático y la escasez de petróleo imponen un nuevo modelo de ciudad: edificios altos, energías limpias y transporte público serán los 'reyes' de las urbes

Por GEMA FERNÁNDEZ (SOITU.ES)

MADRID.- Los Emiratos Árabes, cuna del 'oro negro', han decidido convertirse en el paradigma del urbanismo 'verde' internacional. Las autoridades de este país no quieren esperar a que se acabe el petróleo y han buscado alternativas energéticas para que abastezcan a sus nuevas ciudades y sean menos contaminantes.

Así, en Abu Dhabi ha comenzado a construirse Masdar («la fuente», en árabe), «la primera ciudad libre de carbono del mundo», como la ha definido el Príncipe Mohammed bin Zayed al-Nahayn, que generará su propia electricidad y su agua potable «independientemente de los combustibles fósiles».

Pese a la ausencia absoluta de agua, temperaturas que rebasan los 55 grados durante todo el año, y a la debilidad de los ricos emiratíes por los grandes todoterrenos, el autor del proyecto, Norman Foster, se ha comprometido a convertir a peatones, ciclistas y transporte público en los amos de la nueva urbe. Plantas desalinizadoras alimentadas por energía solar, que también será la fuente básica de electricidad para el resto de servicios, aire acondicionado accionado por turbinas eólicas, y un sistema de transporte basado en pequeños vehículos que se moverán sobre vías magnéticas, ayudarán a hacer este sueño realidad. Además, Foster asegura que este modelo podrá exportarse «a todas partes». ¿Utopía o realidad?

En opinión de Aurelio Álvarez, presidente del Consejo de la Construcción Verde de España (CCVE), actualmente existen dos tipos de urbanismo en el mundo: el modelo seguido por el «área anglosajona» (Australia, Nueva Zelanda, Reino Unido, Canadá, Estados Unidos, e incluso el norte de Alemania), ligado a la baja densidad, los chalés adosados o individuales con jardines, y las zonas de esparcimiento, donde se impone el uso del coche; y el modelo llevado a cabo en Francia, Italia, Portugal, los países nórdicos, Japón, Taiwán, China, e incluso España, donde se construye a lo alto, y no a lo ancho, y el suelo se ocupa casi en su totalidad por edificios; su ventaja: el transporte público.

Álvarez considera que ambas tipologías urbanísticas tienen pros y contras, y el ideal se encuentra en el punto medio, que, opina, "es la tendencia internacional". Así, el presidente del CCVE cree que ese modelo ideal al que tienden las ciudades de todo el mundo es aquel donde se construyen casas en altura, sin llegar a ser rascacielos —salvo en las grandes urbes con mucha densidad de población—; donde se emplean las energías limpias incluso para el transporte público, que es el rey; aquel que integra la naturaleza dentro de la ciudad; donde las tiendas, los colegios y otros servicios están cerca de las casas; y que emplea materiales reciclados y reciclables para la construcción.

Ese parece ser el futuro que se dibuja en el horizonte. Un futuro en el que la energía solar nos proporcionará el agua caliente y la calefacción, donde el agua de lluvia se empleará para regar parques y jardines, que quizá se encuentren en las azoteas o en el interior de los edificios. Un futuro donde las bicicletas y los autobuses impulsados por hidrógeno tomarán el asfalto, que estará fabricado con neumáticos reciclados. Un futuro donde vivir en un décimo piso será algo normal.

(Adaptado de http://www.soitu.es/soitu/2008/08/22/actualidad/1219414895_768839.html)

5 Vacaciones en Argentina

1 ¿Te gustaría hacer un viaje espacial? ¿Cómo sería ese viaje? Comenta con tu compañero.

2 Lee el siguiente titular:

> ## Científicos de EE UU han propuesto que los primeros astronautas que pisen marte renuncien a volver a la tierra
>
> SEGÚN ELLOS, hasta ahora no hemos sido capaces de construir una nave capaz de ir y volver, y ya no hay tiempo para esperar más. Necesitamos empezar a colonizar otros planetas cueste lo que cueste.

¿Qué significa en el texto...?:

proponer   renunciar

colonizar   capaz   cueste lo que cueste

Pregunta a tu compañero o busca en el diccionario.
¿Cuál crees que es el contenido de la noticia?

3 Vas a oír una noticia de televisión sobre este tema. Escucha con atención y contesta a las preguntas.

	V	F
Los primeros astronautas a Marte no volverían a la Tierra		
Hay algunas posibilidades de volver		
Numerosos científicos defienden esta propuesta		
Primero enviarían naves sin tripulación		
Los astronautas podrían vivir allí muchos años		
No se necesitaría una preparación especial		
Podría ser el inicio de la colonización de Marte		
Los astronautas investigarían si hubo vida en Marte		
No hay voluntarios para un viaje sin retorno		

6 Yo en tu lugar...

1 ¿Qué crees que significa «Solo doy consejos de andar por casa»?

(a) Doy consejos de temas domésticos, para la casa.

b Mis consejos no son especializados.

c La gente viene a mi casa para recibir mis consejos.

d Con mis ejercicios en casa, la gente mejora su forma de andar y su salud.

2 Lee el siguiente texto. Faltan algunas palabras, intenta adivinar su significado (puedes pensar en palabras en español o en tu propio idioma).

ISABEL LLANO (ISASAWEIS) 'Videobloguera' fichada por Antena3

"Solo doy consejos de andar por casa"

ISABEL GALLO - Madrid - 06/11/2010

El nuevo fenómeno [1] _hablante_ se llama Isabel Llano (Gijón, 1976), más conocida por su [2] _Consejo_ Isasaweis. En 11 meses, su canal de YouTube donde ofrece un catálogo de [3] _____ de belleza y nutrición y recetas de cocina suma casi 17 millones de reproducciones. [4] _____ de cuatro meses y medio, dice que está deseando hablar de cuidados para madres y [5] _____ y, a pesar del imparable éxito, aún le [6] _____ el interés que despiertan sus consejos "de andar por casa".

Pregunta. He leído que llegó al planeta YouTube casi por [7] _____ ¿Cómo se le ocurrió la idea?

Respuesta. Hace un par de años había visto en YouTube a una chica que daba clases de maquillaje y [8] _____ así que decidí abrir una cuenta...

P. Pues ya es la videobloguera más seguida en España y sus vídeos [9] _____ 17 millones de reproducciones. ¿Cuál es el secreto?

R. Jamás pensé que llegaría a esto. He trabajado como profesora de secundaria, así que estoy acostumbrada a explicar las cosas de una forma clara y [10] _____ .

Yo creo que ese es el secreto. La gente me suele decir que hago fácil lo difícil.

P. Después de [11] _____ en la Red, la acaba de contratar Antena 3. ¿Cuál va a ser su cometido?

R. Presentar un programa los fines de semana en Antena 3 y llevar una sección en Espejo público. También tendré un espacio en el portal Celebrities de la cadena. Lo que quiero es [12] _____ el espíritu de mi canal a la televisión.

P. ¿Y cuál es el perfil de sus seguidoras? ¿O también tiene [13] _____?

R. [14] _____ era gente muy joven, pero ahora hay de todas las edades y el 30% son hombres. A ellos les interesan mucho las recetas, pero también me piden [15] _____ para estar más guapos.

P. Cuenta ya con 46 000 suscriptores y, pensando que el canal con más abonados, el Fútbol Club Barcelona, ronda los 38 000, ¿le dará un subidón?

R. No soy muy [16] _____ ni de lo que me está pasando ni de los números, pero es una pasada. Ha sido todo una sorpresa, pero me lo estoy tomando de una forma [17] _____

3 Vuelve a leer el texto y complétalo con las siguientes palabras y expresiones.

al principio • seguidores • casualidad • embarazada • bebés • me llamó la atención • propuestas
trasladar • virtual • natural • alias • sorprende • consciente • suman • triunfar • trucos • accesible

4 Fíjate en las expresiones en verde. ¿Qué significa «dar un subidón» y «ser una pasada»?

5 Responde:

a Señala 3 aspectos sobre la vida o el carácter de Isabel Llano.

b ¿Por qué crees que su *blog* ha tenido éxito?

c ¿Es un *blog* para mujeres?

> **FÍJATE:** cuando leemos, no entendemos todas las palabras, pero el contexto nos ayuda a hacer interpretaciones posibles, como has hecho al leer el texto por primera vez con espacios en blanco.

7 ¿Me haces un favor?

Cadena de favores a cambio de tiempo

Cada uno oferta lo que sabe hacer y demanda lo que le hace falta. Así funciona el banco del tiempo, una iniciativa en la que se intercambian servicios sin cruzar dinero y usando los minutos y las horas como moneda de cambio. La iniciativa municipal mejora sus servicios y se extiende ahora a toda la ciudad.

Mónica Ros. Valencia

Si usted sabe coser, pero lo que necesita es un electricista, deberá pagar con un cheque de una hora y algún socio del banco del tiempo le hará el trabajo. Ahora bien, cuando alguien necesite que le arreglen un pantalón, el banco le reclamará que devuelva la hora de trabajo con la que pagó al electricista. Los servicios no tienen por qué ser recíprocos. Así funciona un banco de tiempo. Esta iniciativa empezó en el barrio de Ciutat Vella de Valencia en 2005 y el ayuntamiento ahora lo extiende a toda la ciudad.

Cualquier actividad puede ser ofrecida o demandada en el banco del tiempo: atención a niños, a personas mayores, a animales...; tareas domésticas (coser, cocinar, labores de limpieza...); clases y talleres (idiomas, informática...); arreglos domésticos, reparaciones, bricolaje...

Desde la Concejalía de Bienestar Social quisieron recalcar que no hace falta ser experto en ninguna materia para ofrecer actividades «porque todos tenemos habilidades y conocimientos para compartir».

Todas las personas interesadas en esta iniciativa pueden abrir una cuenta en el banco del tiempo y ofrecer el tiempo que les sobre o las habilidades o conocimientos que tengan.

El ayuntamiento ha puesto en marcha una web (www.bancodeltiempovalencia.es) donde los interesados pueden apuntarse e informarse sobre las actividades, ofertas, demandas y el estado de la cuenta corriente de tiempo.

De entre los servicios más demandados por los socios destacan los servicios de cuidados a personas mayores, ya sea en higiene personal, en limpieza de la casa o simplemente en compañía.

Las clases particulares, de idiomas o informática, también son muy solicitadas por los socios. En cuanto a talleres o cursos, destacan los de yoga o gimnasia.

El ayuntamiento anima a los vecinos que deseen fomentar el altruismo y la cultura del trueque a que se apunten al banco del tiempo de Valencia.

(Texto adaptado de: www.levante-emv.com/valencia/2011/04/03/cadena-favores-cambio-tiempo/795582.html)

ACTIVIDADES

1 Busca otro título para el artículo.

2 ¿Cómo se expresa en el texto...?

Potenciar la filantropía   Entregar y pedir   Ancianos

Cambiar sin dinero   Generosidad   Comenzar un proyecto

3 Señala las dos ideas que te parecen más interesantes del texto.

4 ¿Qué te parece la iniciativa? Habla con tus compañeros.

8 Yo creo que...

1 En Yahoo Respuestas se ha hecho la pregunta «¿Son buenas las redes sociales?» en diferentes países. Aquí tienes las mejores respuestas de Argentina, España, Estados Unidos y México.

Antes de leer los textos, señala si crees que son positivas (+) o negativas (-).

contacto ☐   ofensivo ☐   compartir ☐   interacción ☐   chisme ☐   perder ☐
encuentro ☐   milagro ☐   consumir ☐   perjudicial ☐

2 Lee los textos y señala los principales argumentos a favor y en contra de las redes sociales según las respuestas anteriores.

| INICIO | BUSCAR EN LAS CATEGORÍAS | MI ACTIVIDAD | ACERCA DE |

Pregunta
¿Qué quieres preguntar?
Continuar

Responde
Comparte tu conocimiento, Ayuda a otros a ser Expertos
Ver preguntas abiertas

Descubre
Las Mejores Respuestas elegidas por la Comunidad
Ver preguntas resueltas

¿Son buenas las redes sociales?

Colibrí

Hola mi amigo:

Las redes sociales son buenas porque te permiten estar más en contacto con la gente que quieres, especialmente si están muy lejos. Se comparten fotografías, saludos, poemas, etc. Pero como todo, se debe usar el sentido común y no publicar cosas ofensivas o que puedan denigrar tu imagen o persona.

Yo uso Facebook porque mis hijos viven muy lejos y así nos mantenemos en contacto pero soy discreta en las cosas que exhibo en mi página, cuando pones algo en Internet aunque te digan que es privado no lo es tanto, mucha gente tiene acceso a tu información.

Pero me encanta poder compartir con amigos y familia algunas fotos, recetas de cocina, saludos y la sensación de que todos estamos más cerca... Es un milagro de la tecnología moderna que si se usa bien te da mucha felicidad.

Ojalá te sirva la información.

Gabby

En mi opinión las redes sociales son perjudiciales, se está perdiendo la relación persona-persona, ahora todo es a través de la computadora, los niños ya no salen a jugar con otros niños, prefieren actualizar su perfil en Facebook o cualquier red social. Además de que existe mucho «chisme» o fotos de las cuales tú no diste tu consentimiento y están publicadas donde todo el mundo las ve, se reportaron muchos casos de matrimonios que están en proceso de divorcio por alguna foto y publicación en la red social de la pareja.

Artemisa

Hola:

¡¡Me encanta este tema!!

Son buenas, porque hay una completa interacción, porque se está informado y se pueden volver a tejer relaciones que se creían perdidas, se crean grupos de apoyo y de encuentro.

¡¡Hay que saberlas usar!!

Besos

Manuel

Tienen sus pros y sus contras:

Pro:

Te permiten estar en contacto con personas familiares y amigos que estan en lugares lejanos.

Contras:

Editar, actualizar y revisar estos sitios te consumen un buen tiempo, con lo que disminuye el tiempo que pasas con las personas que tienes cerca o contigo mismo disfrutando de otras cosas (leer, caminar, pasear o sencillamente ver una película en la televisión).

Tampoco me gusta el sistema de seguridad de dichos sitios. Y otro inconveniente es que la información que allí se da está expuesta a los usuarios, aunque tú puedes restringir hasta cierto punto qué información puede verse.

En mi caso personal me di de baja de las redes en las que estaba ya que consumían tiempo que ahora disfruto con las personas que tengo cerca.

Calificación de la persona que pregunta: ✖✖✖✖✖

De acuerdo contigo :) gracias por contestar

Adaptado de: es.answers.yahoo.com, mx.answers.yahoo.com, ar.answers.yahoo.com, espanol.answers.yahoo.com

3 Expresa tu opinión sobre las redes sociales. Forma frases con los siguientes elementos:

creo   **en mi opinión**   **es evidente**   **a mí me parece**   **es importante**   **no creo**

9 ¿Me dices cómo se hace?

1 Lee el siguiente prospecto de un jarabe.

PROSPECTO: INFORMACIÓN PARA EL USUARIO
FEBRINIL 100mg/ml SOLUCIÓN ORAL

Paracetamol

1. Para qué se utiliza

Este medicamento está indicado para aliviar dolores leves y para controlar la fiebre.

2. Antes de tomar Febrinil

- No tome este medicamento si es alérgico al paracetamol o a otros componentes ni si padece alguna enfermedad del hígado.
- En caso de embarazo o lactancia, consulte a su médico o farmacéutico antes de utilizarlo.
- Para niños menores de 3 años, pregunte a su pediatra.
- Puede diluir este medicamento en agua, leche o zumo de frutas.

3. Cómo tomar Febrinil

Febrinil se administra por vía oral.
Está destinado a su uso en niños entre 3 y 32 kg (aproximadamente de 0 a 10 años).
La dosis puede repetirse cada 6 horas.
Si a las 3 o 4 horas no se obtienen los efectos deseados, adelante la dosis cada 4 horas.

Pauta para el cálculo de la dosis:

Peso del niño	Edad (orientativo)	Volumen en ml
Hasta 4 kg	de 0 a 3 meses	0,6 ml
Hasta 8 kg	de 4 a 11 meses	1,2 ml
Hasta 10,5 kg	de 12 a 23 meses	1,6 ml
Hasta 13 kg	de 2 a 3 años	2,0 ml
Hasta 18,5 kg	de 4 a 5 años	2,8 ml
Hasta 24 kg	de 6 a 8 años	3,6 ml
Hasta 32 kg	de 9 a 10 años	4,8 ml

4. Posibles efectos adversos

Las reacciones adversas del paracetamol son, por lo general, raras. En tratamientos prolongados puede dañar el hígado. También pueden aparecer erupciones en la piel. Si sufre alguno de estos efectos, informe a su médico o farmacéutico.

5. Conservación

Manténgase fuera del alcance de los niños.
Consérvese en su envase original.
No requiere condiciones especiales de conservación.
Una vez abierto el frasco, el contenido debe utilizarse durante un plazo máximo de 6 meses.

2 Escribe el número del apartado donde vas a encontrar las respuestas a estas preguntas.

- a ¿Me puede pasar algo malo?
- b ¿Para qué sirve?
- c ¿Cuánto tengo que tomar?
- d ¿Qué precauciones debo tomar?
- e ¿Quién puede tomarlo?

3 Contesta a las preguntas.

- a ¿Cuándo darías este medicamento?
- b ¿Qué dosis exacta de medicamento darías a un niño de tres años?
- c El niño es alérgico a la leche, ¿le darías Febrinil?
- d ¿Cada cuántas horas le darías Febrinil?
- e ¿Qué harías si en cinco horas no le baja la fiebre?
- f ¿Dónde conservarías el medicamento después de su uso?

10 No me cuentes cuentos

CUENTOS COMUNITARIOS

1 Primero lee el cuento corto del autor inglés
I. A. Ireland. Después, lee dos posibles
continuaciones, ¿puedes escribir tú otra?

FINAL PARA UN CUENTO FANTÁSTICO
—¡Qué extraño! —dijo la muchacha, avanzando cautelosa-
mente—. ¡Qué puerta más pesada!
La tocó, al hablar, y se cerró de pronto, con un golpe.
—¡Dios mío! —dijo el hombre—. Me parece que no tiene
picaporte del lado de adentro. ¡Cómo! ¡Nos ha encerrado
a los dos!
—A los dos no. A uno solo —dijo la muchacha.
Pasó a través de la puerta y desapareció.

1

El hombre, aterrorizado, cerró los ojos y cuando volvió a
abrirlos, la puerta no estaba y él tampoco estaba. Era un
pensamiento encerrado en la mente de una muchacha
que estaba dentro de un cuarto con una puerta cerrada
donde él estaba soñando…

2

—Debo reconocerlo, —dijo él casi con amargura—, es hora
de dejar la bebida.

Para escribir un cuento comunitario

El cuento no tiene que ser una inacabable serie de líneas, de tortuoso argumento y lectura compleja.

Partimos de una trama y unos personajes. Es importante recordar el nombre de los personajes y no cambiarlos. Tampoco es conveniente que aparezcan muchos personajes para que la historia no se complique demasiado.

2 Vais a escribir un cuento comunitario en clase. Aquí tenéis el comienzo de dos cuentos
del escritor argentino Macedonio Fernández. Entre todos, elegid uno y decidid el género:
cómico, terror, misterio, etc. En parejas, comenzad a escribir la continuación del texto
y, después, pasadlo a la pareja de la derecha para que continúe. Al final se leerán las
diferentes versiones y decidiremos entre todos cuál es la mejor.

Tres cocineros y un huevo frito*

*Hay tres cocineros en un hotel; el primero llama al segundo
y le dice: "Atiéndeme, ese huevo frito debe ser así: no muy
pasado, con poca sal, sin vinagre"; entonces viene la mujer
del segundo cocinero a decir que le han robado la cartera,
por lo que el segundo se dirige al tercero: "Por favor, ocú-
pate de este huevo frito que me encargó Nicolás, yo tengo
que averiguar quién le ha robado a mi mujer".*

El zapallo que se hizo cosmos*

*Era un zapallo que crecía solitario en las ricas tierras del Chaco. Favore-
cido por una zona excepcional que le daba de todo, criado con libertad
y sin remedios fue desarrollándose con el agua natural y la luz solar en
condiciones óptimas.*

*Los cuentos de Macedonio Fernández han sido
ligeramente adaptados para facilitar la lectura.

11 Personas con carácter

1 Lee el siguiente artículo.

La era de la presidenta
Las mujeres en la política latinoamericana

por: Ana Radelat | fuente: AARP VIVA | 24 de junio de 2011

A pesar de que sus políticas y filosofías difieren, Dilma Rousseff, Cristina Fernández de Kirchner y Laura Chinchilla comenzaron su carrera política en Latinoamérica a temprana edad, y ascendieron para dirigir sus países con trabajo duro, constancia, inteligencia y un agudo instinto político.

Dilma Rousseff, de 63 años, es la primera mujer presidenta de Brasil. Hija de un inmigrante búlgaro y de una maestra de escuela brasileña, ha sido guerrillera de izquierda, economista, ministra de energía y jefa de gabinete del presidente.

Su objetivo principal, afirma Rousseff, es luchar contra la pobreza. Como secretaria de Energía, lanzó un ambicioso programa "Luz para todos", que buscaba ampliar la red energética para llegar a todos los brasileños. Otro de sus proyectos preferidos, *"Minha casa, minha vida"* ("Mi casa, mi vida"), permite que las personas pobres de Brasil puedan comprar sus hogares. También desea extender la red nacional de clínicas financiadas por el gobierno para lograr una cobertura universal.

Cristina Fernández de Kirchner, de 58 años, presidenta de Argentina desde 2007, ha sido llamada "la Hillary Clinton de Latinoamérica".

Kirchner se casó con su compañero de la facultad de Derecho, Néstor Kirchner, a quien ayudó a convertirse en gobernador de una provincia y posteriormente en presidente. Llegó a la presidencia en 2007 y continúo con la persecución que inició su marido contra los funcionarios milita-

res responsables de la "Guerra Sucia" de Argentina ocurrida hace más de 30 años e inició una campaña para reunir a los huérfanos de los "desaparecidos" con su abuelos biológicos. Los progresistas aclamaron su apoyo al proyecto de ley de matrimonio de personas del mismo sexo. Cuando esta ley se aprobó, Argentina se convirtió en el primer país de Latinoamérica en reconocer este matrimonio.

A diferencia de Rousseff y Kirchner, la presidenta de Costa Rica, **Laura Chinchilla**, electa en el 2010, es centrista. Durante su campaña, prometió incrementar la inversión en educación, aumentar los subsidios destinados a las fuerzas de seguridad y designar a un zar antidroga para detener a los contrabandistas que utilizan Costa Rica como ruta de tráfico.

Chinchilla, de 52 años, es una conservadora social y se opone firmemente al aborto, al matrimonio entre homosexuales y a la separación de la Iglesia y el Estado. Se ganó la antipatía de algunos grupos de mujeres por no presionar por sus derechos pero, sin embargo, obtuvo el apoyo de la mayoría del electorado femenino. Chinchilla dice de sí misma que prefiere la conciliación a la confrontación.   (Texto adaptado)

Dilma Rousseff

Cristina Fernández de Kirchner

Laura Chinchilla

2 Relaciona las siguientes propuestas o proyectos con las presidentas según el texto:

lucha contra la droga • matrimonio homosexual • salud pública para todos
ayuda a la educación • acceso a la vivienda

3 Piensa en tres adjetivos que puedan definir el carácter de cada una de estas mujeres. Coméntalo con tu compañero. ¿Habéis coincidido en alguna característica?

4 ¿Crees que puede influir la manera de dirigir un país el hecho de ser mujer u hombre?

12 ¡Fiesta!

1 Habla con tus compañeros sobre los siguientes temas.

- ¿Has ido últimamente a una boda? ¿Qué tipo de boda era?
- En vuestra opinión, ¿por qué se casa la gente? ¿Qué ventajas o desventajas tiene casarse?

2 ¿Sabéis qué significa "matrimonio civil o religioso", "pareja de hecho" o "simple convivencia"? ¿Qué diferencias existen entre estos tipos de uniones? Relacionad cada tipo de enlace con su definición.

1 pareja de hecho
2 matrimonio religioso
3 matrimonio civil

a Contrato firmado por dos personas delante de un juez, un alcalde o un funcionario.
b Unión de dos personas que conviven de forma estable, en una relación de afectividad.
c Un sacramento, es decir, una unión exigida por los dogmas de la religión.

3 Escucha a estas tres personas que hablan sobre qué significa una boda para ellos. ¿Cuál es la postura de cada una de ellas respecto al matrimonio?

4 Lee el siguiente texto sobre los enlaces matrimoniales en España en los últimos años y completa las frases.

Los enlaces matrimoniales disminuyeron en España, según el Instituto Nacional de Estadística (INE). En concreto, hasta junio del 2011 se celebraron 69 864 bodas en nuestro país, un 5,7% menos que en el mismo periodo del año anterior.

A ellas hay que sumar otros 660 matrimonios realizados en el extranjero. Con todo ello, la tasa de nupcialidad en España ha pasado de una media de 3,66 enlaces por cada mil habitantes a 3,57 en el último año. La primavera, como manda la tradición, fue el periodo en el que más bodas se celebraron.

Otro dato, analizado por el INE en el citado periodo, fue la edad de los contrayentes. La media de edad se situó en los 35,9 años en los varones y en los 32,8 en las mujeres. En el caso de los primeros enlaces,

las edades fueron 33,4 y 31,2 años, respectivamente.

Los matrimonios entre personas de distinto sexo continuaron siendo los más numerosos, ya que sumaron en el primer semestre del pasado año, más de 68 700 bodas. Los otros cerca de 1 800 enlaces fueron entre personas del mismo sexo, lo que supone el 2,5% del total. De esta cifra, más de un millar fueron entre varones y más de 700 entre mujeres.

En las uniones de diferente sexo, resulta relevante que más de 12 700 enlaces fueron mixtos, es decir, un 23% del conjunto se realizaron entre ciudadanos de nacionalidad española con personas de otros países, mientras que 3 087 fueron entre extranjeros. Los otros cerca de 53 000 matrimonios contabilizados se realizaron entre españoles.

En cuanto al tipo de ceremonia elegida, según el INE, el matrimonio civil supuso dos tercios del total, ya que fueron más de 45 600 las parejas que eligieron esta opción. Por su parte, las bodas católicas sumaron un total de 23 478 enlaces, mientras que otros ritos religiosos fueron la fórmula elegida por unas 300 parejas.

Durante 2011, el coste medio de celebrar una boda en nuestro país se situó en los 14 390 euros, un 12,7% menos que un año antes, continuando con la tendencia iniciada en 2008. Los datos de este informe, que toman como base un enlace con un centenar de invitados, recogen que los gastos mínimos de una ceremonia y su celebración oscilan entre los 8 000 y los 20 000 euros.

(Adaptado de *www.madridnoviasifemases*)

a El número de enlaces matrimoniales en España ....
b Los españoles se casan .... que las españolas.
c La época del año preferida para celebrar una boda es ....
d La ceremonia que prefiere la mayoría de la gente es ....
e En cuanto al tipo de boda, la mayoría elige ....
f La edad de las mujeres que se casan por primera vez es ....
g Entre las parejas del mismo sexo, es ligeramente mayor los enlaces entre ....

13 ¡Qué desastre!

1 Vas a leer un texto sobre un tipo de alojamiento para las vacaciones llamado "Fórmula abierta". ¿A qué crees que se refiere?

   a A un hotel del que no hay fotos en internet

   b A un apartamento compartido con desconocidos

   c Al intercambio de tu casa con la de otra gente de otras partes del mundo

   d A un albergue en el que no hay recepción ni recepcionista

Fórmula abierta

Cada vez más familias de diferentes países optan por intercambiar sus casas durante las vacaciones

Mar Padilla

SI TIENES UN TECHO que te acoge cada noche, tú eres un firme candidato para pasar unas espléndidas vacaciones en un ático en Roma, en una casa en Cartagena o en un pueblecito pescador danés. En casi cualquier parte y sin rascarte apenas los bolsillos. Solo debes ofrecer tu casa para intercambiarla con otro interesado, y ya está.

Esta iniciativa, que funciona con éxito desde hace más de 50 años, es una opción tan elemental, que son muchos los que aún desconfían. Pero están equivocados. Según testimonios de quienes se han acogido a esta iniciativa, los sucesos más alarmantes que surgen al ceder tu casa a alguien, mientras tú estás en la suya, son que puedes encontrarte todo un poquito más sucio a la vuelta. Eso en el peor de los casos. En el mejor, ganas amigos extranjeros, conoces el ritmo cotidiano de un país sin hacer el turista, y tu casa no está vacía mientras estás de vacaciones.

Desde el punto de vista estrictamente monetario, te ahorras gastos de hotel, de restaurantes, incluso de transporte, puesto que muchas familias incluyen el coche en el intercambio. Y desde una perspectiva viajera, tu inmersión en el nuevo destino es total porque te trasladas a vivir allí, no a turistear.

Intervac es una de las empresas con más experiencia en esta iniciativa. La idea surgió hace 50 años en Suiza, cuando unos profesores pensaron que la forma más económica y cómoda de pasar sus vacaciones era ponerse en contacto con colegas de otros países y ofrecerles sus casas a cambio de las suyas. En la actualidad, Intervac ofrece un catálogo con más de 10 000 viviendas en más de 30 países diferentes, al que se accede con una cuota anual de 130 euros.

El campo, la playa, la ciudad o la alta montaña: todos los destinos encuentran interesados que quieren vivir unos días diferentes, en verano, Navidad o durante un puente largo.

Claramente internet ha proporcionado rapidez y fluidez a la relación entre las familias, que pueden negociar sus vacaciones de forma mucho más inmediata.

(Adaptado de *El País*)

2 Busca en el texto otras formas de decir:

   a gastar dinero: ....

   b proyecto: ....

   c dejar: ....

   d económico: ....

   e casa: ....

   f cantidad: ....

3 ¿Te interesa esta forma de intercambio? Escribe tres ventajas y tres desventajas de esta opción de alojamiento y coméntalo con tu compañero.

14 Que tengas suerte

1 ¿Con qué asocias la palabra "Facebook"? Completa el cuadro.

2 Describe en dos líneas qué relación tienes tú con las redes sociales, entre ellas Facebook.

....

....

3 Vas a leer un artículo periodístico titulado *¿Te acuerdas de mí?, versión 2.0*. ¿Qué aspecto de Facebook crees que va a tratar? Escribe dos hipótesis.

....

....

4 Lee ahora el artículo y corrobora tus hipótesis.

¿Te acuerdas de mí?, versión 2.0

Curiosidad, nostalgia y una herramienta que lo pone fácil, las redes sociales *online* ponen de moda el rastreo de antiguos compañeros de clase largamente olvidados.

La chica guapa se ha convertido en una señora y el capitán del equipo está gordo. El estudioso y aplicado ha triunfado, pero sigue siendo repelente, y el abusón, un desagradable. La escena se repite en un millón de películas: las reuniones de antiguos alumnos pueden ser un infierno social, en el que un montón de desconocidos te siguen llamando "gordi". Y sin embargo, nos encanta enterarnos de cómo trata la vida a gente con la que hace décadas no manteníamos el contacto y con la que compartimos muy poco, aparte de un pupitre en tiempos de maricastaña. El ímpetu nostálgico por reencontrar antiguos compañeros siempre ha existido, pero ahora es más fácil.

«Yo nunca había olvidado a aquella gente que fue tan importante para mí durante tantos años, pero sin Facebook no habría hecho el esfuerzo por reencontrarles»,

admite Irma Sánchez, que hace unos meses se apuntó a la página de exalumnos de su colegio. En la web existen miles de grupos como este. Una de las diez categorías (negocios, música, deporte...) a elegir cuando se crea un grupo es "Estudiantes", subtipo "Antiguos Alumnos".

También hay rastreadores solitarios. ¿Quién no ha recibido un mensaje preguntando "¿Qué es de tu vida?" de un antiguo compañerito? Parece que, incluso aquel que te pegaba en el recreo, quiere ser tu amigo. Y cabe preguntarse, ¿por qué tras 30 años sin interesarse por mí me buscan ahora?

Quizás la primera explicación de este *revival* amistoso sea que un amigo de Facebook no es realmente un *amigo*. «Es un uso inadecuado del término», explica Isidro Maya Jariego, profesor de Psicología Social. «*Contactos* es un término más adecuado,

Facebook es un contexto de socialización peculiar, como puede ser una plaza o un bar, y en ese contexto, estos contactos del pasado simplemente aparecen porque la plataforma facilita y promueve la reactivación de relaciones latentes».

De hecho, lo que deseamos es encontrar nuevos amigos (en el sentido clásico) con quienes mantener relaciones que vayan más allá de un par de comentarios banales en una página web. En todo caso, toca descubrir si aquel niño que fue tan importante para nosotros, nos sigue cayendo bien como adulto. «Lógicamente tienes que crear una relación basada en aquel cariño latente, pero totalmente nuevo, hablar de los profesores y del cole no da para, tanto... Hay que encontrar nuevos puntos en común, reconectar pero de verdad», explica Sánchez.

(Adaptado de *www.elpais.com*)

5 Vuelve a leer el artículo y escribe el tema de cada párrafo.

a ....   d ....

b ....   e ....

c ....

6 Comenta con tus compañeros: ¿os gustaría crear un grupo de Facebook con los compañeros de vuestro curso de español?

1 Vivir en Babel

1. Presentarse y presentar a otros

Presentación formal

■ *Mire, le presento* | *a la señora* | *García Robles.*
                        | *al señor*

● | *Mucho gusto.*
  | *Encantado/a de* | *conocerlo.*
                     | *conocerla.*

Presentación informal

■ *Mira, este es José, un compañero de la oficina.*

● | *¡Hola!* | *¿Qué tal?*
            | *¿Cómo estás?*

2. Recursos que se utilizan cuando dos personas se reencuentran

INFORMAL	FORMAL
¿Te acuerdas de mí?	*¿Se acuerda de mí?*
¡Qué alegría verte | *otra vez!* | *de nuevo!*	*¡Qué alegría verlo/la* | *otra vez!* | *de nuevo!*
|*¡Tanto* |*tiempo sin verte!* |*¡Cuánto*	|*¡Tanto* | *tiempo sin verlo/la!* |*¡Cuánto*
¿Eres Juan?	*¿Es usted la señora Gómez?*
¡Qué sorpresa! *¡Qué casualidad!*	

3. Hablar de la cantidad

- Todos/as
- La (gran) mayoría de
- Muchísimos/as
- Muchos/as
- Bastantes
- Algunos/as
- Pocos/as
- Una minoría de
- Poquísimos/as
- Casi nadie

4. Hablar del pasado: pretérito imperfecto

4.1. Usos

1 Describir personas, lugares y objetos en el pasado.
Los otros voluntarios __eran__ peruanos.

2 Referirse a acciones habituales en el pasado.
__Pintábamos__ aulas, __arreglábamos__ techos, __reparábamos__ muebles… __hacíamos__ de todo.

3 Contrastar el pasado con el presente.
Antes __pensaba__ que pasar todo un verano descansando __era__ una pérdida de tiempo.

> Únicamente hay tres verbos irregulares en pretérito imperfecto.

4.2. Formación del pretérito imperfecto

Verbos regulares			Verbos irregulares		
practicar	**aprender**	**escribir**	**ir**	**ser**	**ver**
practic**aba**	aprend**ía**	escrib**ía**	iba	era	veía
practic**abas**	aprend**ías**	escrib**ías**	ibas	eras	veías
practic**aba**	aprend**ía**	escrib**ía**	iba	era	veía
practic**ábamos**	aprend**íamos**	escrib**íamos**	íbamos	éramos	veíamos
practic**abais**	aprend**íais**	escrib**íais**	ibais	erais	veíais
practic**aban**	aprend**ían**	escrib**ían**	iban	eran	veían

2 Trabajar para vivir

1 Perífrasis verbales que señalan el tiempo de las acciones

***Seguir* + gerundio:** indica una acción o un hábito que continúa en el tiempo.

Yo sigo comiendo en casa de mis padres.

***Dejar de* + infinitivo:** indica una acción o un hábito que se interrumpe y ya no se realiza.

Dejé de comer carne, ahora soy vegetariano.

	Antes	Ahora
seguir	sí	sí
dejar	sí	no

2. Formación del gerundio

Regulares	Terminación **-ar**	Terminación **-er, -ir**

habl-~~ar~~ ⟶ **habl**ando

com-~~er~~ ⟶ **comi**endo
viv-~~ir~~ ⟶ **vivi**endo

Algunos gerundios **irregulares** (fíjate que son solo del grupo -**er** e -**ir**)

decir ⟶ **diciendo**   morir ⟶ **muriendo**   venir ⟶ **viniendo**
dormir ⟶ **durmiendo**   oír ⟶ **oyendo**   seguir ⟶ **siguiendo**
ir ⟶ **yendo**   poder ⟶ **pudiendo**
leer ⟶ **leyendo**   sentir ⟶ **sintiendo**

3. Expresar deseos y preferencias

Deseos	Preferencias
Quiero ser independiente. *Espero que algún día me den un buen papel.* *Ojalá tengas suerte.*	*Prefiero seguir trabajando.* *Prefiero elegir.* *Prefiero que me paguen.*

***Querer / Esperar / Preferir* + infinitivo**
La persona expresa deseos y preferencias para sí misma. Por eso el segundo verbo va en infinitivo.

[Yo] Quiero tener un trabajo fijo.
misma persona

***Querer / Esperar / Preferir* + que + (otro sujeto) + presente de subjuntivo**
Cuando una persona expresa deseos o preferencias con respecto a otra, el segundo verbo va en presente de subjuntivo.

[Yo] Quiero que los padres respeten mi trabajo.
distinta persona

La palabra **ojalá** siempre va con subjuntivo.

4. Formación del presente de subjuntivo

Verbos regulares			Verbos irregulares		
hablar > e	**comer > a**	**vivir > a**	**ser**	**saber**	**ir**
hable	coma	viva	sea	sepa	vaya
hables	comas	vivas	seas	sepas	vayas
hable	coma	viva	sea	sepa	vaya
hablemos	comamos	vivamos	seamos	sepamos	vayamos
habléis	comáis	viváis	seáis	sepáis	vayáis
hablen	coman	vivan	sean	sepan	vayan

Irregulares con diptongo en *yo, tú, él/ella/usted, ellos/ellas/ustedes*			
pensar	**poder**	**querer**	**preferir**
piense	pueda	quiera	prefiera
pienses	puedas	quieras	prefieras
piense	pueda	quiera	prefiera
pensemos	podamos	queramos	prefiramos
penséis	podáis	queráis	prefiráis
piensen	puedan	quieran	prefieran

5. Expresar porcentajes y números decimales

- Los porcentajes concuerdan con el verbo en singular.

  El 59% de los jóvenes no tiene experiencia.

- Los números decimales son los formados por números a la derecha de la coma.

  - 0,5 se dice normalmente «y medio»

    49,5 → *cuarenta y nueve y medio*

  - 0,2 se dice normalmente «con dos» o «coma dos»

    2,2 → *dos con dos; dos coma dos*

> En México se usa "." en lugar de "," para indicar decimales:
>
> 3.5 = *tres y medio; tres con cinco.*

6. Conectores que contrastan una idea anterior o la limitan

• Pero	• Sin embargo	• Ahora bien	• Si bien	• No obstante

El promedio de edad en el que se obtiene el primer trabajo se concentra entre los 17 y los 18 años. Sin embargo, el inicio de la vida laboral se lleva a cabo antes.

3 Me va de cine

1. Recursos para hablar sobre gustos

1.1. Preguntar para conocer los gustos de alguien

¿Qué películas te gustan más?
¿Cuál es tu película favorita?
¿Qué actores y actrices te gustan?
¿Cuál es tu actor / actriz preferido/a?
¿Cuál ha sido la última película que has visto?
¿Te gustó?
¿Qué piensas de la película?

1.2 Pedir y dar la opinión sobre gustos

■ *¿Qué piensas de la película?*

● *Me parece una obra maestra.*
Me encanta, es una de mis favoritas.
No sé, no me gusta mucho.

1.3 Pedir y dar la opinión después de una actividad

■ | *¿Te ha gustado?*
| *¿Qué te ha parecido?*

● | *Me ha parecido una obra maestra.*
| *Me ha encantado.*
| *No sé, no me ha gustado mucho.*

1.4 Pedir y dar opinión sobre algún aspecto de algo

■ *¿Qué es lo que más te gusta de los musicales?*
● *Las canciones, los bailes, toda la parte musical.*

■ *¿Qué es lo que más te ha gustado de esta película?*
● *Los actores, me han parecido fantásticos.*

1.5 ¿Cuál y qué?

¿Cuál | + verbo?
¿Quién|

¿Qué + nombre + verbo?

¿Cuál es tu actriz favorita?
¿Quién te gusta?

¿Qué actriz te gusta más?

2. Hablar del pasado

● Se usa el **pretérito perfecto** para referirse a acciones, hechos o experiencias que tienen lugar en un momento del pasado que el hablante relaciona con el momento actual.

Son marcas de tiempo habituales las que tienen *este/a: está mañana, este año, estos últimos días*; también se usa con *hoy, últimamente* y *recientemente*.

He visto todas las películas que he podido.

● Se usa el **pretérito indefinido** para referirse a acciones, hechos o experiencias que tienen lugar en un momento del pasado que el hablante no relaciona con el momento actual.

Son marcas de tiempo habituales las que señalan momentos concretos: *ayer, el otro día, en 1965, hace...* y las expresiones que contienen *pasado/a: el mes pasado, la semana pasada*.

Fui con mi abuelo. Vimos una de Tarzán.

● Se usa el **pretérito imperfecto** para describir las situaciones en las que ocurren acciones o experiencias en el pasado; describen el contexto.

Sí, claro. Tenía seis años y fui con mi abuelo.

También se utiliza el **pretérito imperfecto** para:

- describir personas, lugares y objetos en el pasado:

Las butacas eran de madera.

- referirse a acciones habituales en el pasado.

Son marcas de tiempo habituales: *normalmente, con frecuencia, (casi) siempre, a menudo, cada vez, todos los días/años*.

De joven iba al cine con mucha frecuencia.

- contrastar el pasado con el presente.

Es frecuente en oraciones que tienen: *antes/en aquella época..., ahora...*

En aquella época me gustaban mucho las películas musicales.

Otros usos del pretérito imperfecto en página 174.

3. Recursos para contar y escuchar una anécdota

La persona que cuenta:

- **Para empezar a contar**

  ¿Sabes lo que me pasó...?
  ¿Sabías que...?
  ¿A que no sabes...?
  Te voy a contar una cosa que me pasó...
  Pues a mí una vez...

- **Introducir un elemento nuevo o contar el final**

  De repente...
  De pronto...
  Entonces...

- **Contar el final**

  Total, que...
  Al final...
  Y por eso...

La persona que escucha:

- **Mantener la atención, mostrar sorpresa, reaccionar**

!Cuenta, cuenta¡	¡No me digas!
¿Ah, sí?	¡Qué bueno!
¿De verdad?	¡Qué gracia!
¿En serio?	¡No me lo puedo creer!
¡No!	¡Hala!
¡¿Sí?!	

> Cuando contamos una anécdota o cuando la escuchamos podemos utilizar estos elementos para organizar el texto y captar la atención.

> Mientras nos cuentan una historia, mostramos interés con preguntas y exclamaciones y hacemos gestos, pero sin interrumpir. Así mostramos que estamos interesados y atentos.

4 Ciudades para el futuro

1. Expresar hechos en el futuro

En español tenemos tres formas verbales para expresar hechos en el futuro: presente, perífrasis *ir a* + infinitivo y futuro. La elección depende de factores como el tipo de texto (oral o escrito, formal o informal), la seguridad y la distancia temporal.

Vale, te llamo esta tarde y te cuento.
Voy a estudiar Derecho.
En el año 2050 la mayoría de la población vivirá en las ciudades.

1.1. Presente con valor de futuro

- Indica un futuro inmediato y seguro.

- Se usa con palabras como *hoy, este fin de semana / mes, esta mañana / tarde / noche, luego, ahora (mismo)*...

- Se prefiere al futuro para indicar total seguridad.

  ■ *¿Irás a la reunión del jueves?*
  ● *Claro que voy.* [énfasis]
  También: *Claro que iré.* [neutro]

1.2. Perífrasis *ir a* + infinitivo

- Es muy habitual en el lenguaje hablado.
- Indica un futuro cercano en el tiempo y es frecuente con decisiones tomadas.

  Voy a estudiar Derecho.

1.3. Futuro simple: usos

- Se usa cuando el texto es escrito y formal (es el tiempo de los periódicos, las indicaciones escritas, las leyes...).

  Plan de viaje: saldremos a las 18:00 con destino Barcelona y nos alojaremos en el hotel Savoy.

- A diferencia del presente y la perífrasis *ir a* + infinitivo, puede expresar hipótesis o posibilidad, algo que puede no ocurrir.

  - Hay voluntad o decisión, pero no seguridad completa (depende de otros factores):

    - *¿Qué vas a estudiar en la universidad?*
    - *Creo que estudiaré Derecho.* (No estoy seguro)

  - Es un futuro lejano (por eso no es del todo seguro):

    - *En el año 2050 la mayoría de la población vivirá en las ciudades.*

1.4. Formación del tiempo futuro

Verbos regulares		
empezar	**volver**	**prohibir**
empezar**é**	volver**é**	prohibir**é**
empezar**ás**	volver**ás**	prohibir**ás**
empezar**á**	volver**á**	prohibir**á**
empezar**emos**	volver**emos**	prohibir**emos**
empezar**éis**	volver**éis**	prohibir**éis**
empezar**án**	volver**án**	prohibir**án**

Las tres conjugaciones tienen las mismas terminaciones. Añaden al infinitivo:

-é	-emos
-ás	-éis
-á	-án

Fíjate que el acento siempre está en la terminación.

Verbos irregulares

- Cambia la raíz del verbo, pero las terminaciones son las mismas que en los verbos regulares. Aquí tienes la primera persona de singular de verbos irregulares en futuro.

  venir → **vendré**   querer → **querré**   decir → **diré**
  haber → **habré**   saber → **sabré**   caber → **cabré**
  poder → **podré**   poner → **pondré**   rehacer → **reharé**
  tener → **tendré**   salir → **saldré**   componer → **compondré**
  hacer → **haré**   valer → **valdré**   equivaler → **equivaldré**

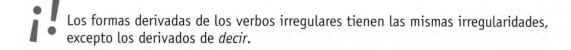 Los formas derivadas de los verbos irregulares tienen las mismas irregularidades, excepto los derivados de *decir*.

5 Vacaciones en Argentina

1. Expresiones de la lengua hablada

Pedir atención	Ofrecer explicación, añadir información	Mostrar acuerdo, confirmar	Introducir una dificultad
Mira	Además	Por supuesto	Sin embargo
¿Sabes?	Por eso	Sí, sí	Aunque
Oye	Por cierto	Claro	Pero
Perdona		Vale	

2. Recursos para preguntar y contar planes y preferencias

Cfr. Gustos y preferencias, unidad 2, página 175.

Preguntar	Contar	
• ¿Qué vas a hacer? • ¿Qué te apetece hacer? • ¿Qué planes / intenciones tienes? • ¿Qué es lo que más te interesa / gusta?	• Estoy pensando en • Pienso / Quiero • Tengo intención de • Me gustaría / apetecería • Prefiero / Me gusta / Me interesa • Lo que más me gusta / interesa	+ infinitivo

3. Recursos para escribir cartas formales e informales

Cartas formales	Cartas informales
Estimados señores:	Querido Jorge:
Apreciados señores:	Hola, Jorge:
Les agradecería que...	Te escribo para/porque
Les solicito que...	Escríbeme para...
Estaba interesado en...	Como te he dicho
El motivo de la presente carta	Me interesa
Si necesitan ponerse en contacto conmigo	Te pido que...
Me dirijo a ustedes	Por favor...
Atentamente	Saludos
Reciban un saludo muy cordial	Estaría cinco días y
Esperando noticias suyas	Dime si...
	Espero tu respuesta
	Un abrazo

4. El condicional

El condicional expresa cosas que normalmente no se pueden producir en las circunstancias actuales, que dependen de ciertas condiciones poco probables o imposibles de cumplir.

Yo pasaría una semana en Buenos Aires.
Me gustaría ir a Iguazú.

También es muy usado en peticiones y consejos.

¿Podrías abrir la ventana?
Yo que tú hablaría con él.

4.1. Formación del condicional

Verbos regulares		
empezar	volver	prohibir
empezaría	volvería	prohibiría
empezarías	volverías	prohibirías
empezaría	volvería	prohibiría
empezaríamos	volveríamos	prohibiríamos
empezaríais	volveríais	prohibiríais
empezarían	volverían	prohibirían

> Las tres conjugaciones tienen las mismas terminaciones. Añaden al infinitivo:
>
> | -ía | -íamos |
> |---|---|
> | -ías | -íais |
> | -ía | -ían |
>
> Fíjate que el acento siempre está en la terminación.

Verbos irregulares

- Cambia la raíz del verbo, pero las terminaciones son las mismas que en los verbos regulares. Aquí tienes la primera persona de singular de verbos irregulares en condicional.

> • Son los mismos verbos que son irregulares en futuro y tienen la misma irregularidad.

venir → **vendría**	saber → **sabría**	
haber → **habría**	poner → **pondría**	
poder → **podría**	salir → **saldría**	
tener → **tendría**	valer → **valdría**	rehacer → **reharía**
hacer → **haría**	decir → **diría**	componer → **compondría**
querer → **querría**	caber → **cabría**	equivaler → **equivaldría**

5. Oraciones condicionales

Si tienes tiempo, visita Córdoba.
Tráeme algún dulce si vas a Argentina.
Si quieres ir a la playa, tienes que ir en diciembre.

Condición en presente o en futuro	Resultado en futuro
La condición es un hecho en el presente o el futuro. **Si + presente / ir a** *Si aumenta la contaminación,* *Si vas a Argentina,*	El resultado se expresa en futuro. **Futuro** *habrá más enfermedades pulmonares.* *no te arrepentirás.*
Si me toca la lotería,	El resultado usa presente para expresar más énfasis o seguridad. **Presente** *cambio de coche.*
Si vas a venir a la ciudad,	El resultado es una orden, sugerencia, instrucción... **Imperativo** *llámame.*
La condición es un hecho que se repite o es una verdad general. ***Si + presente*** *Si no respetamos las señales de tráfico,* *En verano, si hace sol,*	El resultado se expresa en presente. **Presente** *podemos tener un accidente o causarlo.* *las playas se llenan de gente.*

- Podemos poner la condición al principio o al final de la frase.

- Cuando la condición va antes que el resultado, escribimos coma detrás de la condición:
  Si bebes, no conduzcas.

6 Yo en tu lugar...

1. Expresar consejos

Verbos de obligación en indicativo	debes tienes que	+ infinitivo	*Debes llevar un calzado adecuado para la ocasión.*
Verbos en condicional	deberías tendrías que podrías yo que tú	+ infinitivo + condicional	*Deberías cuidar tu alimentación. Yo que tú haría algún ejercicio suave.*
Condicionales con si	¿y si...? si..., imperativo		*¿Y si te apuntas a un curso de Acuagim?*
Imperativo			*Duerme mucho.*
Ser + adjetivo +	es	importante bueno conveniente lo mejor es	infinitivo que + subjuntivo	*Es conveniente hervir agua y dejarla enfriar. Es conveniente que limpies cada uno por separado.*

2. Relacionar dos hechos del futuro

- Para relacionar una acción futura con otra, usamos frases subordinadas con la estructura *cuando* + subjuntivo.

  La situación <u>será</u> la misma <u>cuando</u> empiece a trabajar.
       futuro   *cuando* + subjuntivo

  <u>Cuando cumpla</u> nueve meses <u>llevaré</u> al niño a la guardería.
  cuando + subjuntivo   futuro

- Las frases interrogativas y exclamativas se construyen con *cuándo* + futuro:

  <u>¿Cuándo empezaréis</u> la reforma?
  <u>¡Cuándo acabará</u> este ruido!

3. Complementos del verbo

Complemento directo (CD)	Complemento indirecto (CI)
• Complemento del verbo que indica la persona o cosa que recibe la acción del verbo. No lleva preposición, excepto cuando el complemento es una persona. *Limpia <u>los ojos</u> con una gasa humedecida en agua hervida.* *El martes vi <u>una película</u> / <u>a Marcos</u>.*	• Complemento del verbo que indica el destinatario de la acción del verbo. Lleva delante la preposición *a*. *Limpia los ojos <u>al bebé</u> con una gasa humedecida en agua hervida.*
• Se sustituye por los siguientes pronombres: singular plural 1ª persona **me** **nos** 2ª persona **te** **os** 3ª persona **lo, la, se** (refl.) **los, las, se** (refl.) *Limpia los ojos	Límpia<u>los</u>.*	• Se sustituye por los siguientes pronombres: **me, te, le** **nos, os, les** *Limpia al bebé	Límpia<u>le</u>.*
	le / les + lo / la / los / las = se + lo / la / los / las *Limpia los ojos al bebé	Límpia<u>selos</u>.*

3.1. Orden de los elementos

- Cuando el verbo está conjugado:

  ¿Me lo cuentas?
   CI CD Verbo conjugado

- Cuando el verbo está en imperativo:

  Cuéntamelo.
  Imperativo CI CD

- Cuando hay dos verbos, uno conjugado y otro en infinitivo o gerundio.

  ¿Me lo vas a contar?   =   *¿Vas a contármelo?*
   CI CD Verbo conjugado Infinitivo   Verbo conjugado Infinitivo CI   CD

> Los pronombres se escriben independientemente con formas conjugadas y en una sola palabra con imperativo, infinitivo y gerundio

7 ¿Me haces un favor?

1. Recursos para hacer peticiones y pedir favores

¿Te importa + infinitivo? ¿Te molesta + infinitivo? ¿Puedes + infinitivo?	¿Te importaría + infinitivo? ¿Podrías + infinitivo? ¿Me haces un favor?	¿Podrías hacerme un favor? Necesito que me hagas un favor. Tengo que pedirte una cosa.

¿Puedes acompañarme a la rueda de prensa del alcalde?
Necesito que me hagas un favor.

1.1. Recursos para aceptar y rechazar una petición

Aceptar una petición	Rechazar una petición
Sí, ahora mismo Claro que sí Bueno, vale De acuerdo, ¿cuándo? Sí, claro, no hay inconveniente	Es que no podemos No quiero + infinitivo Claro que no No puedo porque… Lo siento, pero… Me encantaría, pero… Sí, pero no…

> Para pedir algo tenemos que dar una justificación. La petición se expresa de manera cortés y, si es delicada, la justificación tiene que ser más detallada.

2. Recursos para transmitir información y peticiones.

Al transmitir las palabras de otros, se pueden producir cambios en los tiempos verbales y en otras palabras que indican tiempo y lugar.

2.1. Información en presente

Verbo *decir* en **presente** o **pretérito perfecto** → + presente o imperfecto ····

Tengo frío.	*Dice que tiene frío.* *Ha dicho que tiene/tenía frío.*
Me duele la cabeza.	*Dice que le duele la cabeza.* *Ha dicho que le duele/dolía la cabeza.*

> Al **pretérito perfecto** le puede seguir:
> - **presente:** *ha dicho* (ahora) *que está jugando con sus hijos.*
> - **imperfecto:** *ha dicho* (esta mañana) *que estaba jugando con sus hijos.*

2.2. Preguntas en presente

- Con partícula interrogativa → queda igual

    ¿Cuántos años tienes? → *Pregunta (que) cuántos años tengo.*
    ¿De dónde vienes? → *Me ha preguntado (que) de dónde vengo.*

- Sin partícula interrogativa → presente / pretérito perfecto + si + pregunta original

    ¿Tienes hambre? → *Dice (que) si tienes hambre.*

2.3. Petición en presente

presente/pretérito perfecto + que + subjuntivo

Pásame la sal, por favor. → *Dice que le pases la sal.*
¿Puedes llamarme más tarde? → *Me ha pedido que lo llame más tarde.*

> Funcionan igual las instrucciones, consejos y órdenes.

> Recuerda que pueden cambiar todos los elementos que hacen referencia al lugar y al momento (*aquí* → *allí*, *este* → *ese*, *ahora* → *en aquel momento*, etc.).

3. Algunas perífrasis verbales

- **Empezar a + infinitivo**: inicio de una actividad.

    Empecé a trabajar con veinticinco años.

- **Seguir + gerundio**: continuación de una actividad.

    Después de la baja maternal lo llevamos a la guardería y seguimos trabajando los dos.

- **Dejar de + infinitivo**: interrupción de una actividad.

    Dejé de trabajar durante dos años para ocuparme de Jaime.

- **Estar a punto de + infinitivo**: momento inmediatamente anterior al inicio de algo.

    ¡Estuvimos a punto de divorciarnos!

- **Volver a + infinitivo**: repetición de una actividad.

    Cuando empezó a ir a la guardería volví a trabajar.

- **Llegar a + infinitivo**: indica el punto máximo (o mínimo) de una situación.

    Hemos tenido algunos problemas, sobre todo cuando se ponen enfermos; llegas a pensar que estás haciendo algo mal.

8 Yo creo que...

1. Recursos para expresar la opinión

1.1. Pedir la opinión

¿Qué os parece si...? ¿Tú que crees? ¿No crees que...?	Opinión + ¿no creéis? Entonces, ¿según tú...? ¿Os parece buena idea que...?

Entonces, según tú, ¿es mejor que nos quedemos quietos?
¿Qué os parece si organizamos algo para celebrarlo?

1.2. Introducir una información

¿Sabes que...?

¿Sabes que se controla el acceso a internet en muchos países?

1.3. Expresar acuerdo

Sí, claro	Claro, claro	Sí, es cierto que...
Tienes razón	Buena idea	Sí, está claro que...
Yo pienso igual que tú	Sí, es verdad	Estoy de acuerdo con...
Sí, puede ser	Sí, estoy de acuerdo.	
Sí, desde luego	Sí, yo también creo que...	

Sí, por eso estoy de acuerdo con Carmen.

1.4. Expresar desacuerdo

Pues no sé, no sé	¡Qué va! ¡Qué va!	No, no es verdad que + presente de subjuntivo
Pues yo no lo veo así	No, no estoy de acuerdo	No, no es cierto que + presente de subjuntivo
Sí, pero...	Yo no pienso lo mismo (que tú)	No, + opinión contraria
No es eso		
No, no es verdad		

Pues no sé, no sé. Creo que hay demasiada información y es difícil discriminar.

1.5. Valorar un hecho o una opinión

- Indicar veracidad, certeza

Está | claro
| demostrado

Es | verdad
| cierto   + que + verbo en indicativo
| obvio
| evidente

Creo |

> Cuando van en negativo el verbo va en subjuntivo: *No + ser / estar + adjetivo / adverbio + que + verbo en subjuntivo*:
>
> *No es verdad que se pueda decir todo.*
> *No está claro que sea legal hacer eso.*

*Está claro que **debe** haber un límite.*
*Es evidente que la información **circula** con mucha rapidez.*

- Valorar un hecho o una opinión y no importa si es verdadero o falso

Está | bien
| mal

Es | bueno
| preferible
| importante   + que + verbo en subjuntivo
| mejor
| lógico

No creo |

*Está bien que **defiendan** esos derechos.*
*No creo que **deba** publicarse todo.*
*Es lógico que **tengan** interés en saber qué pasa. Es mejor que se publique todo.*

- Valorar un hecho en general sin concretar quién lo hace, se usa el <u>infinitivo</u>.

En general

Está mal publicar este tipo de información.
Es fácil decir eso.

Con un sujeto concreto

Está mal que me digas eso.
Está claro que no podemos publicarlo todo.

2. Recursos para organizar un discurso

Ordenar las ideas
En primer lugar… / en segundo lugar…
Por una parte… / por otra (parte)…
Por un lado… / por otro…

Para reformular una idea
Es decir
O sea

Para introducir el final
En conclusión
Finalmente
Para terminar

Presentar un argumento diferente
Sí, pero…
Así que…

3. Recursos para expresar la impersonalidad

Se + 3.ª persona del singular / plural

No se accede libremente a internet.

3.ª persona plural

Te encarcelan sin que sepas porqué.

2.ª persona singular

No puedes salir del país sin permiso del gobierno.

Uno + 3.ª persona singular

Uno puede ser acosado y perseguido por decir su opinión.

9 ¿Me explicas cómo se hace?

1. Dar instrucciones

1.1. Recursos

- Imperativo
  Llámame cuando llegues tarde.

- *Tener que* + infinitivo
  *Si vas al médico, **tienes que traer** un justificante.*

- *Deber* + infinitivo
  *Para entrar en el edificio **debes traer** la tarjeta de identificación.*

> • Se usa ***Cuando*** + presente de subjuntivo y ***Si*** + presente de indicativo para explicar qué hacer en situaciones concretas.
>
> ***Cuando*** *llegues tarde, llámame.*
> ***Si*** *vas al médico, lleva la tarjeta sanitaria.*

1.2. Características

- El lenguaje es claro y sencillo.

- Se utilizan diferentes formas: el imperativo, *tener que* + infinitivo, *deber* + infinitivo.
  Abre *la puerta. / **Tienes que encender** la luz. / **Debes cerrar** otra vez la puerta.*

- Si se explica un proceso, se describe paso por paso.
  *Primero, **abre** la puerta; luego, **enciende** la luz; después, **cierra** otra vez la puerta.*

2. Expresar finalidad

para + infinitivo	*para* + *que* + subjuntivo
*Puedes utilizar el teléfono **para llamar** a tus amigos.* Los verbos tienen el mismo sujeto: *puedes* (tú) – *llamar* (tú)	*Puedes utilizar el teléfono **para que** tus amigos te **llamen**.* Los verbos tienen distinto sujeto: *puedes* (tú) – *te llamen* (tus amigos)

3. Expresar posesión. Casos específicos

- En español, a diferencia de otras lenguas, cuando expresamos posesión referida a partes del cuerpo (*boca, lengua*, etc.) u objetos de la persona (*chaqueta, cartera*, etc.), no es necesario utilizar el pronombre posesivo *mi, tu, su,* etc.
  *Abre **la** boca.*
  *Dame todo **el** dinero.*

- Este uso puede observarse claramente con verbos reflexivos y pronominales: *cortarse las uñas, romperse el brazo, quemarse la mano, lavarse el pelo.*
  *Me he roto **el** pie.*
  *¿Otra vez te has olvidado **la** cartera?*

10 No me cuentes cuentos

1. Hablar del pasado

- **Pretérito** imperfecto se usa para:

  - Describir situaciones, lugares y personas en el pasado.
    *El rey **era** mayor. Le **gustaba** el ajedrez y montar a caballo.*
    *Blancanieves **era** la más hermosa.*
  - Expresar acciones habituales en el pasado.
    *Todas las semanas, la reina se **miraba** en su espejo mágico.*
  - Presentar las circunstancias que rodean un hecho.
    ***Quería** una madre para Blancanieves y encontró…*

- **Pretérito** indefinido se usa para:

  - Hablar de acciones y hechos terminados en el pasado.
    *Un día, el rey **volvió** a casarse.*

- **Pretérito** pluscuamperfecto se usa para:

  - Hablar de un hecho pasado que ha sucedido antes que otro hecho del que ya hemos hablado.
    *El hombre se enfadó porque la mujer **había pedido** una salchicha.*

1.1. Formación del pretérito pluscuamperfecto

Este tiempo se forma igual en todos los verbos:

Haber	Participio
había	
habías	
había	+ pensado/creído/vivido/dicho
habíamos	
habíais	
habían	

Participios irregulares
Los principales son:

decir: *dicho*
hacer: *hecho*
satisfacer: *satisfecho*
abrir: *abierto*
cubrir: *cubierto*
escribir: *escrito*
freír: *frito*

imprimir: *impreso*
morir: *muerto*
poner: *puesto*
resolver: *resuelto*
romper: *roto*
ver: *visto*
volver: *vuelto*

2. Hacer comparaciones

2.1. Comparar dos o más personas o cosas

más / menos	adjetivo	
mejor / peor / mayor / menor		que

*El Gato con Botas es **más** astuto **que** el ogro.*

2.2. Destacar a una persona o cosa entre otras

el la los las	más / menos	adjetivo	
	mejor/mejores peor/peores mayor/mayores menor/menores		+ de / entre

*El Gato con Botas es **el más** listo **de** los animales.*

2.3. El superlativo absoluto

- Se utiliza para **destacar** la cualidad de un objeto o persona, pero sin relacionarla con otros objetos o personas de su misma clase.
- Se forma añadiendo **-ísimo/a** al adjetivo.
  *El príncipe azul era **altísimo**, **guapísimo** y muy valiente.*
- Algunos adjetivos no pueden utilizarse con la terminación **-ísimo** porque ya indican intensidad:
  horrible, magnífico, maravilloso, horroroso, exótico.

11 Personas con carácter

1. Recursos para describir el carácter

- Nombrar las cualidades.

  - *Ser/parecer* + adjetivo.
  *Carmen es **seria**.*
  *Paloma parece **tranquila**.*
  - *Tener* + sustantivo.
  *Sergio no tiene **paciencia**.*
  - *Tener* + *un/una* + sustantivo + adjetivo.
  *Mario tiene **un carácter difícil**.*

- Describir las acciones que reflejan la personalidad.

  ***Se enfada** a menudo.*
  ***Crea** buen ambiente*
  ***Trata** mal a la gente.*

- Expresar sus gustos.

  ***Le gusta** el trabajo bien hecho.*
  ***No soporta** llegar tarde a los sitios.*
  ***Odia** que lo corrijan.*

En este tipo de oraciones, utilizamos el infinitivo cuando los sujetos coinciden, y el subjuntivo cuando los sujetos son distintos.
*(Sergio) No soporta (Sergio) **llegar** tarde a los sitios.*
*(Sergio) Odia que (otras personas) lo **corrijan**.*

2. Llevarse bien/mal

Me llevo	muy bien	con Alberto
Te llevas	bien	con Alberto y Esther
Se lleva	regular	con los compañeros
Nos llevamos	mal	con el jefe
Os lleváis	fatal	
Se llevan		

*Esther y Alberto **se llevan muy bien**.*

3. Recursos para disculparse

Pedir disculpas
Lo siento, de verdad, (es que)...
Disculpa/e, (es que)...
Perdóname/Perdóneme, (es que)...
Disculpa por...

Reaccionar positivamente
No te preocupes.
No es/pasa nada.
No tiene importancia.
No importa.

Reaccionar negativamente
Lo siento, pero no puedo disculparte.
De acuerdo, pero es la última vez.
Tus excusas no me valen.

12 ¡Fiesta!

1. Recursos para invitar o proponer: aceptar o rechazar una invitación

1.1. Invitar o proponer

Cuento contigo.   *Por favor, ven.*
No puedes faltar.   *¿Vendrás?*

1.2. Aceptar una invitación o propuesta

Estaría muy bien.   *Será un placer.*
Con mucho gusto.   *¡Cómo no!*

1.3. Rechazar una invitación o propuesta

- Presente:
Eres muy amable, pero es que no puedo.
Tengo que decirte que no porque ya tengo otros planes.

- Condicional de cortesía:
Me encantaría, pero es que...
Preferiría quedarme en casa, gracias.

- Futuro simple:
No sé si podré.
Lo intentaré. Veré qué puedo hacer.

- Perífrasis de futuro (*ir a* + infinitivo):
No sé si voy a poder.
Me temo que no voy a poder.

2. Expresar deseos

- Condicional (*me gustaría, me encantaría, sería maravilloso...*) + infinitivo
Me encantaría ir a la fiesta.

- Condicional + *que* + imperfecto de subjuntivo
Sería maravilloso que Juan pudiera venir.
  Los deseos expresados por esta estructura no se pueden cumplir o sin difíciles de cumplir.

- *Ojala* + imperfecto de subjuntivo
Ojalá estuviera aquí Pedro.

> Recuerda que *ojalá* + presente de subjuntivo se utiliza cuando se indica un deseo realizable en el futuro: *Ojalá haga sol mañana.*

2.1. Pretérito imperfecto de subjuntivo. Forma

	hablar	comer	vivir
yo	hablara/hablase	comiera/comiese	viviera/viviese
tú	hablaras/hablases	comieras/comieses	vivieras/vivieses
él/ella/usted	hablara/hablase	comiera/comiese	viviera/viviese
nosotros/as	habláramos/hablásemos	comiéramos/comiésemos	viviéramos/viviésemos
vosotros/as	hablarais/hablaseis	comierais/comieseis	vivierais/vivieseis
ellos/ellas/ustedes	hablaran/hablasen	comieran/comiesen	vivieran/viviesen

- Se forma a partir de la 3.ª persona plural del pretérito indefinido, a la que le quitamos la terminación *(-ron)*, y en su lugar añadimos las siguientes terminaciones *-ra/se, -ras/ses, -ra/se, -ramos/semos, -rais/seis, -ran/sen*.

- Las dos formas del imperfecto de subjuntivo (*-ra* y *-se*) son intercambiables prácticamente en todos sus usos, excepto para expresar cortesía.
Quisiera/~~quisiese~~ hacer un brindis.

- Observa el acento en la primera persona del plural: *habláramos, comiéramos, viviéramos.*

3. Pedir y dar permiso

Pedir permiso

¿Te molesta que + subjuntivo?
¿Te importa si + indicativo?
¿Es/Sería posible que + subjuntivo?
¿Te parecería bien que + subjuntivo?
¿Me das permiso para...?

Dar permiso

Por supuesto/claro (que sí).
¡Cómo no!
Como/donde/cuando quieras.
Estás en tu casa.
No, no, en absoluto.

Dar permiso con objeción

Bueno...
Bueno, vale...
Pero...,
Sí, siempre y cuando...
(Sí, pero) Solo si...

Denegar permiso

Me temo que no.
Lo siento, no es posible.
De ninguna manera.

13 ¡Qué desastre!

1. Recursos para redactar una carta de reclamación

Saludo	Contenidos	Despedida
Estimado señor:	El motivo de la presente carta...	Quedo a la espera de su respuesta.
Apreciado señor:	Le agradecería que...	Le saluda atentamente,
Me dirijo a usted		Reciba un saludo muy cordial,

2. Referirse a peticiones en el pasado

• Para reproducir una petición hecha en el pasado, se utiliza la siguiente estructura:
  tiempo pasado del indicativo + *que* + imperfecto de subjuntivo.
Le había dicho al recepcionista que **me despertara** *a las 7h. para ir al aeropuerto*
  y el muy despistado me despertó a las 8 h.
Les pedí a los de la compañía aérea que nos **dieran** *un asiento amplio y resulta que...*
  ¡nos pusieron en primera!
Había pedido que **me reservaran** *una habitación para tres y, cuando llegamos,*
  nos habían dado la mejor suite del hotel.

3. Comparativos

más
menos } + adjetivo/sustantivo + *que*
tan + adjetivo/adverbio + *como/de*
verbo + *igual de* + adjetivo/adverbio + *como*
verbo + *tanto* + *como*
tanto/a/os/as + sustantivo + *como*

El Hotel Aeropuerto es **mejor que** *el... para...*
  porque...
Yo diría que el Apartamento Paso no está **tan cerca**
  de*... como...*
El Hotel Ejecutivo le conviene **más a gente de**
  negocios que *a familias porque...*

Irregulares: *bueno/a > mejor*
  malo/a > peor

14 Que tengas suerte

1. Recursos para sugerir o recomendar

- *Te recomiendo*
  Te sugiero
  No dejes de
  No te olvides de } + infinitivo

- *Lo mejor sería*
  Sería mejor/
  importante/necesario } + *que* + imperfecto de subjuntivo

- *Te recomiendo*
  Te sugiero } + *que* + presente de subjuntivo

- *Cuando* + presente de subjuntivo + imperativo

2. Recursos para lamentarse

- *Me da pena/lástima*
  Es una pena/lástima
  Lamento } + infinitivo

- *Me da pena/lástima*
  Es una pena/lástima
  Lamento } + *que* + presente de subjuntivo

- *Sería una pena/lástima*
  Me daría pena/lástima } + *que* + imperfecto de subjuntivo

3. Recursos para proponer planes

- *¿Podríamos…*
  ¿Os gustaría…
  ¿Tendríamos que… } + infinitivo?

- *¿Os gustaría que* + imperfecto de subjuntivo?

4. Expresar deseos

Que + verbo en presente de subjuntivo.
Que sueñes con los angelitos.
Que tengas suerte.
Que cumplas muchos más.
Que aproveche.

5. Imperativos lexicalizados

- Son **imperativos lexicalizados** los verbos que en imperativo han perdido su significado original y tienen otro diferente.
- Se usan en distintas situaciones para expresar sorpresa, incredulidad, desilusión, llamar la atención, etc.
- Algunos de estos imperativos (como *anda* para expresar sorpresa, o *venga* para animar) nunca se modifican, pero hay otros como *mira, toma, no me digas, deja, oye* que cambian según hablemos de *tú* o de *usted* o nos dirijamos a una o más personas.
  Venga, *nos vemos el domingo.*
  Mirad, *ya he terminado los deberes.*
  Vaya, *acaba de irse el tren.*
  Oye, *¿dónde has dejado las llaves del coche?*

6. El estilo indirecto

Cuando transmitimos un mensaje los verbos del mensaje original sufren transformaciones.

Palabras textuales:	Palabras transmitidas:
*«Por ahora no **ha parado** de llover».* • Pretérito perfecto de indicativo	*Le contó que por ahora no **había parado** de llover.* • Pretérito pluscuamperfecto de indicativo
*«La ciudad me **encanta**».* • Presente de indicativo	*Le comentó que la ciudad le **encantaba**.* • Pretérito imperfecto de indicativo
*«Mi trabajo en la universidad **va** bien aunque **estoy** empezando».* • Presente de indicativo	*Le dijo que el trabajo en la universidad **iba** bien aunque **estaba** empezando.* • Pretérito imperfecto de indicativo
*«¡**Ven** a visitarme!».* • Imperativo	*Le dijo que **fuera** a visitarle.* • Pretérito imperfecto de subjuntivo
*«Cuando **vengas**, **tráeme** por favor los libros (…) Es que los necesito».* • Presente de indicativo	*Le pidió que cuando **fuera**, le **trajera** los libros (…) porque los necesitaba.* • Pretérito imperfecto de subjuntivo
*«Ya **he llamado** a su amiga argentina y ya **he quedado** con ella».* • Pretérito perfecto de indicativo	*Le escribió que Mario ya **había llamado** a su amiga argentina y que ya **había quedado** con ella.* • Pretérito pluscuamperfecto de indicativo

VERBOS REGULARES

TRABAJAR

Presente ind.	Pret. indefinido	Pret. imperfecto	Futuro	Pret. perfecto
trabajo	trabajé	trabajaba	trabajaré	he trabajado
trabajas	trabajaste	trabajabas	trabajarás	has trabajado
trabaja	trabajó	trabajaba	trabajará	ha trabajado
trabajamos	trabajamos	trabajábamos	trabajaremos	hemos trabajado
trabajáis	trabajasteis	trabajabais	trabajaréis	habéis trabajado
trabajan	trabajaron	trabajaban	trabajarán	han trabajado

Pret. pluscuamperf.	Imperativo afirmativo/negativo	Presente sub.	Pret. imperfecto sub.
había trabajado	trabaja / no trabajes (tú)	trabaje	trabajara / trabajase
habías trabajado	trabaje / no trabaje (usted)	trabajes	trabajaras / trabajases
había trabajado	trabajad / no trabajéis (vosotros)	trabaje	trabajara / trabajase
habíamos trabajado	trabajen / no trabajen (ustedes)	trabajemos	trabajáramos / trabajásemos
habíais trabajado		trabajéis	trabajarais / trabajaseis
habían trabajado		trabajen	trabajaran / trabajasen

COMER

Presente ind.	Pret. indefinido	Pret. imperfecto	Futuro	Pret. perfecto
como	comí	comía	comeré	he comido
comes	comiste	comías	comerás	has comido
come	comió	comía	comerá	ha comido
comemos	comimos	comíamos	comeremos	hemos comido
coméis	comisteis	comíais	comeréis	habéis comido
comen	comieron	comían	comerán	han comido

Pret. pluscuamperf.	Imperativo afirmativo/negativo	Presente sub.	Pret. imperfecto sub.
había comido	come / no comas (tú)	coma	comiera / comiese
habías comido	coma / no coma (usted)	comas	comieras / comieses
había comido	comed / no comáis (vosotros)	coma	comiera / comiese
habíamos comido	coman / no coman (ustedes)	comamos	comiéramos / comiésemos
habíais comido		comáis	comierais / comieseis
habían comido		coman	comieran / comiesen

VIVIR

Presente ind.	Pret. indefinido	Pret. imperfecto	Futuro	Pret. perfecto
vivo	viví	vivía	viviré	he vivido
vives	viviste	vivías	vivirás	has vivido
vive	vivió	vivía	vivirá	ha vivido
vivimos	vivimos	vivíamos	viviremos	hemos vivido
vivís	vivisteis	vivíais	viviréis	habéis vivido
viven	vivieron	vivían	vivirán	han vivido

Pret. pluscuamperf.	Imperativo afirmativo/negativo	Presente sub.	Pret. imperfecto sub.
había vivido	vive / no vivas (tú)	viva	viviera / viviese
habías vivido	viva / no viva (usted)	vivas	vivieras / vivieses
había vivido	vivid / no viváis (vosotros)	viva	viviera / viviese
habíamos vivido	vivan / no vivan (ustedes)	vivamos	viviéramos / viviésemos
habíais vivido		viváis	vivierais / vivieseis
habían vivido		vivan	vivieran / viviesen

VERBOS IRREGULARES

ACORDAR(SE)

Presente ind.	Pret. indef.	Futuro	Imperativo	Presente sub.	Pret. imperfecto sub.
(me) acuerdo	acordé	acordaré	acuerda(te) (tú)	acuerde	acordara / acordase
(te) acuerdas	acordaste	acordarás	acuerde(se) (usted)	acuerdes	acordaras / acordases
(se) acuerda	acordó	acordará	acordad (vosotros)	acuerde	acordara /acordase
(nos) acordamos	acordamos	acordaremos	acordaos (vosotros)	acordemos	acordáramos / acordásemos
(os) acordáis	acordasteis	acordaréis	acuerden(se) (ustedes)	acordéis	acordarais / acordaseis
(se) acuerdan	acordaron	acordarán		acuerden	acordaran / acordasen

ANDAR

Presente ind.	Pret. indef.	Futuro	Imperativo	Presente sub.	Pret. imperfecto sub.
ando	anduve	andaré	anda (tú)	ande	anduviera / anduviese
andas	anduviste	andarás	ande (usted)	andes	anduvieras / anduvieses
anda	anduvo	andará	andad (vosotros)	ande	anduviera / anduviese
andamos	anduvimos	andaremos	anden (ustedes)	andemos	anduviéramos / anduviésemos
andáis	anduvisteis	andaréis		andéis	anduvierais / anduvieseis
andan	anduvieron	andarán		anden	anduvieran / anduviesen

CERRAR

Presente ind.	Pret. indef.	Futuro	Imperativo	Presente sub.	Pret. imperfecto sub.
cierro	cerré	cerraré	cierra (tú)	cierre	cerrara / cerrase
cierras	cerraste	cerrarás	cierre (usted)	cierres	cerraras / cerrases
cierra	cerró	cerrará	cerrad (vosotros)	cierre	cerrara / cerrase
cerramos	cerramos	cerraremos	cierren (ustedes)	cerremos	cerráramos / cerrásemos
cerráis	cerrasteis	cerraréis		cerréis	cerrarais / cerraseis
cierran	cerraron	cerrarán		cierren	cerraran / cerrasen

CONOCER

Presente ind.	Pret. indef.	Futuro	Imperativo	Presente sub.	Pret. imperfecto sub.
conozco	conocí	conoceré	conoce (tú)	conozca	conociera / conociese
conoces	conociste	conocerás	conozca (usted)	conozcas	conocieras / conocieses
conoce	conoció	conocerá	conoced (vosotros)	conozca	conociera / conociese
conocemos	conocimos	conoceremos	conozcan (ustedes)	conozcamos	conociéramos / conociésemos
conocéis	conocisteis	conoceréis		conozcáis	conocierais / conocieseis
conocen	conocieron	conocerán		conozcan	conocieran / conociesen

DAR

Presente ind.	Pret. indef.	Futuro	Imperativo	Presente sub.	Pret. imperfecto sub.
doy	di	daré	da (tú)	dé	diera / diese
das	diste	darás	dé (usted)	des	dieras / dieses
da	dio	dará	dad (vosotros)	dé	diera / diese
damos	dimos	daremos	den (ustedes)	demos	diéramos / diésemos
dais	disteis	daréis		deis	dierais / dieseis
dan	dieron	darán		den	dieran / diesen

DECIR

Presente ind.	Pret. indef.	Futuro	Imperativo	Presente sub.	Pret. imperfecto sub.
digo	dije	diré	di (tú)	diga	dijera / dijese
dices	dijiste	dirás	diga (usted)	digas	dijeras / dijeses
dice	dijo	dirá	decid (vosotros)	diga	dijera / dijese
decimos	dijimos	diremos	digan (ustedes)	digamos	dijéramos / dijésemos
decís	dijisteis	diréis		digáis	dijerais / dijeseis
dicen	dijeron	dirán		digan	dijeran / dijesen

DORMIR(SE)

Presente ind.	Pret. indef.	Futuro	Imperativo	Presente sub.	Pret. imperfecto sub.
(me) duermo	dormí	dormiré	duerme(te) (tú)	duerma	durmiera / durmiese
(te) duermes	dormiste	dormirás	duerma(se) (usted)	duermas	durmieras / durmieses
(se) duerme	durmió	dormirá	dormid (vosotros)	duerma	durmiera / durmiese
(nos) dormimos	dormimos	dormiremos	dormíos (vosotros)	durmamos	durmiéramos / durmiésemos
(os) dormís	dormisteis	dormiréis	duerman(se) (ustedes)	durmáis	durmierais / durmieseis
(se) duermen	durmieron	dormirán		duerman	durmieran / durmiesen

ESTAR

Presente ind.	Pret. indef.	Futuro	Imperativo	Presente sub.	Pret. imperfecto sub.
estoy	estuve	estaré	está / no estés (tú)	esté	estuviera / estuviese
estás	estuviste	estarás	esté / no esté (usted)	estés	estuvieras / estuvieses
está	estuvo	estará	estad / no estéis (vosotros)	esté	estuviera / estuviese
estamos	estuvimos	estaremos	estén / no estén (ustedes)	estemos	estuviéramos / estuviésemos
estáis	estuvisteis	estaréis		estéis	estuvierais / estuvieseis
están	estuvieron	estarán		estén	estuvieran / estuviesen

HACER

Presente ind.	Pret. indef.	Futuro	Imperativo	Presente sub.	Pret. imperfecto sub.
hago	hice	haré	haz / no hagas (tú)	haga	hiciera / hiciese
haces	hiciste	harás	haga / no haga (usted)	hagas	hicieras / hicieses
hace	hizo	hará	haced / no hagáis (vosotros)	haga	hiciera / hiciese
hacemos	hicimos	haremos	hagan / no hagan (ustedes)	hagamos	hiciéramos / hiciésemos
hacéis	hicisteis	haréis		hagáis	hicierais / hicieseis
hacen	hicieron	harán		hagan	hicieran / hiciesen

HABER

Presente ind.	Pret. indef.	Futuro	Imperativo	Presente sub.	Pret. imperfecto sub.
he	hube	habré	he / no hayas (tú)	haya	hubiera / hubiese
has	hubiste	habrás	haya / no haya (usted)	hayas	hubieras / hubieses
ha	hubo	habrá	habed / no hayáis (vosotros)	haya	hubiera / hubiese
hemos	hubimos	habremos	hayan / no hayan (ustedes)	hayamos	hubiéramos / hubiésemos
habéis	hubisteis	habréis		hayáis	hubierais / hubieseis
han	hubieron	habrán		hayan	hubieran / hubiesen

IR

Presente ind.	Pret. indef.	Futuro	Imperativo	Presente sub.	Pret. imperfecto sub.
voy	fui	iré	ve / no vayas (tú)	vaya	fuera / fuese
vas	fuiste	irás	vaya / no vaya (usted)	vayas	fueras / fueses
va	fue	irá	id / no vayáis (vosotros)	vaya	fuera / fuese
vamos	fuimos	iremos	vayan / no vayan (ustedes)	vayamos	fuéramos / fuésemos
vais	fuisteis	iréis		vayáis	fuerais / fueseis
van	fueron	irán		vayan	fueran / fuesen

JUGAR

Presente ind.	Pret. indef.	Futuro	Imperativo	Presente sub.	Pret. imperfecto sub.
juego	jugué	jugaré	juega / no juegues (tú)	juegue	jugara / jugase
juegas	jugaste	jugarás	juegue / no juegue (usted)	juegues	jugaras / jugases
juega	jugó	jugará	jugad / no juguéis (vosotros)	juegue	jugara / jugase
jugamos	jugamos	jugaremos	jueguen / no jueguen (ustedes)	juguemos	jugáramos / jugásemos
jugáis	jugasteis	jugaréis		juguéis	jugarais / jugaseis
juegan	jugaron	jugarán		jueguen	jugaran / jugasen

LEER

Presente ind.	Pret. indef.	Futuro	Imperativo	Presente sub.	Pret. imperfecto sub.
leo	leí	leeré	lee / no leas (tú)	lea	leyera / leyese
lees	leíste	leerás	lea / no lea (usted)	leas	leyeras / leyeses
lee	leyó	leerá	leed / no leáis (vosotros)	lea	leyera / leyese
leemos	leímos	leeremos	lean / no lean (ustedes)	leamos	leyéramos / leyésemos
leéis	leísteis	leeréis		leáis	leyerais / leyeseis
leen	leyeron	leerán		lean	leyeran / leyesen

OÍR

Presente ind.	Pret. indef.	Futuro	Imperativo	Presente sub.	Pret. imperfecto sub.
oigo	oí	oiré	oye / no oigas (tú)	oiga	oyera / oyese
oyes	oíste	oirás	oiga / no oiga (usted)	oigas	oyeras / oyeses
oye	oyó	oirá	oíd / no oigáis (vosotros)	oiga	oyera / oyese
oímos	oímos	oiremos	oigan / no oigan (ustedes)	oigamos	oyéramos / oyésemos
oís	oísteis	oiréis		oigáis	oyerais / oyeseis
oyen	oyeron	oirán		oigan	oyeran / oyesen

PEDIR

Presente ind.	Pret. indef.	Futuro	Imperativo	Presente sub.	Pret. imperfecto sub.
pido	pedí	pediré	pide / no pidas (tú)	pida	pidiera / pidiese
pides	pediste	pedirás	pida / no pida (usted)	pidas	pidieras / pidieses
pide	pidió	pedirá	pedid / no pidáis (vosotros)	pida	pidiera / pidiese
pedimos	pedimos	pediremos	pidan / no pidan (ustedes)	pidamos	pidiéramos / pidiésemos
pedís	pedisteis	pediréis		pidáis	pidierais / pidieseis
piden	pidieron	pedirán		pidan	pidieran / pidiesen

PODER

Presente ind.	Pret. indef.	Futuro	Imperativo	Presente sub.	Pret. imperfecto sub.
puedo	pude	podré	puede / no puedas (tú)	pueda	pudiera / pudiese
puedes	pudiste	podrás	pueda / no pueda (usted)	puedas	pudieras / pudieses
puede	pudo	podrá	poded / no podáis (vosotros)	pueda	pudiera / pudiese
podemos	pudimos	podremos	puedan / no puedan (ustedes)	podamos	pudiéramos / pudiésemos
podéis	pudisteis	podréis		podáis	pudierais / pudieseis
pueden	pudieron	podrán		puedan	pudieran / pudiesen

PONER

Presente ind.	Pret. indef.	Futuro	Imperativo	Presente sub.	Pret. imperfecto sub.
pongo	puse	pondré	pon / no pongas (tú)	ponga	pusiera / pusiese
pones	pusiste	pondrás	ponga / no ponga (usted)	pongas	pusieras / pusieses
pone	puso	pondrá	poned / no pongáis (vosotros)	ponga	pusiera / pusiese
ponemos	pusimos	pondremos	pongan / no pongan (ustedes)	pongamos	pusiéramos / pusiésemos
ponéis	pusisteis	pondréis		pongáis	pusierais / pusieseis
ponen	pusieron	pondrán		pongan	pusieran / pusiesen

QUERER

Presente ind.	Pret. indef.	Futuro	Imperativo	Presente sub.	Pret. imperfecto sub.
quiero	quise	querré	quiere / no quieras (tú)	quiera	quisiera / quisiese
quieres	quisiste	querrás	quiera / no quiera (usted)	quieras	quisieras / quisieses
quiere	quiso	querrá	quered / no queráis (vosotros)	quiera	quisiera / quisiese
queremos	quisimos	querremos	quieran / no quieran (ustedes)	queramos	quisiéramos / quisiésemos
queréis	quisisteis	querréis		queráis	quisierais / quisieseis
quieren	quisieron	querrán		quieran	quisieran / quisiesen

SABER

Presente ind.	Pret. indef.	Futuro	Imperativo	Presente sub.	Pret. imperfecto sub.
sé	supe	sabré	sabe / no sepas (tú)	sepa	supiera / supiese
sabes	supiste	sabrás	sepa / no sepa (usted)	sepas	supieras / supieses
sabe	supo	sabrá	sabed / no sepáis (vosotros)	sepa	supiera / supiese
sabemos	supimos	sabremos	sepan / no sepan (ustedes)	sepamos	supiéramos / supiésemos
sabéis	supisteis	sabréis		sepáis	supierais / supieseis
saben	supieron	sabrán		sepan	supieran / supiesen

SALIR

Presente ind.	Pret. indef.	Futuro	Imperativo	Presente sub.	Pret. imperfecto sub.
salgo	salí	saldré	sal / no salgas (tú)	salga	saliera / saliese
sales	saliste	saldrás	salga / no salga (usted)	salgas	salieras / salieses
sale	salió	saldrá	salid / no salgáis (vosotros)	salga	saliera / saliese
salimos	salimos	saldremos	salgan / no salgan (ustedes)	salgamos	saliéramos / saliésemos
salís	salisteis	saldréis		salgáis	salierais / salieseis
salen	salieron	saldrán		salgan	salieran / saliesen

SER

Presente ind.	Pret. indef.	Futuro	Imperativo	Presente sub.	Pret. imperfecto sub.
soy	fui	seré	sé / no seas (tú)	sea	fuera / fuese
eres	fuiste	serás	sea / no sea (usted)	seas	fueras / fueses
es	fue	será	sed / no seáis (vosotros)	sea	fuera / fuese
somos	fuimos	seremos	sean / no sean (ustedes)	seamos	fuéramos / fuésemos
sois	fuisteis	seréis		seáis	fuerais / fueseis
son	fueron	serán		sean	fueran / fuesen

TRADUCIR

Presente ind.	Pret. indef.	Futuro	Imperativo	Presente sub.	Pret. imperfecto sub.
traduzco	traduje	traduciré	traduce / no traduzcas (tú)	traduzca	tradujera / tradujese
traduces	tradujiste	traducirás	traduzca / no traduzca (usted)	traduzcas	tradujeras / tradujeses
traduce	tradujo	traducirá	traducid / no traduzcáis (vosotros)	traduzca	tradujera / tradujese
traducimos	tradujimos	traduciremos	traduzcan / no traduzcan (ustedes)	traduzcamos	tradujéramos / tradujésemos
traducís	tradujisteis	traduciréis		traduzcáis	tradujerais / tradujeseis
traducen	tradujeron	traducirán		traduzcan	tradujeran / tradujesen

VENIR

Presente ind.	Pret. indef.	Futuro	Imperativo	Presente sub.	Pret. imperfecto sub.
vengo	vine	vendré	ven / no vengas (tú)	venga	viniera / viniese
vienes	viniste	vendrás	venga / no venga (usted)	vengas	vinieras / vinieses
viene	vino	vendrá	venid / no vengáis (vosotros)	venga	viniera / viniese
venimos	vinimos	vendremos	vengan / no vengan (ustedes)	vengamos	viniéramos / viniésemos
venís	vinisteis	vendréis		vengáis	vinierais / vinieseis
vienen	vinieron	vendrán		vengan	vinieran / viniesen

UNIDAD 1

Agencia ELE
Mi biografía lingüística

Paloma: Sr. García Núñez, ¿se acuerda de mí? Soy Paloma Martín, la fotógrafa de Agencia ELE.

Sr. García Núñez: ¡Ah, sí! Paloma, claro que la recuerdo. ¡Qué alegría verla otra vez!

Paloma: Lo mismo digo. Mire, le presento a Sergio Montero, el reportero de Agencia ELE.

Sergio: Mucho gusto, señor.

Sr. García Núñez: Encantado de conocerlo. ¿Es esta su primera vez en Sevilla? Discúlpenme, los tengo que dejar. ¡Hombre! ¡Santiago Pereyra!

Paloma: Mira, esos que están ahí son los Crespo, los investigadores de los que te he hablado. Son muy majos.

¡Hola, Marta! ¿Qué tal, Pablo? ¿Os acordáis de mí?

Marta: Claro, Paloma. ¿Cómo estás? ¡Me alegro de verte!

Paloma: Mirad, este es Sergio, reportero de la Agencia.

Pablo: ¡Hola! ¿Qué tal?

Sergio: ¡Hola! Mucho gusto.

Marta y Pablo: Encantados.

Pablo: Oye, Paloma, ¿qué tal va el congreso?

Paloma: Bien, muy interesante. No soy especialista, pero estoy aprendiendo mucho. Os dejamos, que tenemos una entrevista. Nos vemos...

Pablo: Sí, a ver si hablamos luego.

Paloma: Si no nos volvemos a ver, dale nuestros recuerdos a Rocío, ¿vale?

(Esa noche, en el vestíbulo del hotel)

Paloma: ¿Qué tal el día?

Sergio: Muy bien. Incluso escribí mi biografía lingüística.

Paloma: ¿...?

Sergio: Sí, la historia de mi aprendizaje de idiomas. Mira aquí tengo una para el reportaje.

Entre líneas
2 ¿Qué hacías para aprender...?
c

Bernard: Empecé a estudiar español hace 6 años en el instituto y como éramos muchos en clase y estudiaba poco, no avanzaba; tenía muchas dificultades y muy pocas oportunidades para practicar, hasta que la profesora de tercero nos animó a usar las redes sociales y a escribir mensajes por internet con chicos en España. Al principio era difícil, pero era una comunicación real y pronto encontré gente con la que tenía muchas cosas en común, sobre todo, la música. Entonces me di cuenta de que tenía ganas de aprender español para comunicarme bien con ellos. Además de chatear, leía y oía música en español; también me ayudó mucho anotar las palabras más frecuentes en una libreta que luego intentaba usar en el chat.

El año pasado mis amigos Javier y Elena vinieron a Bélgica y pasaron dos semanas conmigo. ¡Pude hablar con ellos en español! Dicen que hablo muy bien, pero yo creo que tengo que seguir practicando. Por eso, ahora también hablamos por Skype.

Línea a línea
1 El turismo idiomático
b

Locutora: ¡Hola, queridos radioyentes! Estamos en la Escuela de Idiomas de la Universidad, aquí en Barcelona. Es la una y media y vemos a muchos estudiantes saliendo de la escuela. Vamos a entrevistar a algunos. Hola, perdona, ¿tienes unos minutos? Te quiero hacer unas preguntas para un programa de radio.

Yamila: Sí, claro.

Locutora: ¿De dónde eres?

Yamila: Soy de Jordania.

Locutora: ¿Y qué idioma estás estudiando?

Yamila: Estudio español.

Locutora: ¿Puedo preguntarte por qué?

Yamila: ¡Por supuesto! Estoy aquí con una beca. En mi país estoy estudiando relaciones internacionales y tenía que estudiar otro idioma. Por eso elegí el español y, por suerte, conseguí esta beca.

Locutora: ¿Y te consideras una buena estudiante de español?

Yamila: Bueno, tengo mis trucos.

Locutora: ¿Cuáles, por ejemplo?

Yamila: Hago los deberes todos los días, reescribo las conjugaciones, hago un dibujo al lado de cada palabra nueva, no sé... esas cosas.

Locutora: ¡Pero hablas muy bien español!

Yamila: Gracias.

Locutora: Te deseo mucha suerte, ¡adiós! Perdona, ¿te puedo hacer unas preguntas para un programa de radio?

Marcos: Bueno, pero no tengo mucho tiempo.

Locutora: No te preocupes, será solo un momento. ¿De dónde eres y qué idioma estás estudiando?

Marcos: Soy argentino y estoy estudiando catalán.

Locutora: ¿Puedo preguntarte el motivo?

Marcos: Sí, claro. Mi novia es catalana, nos conocimos en unas vacaciones en Cuba y me vine a vivir a Barcelona. Me di cuenta de que con el español no era suficiente, por eso decidí estudiar catalán.

Locutora: ¿Y te consideras un buen estudiante de catalán?

Marcos: Mirá, yo siempre trato de relacionar lo que aprendo con los otros idiomas que ya sé. Por suerte, leer me cuesta poco, pero tengo dificultad con la pronunciación. Por eso trato de imitar a los nativos. Además, veo mucho la tele en catalán y eso me ayuda.

Locutora: Me parece muy bien. Y dime, ¿cuándo termina el curso? ¿Te queda mucho?

Marcos: No, dura un mes y me queda una semana.

Locutora: Ahá. Bueno, gracias por tu tiempo y ¡mucha suerte!

Discúlpame. Somos de la radio y estamos haciendo entrevistas. ¿Te importaría responder a unas preguntas?

Gianni: ¿Para la radio? Ah, me encanta salir en la radio.

Locutora: Muy bien. ¿De dónde eres y qué idioma estás estudiando?

Gianni: Soy italiano, de Nápoles, y estoy estudiando español.

Locutora: ¿Lo haces por tu trabajo o por placer?

Gianni: En realidad lo estudio por placer. Soy un fanático de la música latina y para mí es muy importante entender la letra de las canciones.

Locutora: ¿Entonces estudias español solo por la música?

Gianni: Sí, empecé por la música pero poco a poco descubrí la cultura en español.

Locutora: ¡Que es muy rica y variada!

Gianni: Claro...

Locutora: Y dime una cosa, ¿te consideras un buen estudiante de español?

Gianni: Ehhh, ya sabes, muchas palabras del español son parecidas en italiano.

Locutora: Es verdad.

Gianni: Eso me ayuda mucho. Además, como me gusta tanto la música, me encanta aprender y recordar cosas con las canciones. Por ejemplo, es fácil recordar si una palabra es femenina o masculina con una canción. «*La última noche que pasé contigo...*». Así nunca olvidaré que 'noche' es femenino. O con la canción «Contigo», «*...quiero soñar contigo*», y así recuerdo que 'soñar' va con la preposición 'con'.

Locutora: Eres todo un artista del aprendizaje. Te felicito.

Gianni: ¡Gracias!

UNIDAD 2

Agencia ELE
El empleo juvenil

Paloma: Ven, Luis, acerquémonos a esa mesa, parecen simpáticos.

Luis: Sí, vamos.

¡Hola! Somos de Agencia ELE y estamos haciendo un reportaje sobre el empleo juvenil. ¿Podemos haceros unas preguntas?

Chico 1: ¿Empleo? ¿De qué me estás hablando, tío? Hace siete meses que estoy en el paro. No soy la persona indicada. Mejor habla con Ana.

Luis: Hola, Ana. Cuéntanos, ¿tú trabajas?

Chica 1: Sí, pero tengo un trabajo a tiempo parcial. La situación está muy mal, ya sabes, la crisis. Soy la típica mileurista con un empleo precario.

Paloma: ¿Y cómo te las arreglas?

Chica 1: Pues, sigo viviendo con mis padres a los 30 años, pero no me gusta que me mantengan. Quiero ser independiente, claro.

Paloma: ¿Y tú?

Chico 2: Yo soy uno de los muchos pluriempleados. Tengo dos trabajos, en ambos tengo un contrato temporal, pero me encanta lo que hago.

Paloma: ¿A qué te dedicas?

Chico 2: Soy actor y trabajo en teatro y en televisión. Mi sueño es hacer cine. Espero que algún día me den un buen papel.

Luis: Ojalá tengas suerte.

Chico 2: Gracias.

Paloma: ¿Tú también trabajas?

Chica 2: Sí, y a mí también me gusta lo que hago.

Paloma: Ah, ¿sí? Cuéntanos. ¿Qué haces?

Chica 2: Soy periodista, como vosotros.

Luis: ¡Pero qué casualidad! Así que somos colegas. ¿Y dónde trabajas?

Chica 2: Soy autónoma y trabajo desde mi casa.

Paloma: ¡El teletrabajo!

Chica 2: Exacto. Escribo para varios medios. Prefiero que me paguen por cada nota o reportaje que hago, así soy realmente independiente. No me gusta que me digan qué debo hacer. Prefiero elegir.

Paloma: ¿Y vives sola?

Chica 2: Sí, claro. Vivo en un estudio muy pequeño, pero creo que el esfuerzo vale la pena.

Entre líneas

1 ¿Has dejado de fumar...?
c

Rocío: Buenas tardes, señor Moyano. Mi nombre es Rocío Parra. Muchas gracias por aceptar esta entrevista.

Carlos Moyano: Muy buenas tardes.

Rocío: Usted ha publicado recientemente un estudio sobre la juventud actual. ¿Cuáles son sus características principales?

Carlos Moyano: Es muy difícil responder a esa pregunta de manera precisa: muchos tienen la imagen de que los jóvenes viven el presente, piensan en divertirse, son materialistas y hedonistas... Pero también hay muchos jóvenes generosos, buenos estudiantes, voluntarios de ONG... Los datos que manejamos ofrecen estadísticas, pero hay que ser muy cuidadoso con las conclusiones. Piense que las estadísticas nos dicen que hay un enorme fracaso escolar, pero también que esta es una de las generaciones con mejor formación, más oportunidades educativas y mejor conocimiento de idiomas.

Rocío: Pero usted ha comparado los jóvenes de ahora con los de la década de 1960 y ve diferencias, ¿no es así?

Carlos Moyano: Sí, hemos utilizado los datos que teníamos de los jóvenes de la década de 1960. Muchos de los que eran jóvenes entonces son padres de los chicos de nuestro estudio. El estudio señala, por ejemplo, que la juventud actual está menos interesada en la política y en los temas sociales que sus padres.

Rocío: ¿Y es cierto que son menos idealistas que sus padres?

Carlos Moyano: Parece que sí han dejado de ser idealistas. Recuerde que los años 60 son los años de los Beatles, los hippies, las protestas estudiantiles..., era una época de gran movilización social y política.

Rocío: ¿Y en qué se parecen padres e hijos?

Carlos Moyano: Hay cosas que no cambian: como sus padres, los jóvenes de hoy siguen siendo románticos, les gusta divertirse, salir de noche y pasar mucho tiempo fuera de casa. Lo más importante para ellos son los amigos.

Rocío: Pero los padres se quejan de sus hijos, piensan que trabajan menos que ellos, que son más egoístas, que no aprovechan sus oportunidades...

Carlos Moyano: Sí, sí, pero eso ocurre siempre. Los mayores siempre creen que los jóvenes tienen un comportamiento inadecuado... En realidad, es muy parecido al que tenían ellos. Es una percepción de los adultos. La sociedad cree que los jóvenes ven mucha televisión y han dejado de leer, por ejemplo, y no es cierto.

Rocío: ¿Qué más nos puede decir de...?

4 El mercado laboral
b

En cuanto al grupo de candidatos entre 26 y 35 años que buscan empleo destaca el alto porcentaje de los que poseen estudios universitarios: es un 51%. Es decir, es el grupo de edad con mayor nivel de estudios. Sin embargo, debido a su edad, tienen poca experiencia laboral: así, el 38% tiene entre 5 y 10 años de experiencia. Quizá por ello este grupo de edad es muy flexible en cuanto a las condiciones de trabajo y su disponibilidad: el 49,5% está dispuesto a cambiar de residencia; el 46% acepta los viajes como parte del trabajo; y el 34% es indiferente en cuanto al horario, aunque otro 33% prefiere jornada completa.

El siguiente grupo, candidatos entre 36 y 45 años, tiene, como es lógico, más años de experiencia laboral: el 67% tiene más de 10 años acumulados. Tiene menos formación que el grupo anterior: tiene estudios universitarios el 40% y estudios secundarios el 42%. En este grupo, que cuenta con más personas con familia, la mayoría prefiere jornada completa: el 35,4%.

UNIDAD 3

Agencia ELE

1 ¡Bienvenido, Mister Marshall!
d

Mujer: ¡Ah!, esta película está muy bien. ¿Sabes que casi provocó un conflicto diplomático?

Hombre 1: ¡No me digas!, ¿y eso?

Mujer: Pues es que España quedó fuera del Plan Marshall, el programa de ayuda económica para Europa después de la Segunda Guerra Mundial. En realidad, la película aprovecha este plan para criticar al gobierno, pero parece que critica al plan. Y cuando se estrenó la película, en la Gran Vía de Madrid había carteles de ¡Bienvenido, Mister Marshall!; en aquella época, llegó un nuevo embajador americano y, cuando los vio, pensó que era una burla contra los Estados Unidos y se quejó al Gobierno.

Hombre 2: ¡Qué bueno!

Hombre 1: Ah, pues, ¿sabéis qué? Cuando la presentaron en el festival de Cannes, la delegación americana también protestó.

Mujer: ¿Ah, sí? ¿Y por qué?

Hombre 1: Pues porque promocionaron la película repartiendo billetes de un dólar con las caras de los actores principales. Casi los expulsan de Cannes.

Hombre 2: ¡No me digas!

Homenaje de película

Luis: ¡Buenas tardes! Nos encontramos en Guadalix de la Sierra, el pueblo en el que se rodó ¡Bienvenido, Mister Marshall! Hoy se proyecta la película en homenaje a su director.

Queremos que los invitados nos cuenten cosas relacionadas con esta película y con el cine de la época. ¿Ha visto usted la película?

Mujer 1: Claro, varias veces.

Luis: ¿Y qué es lo que más le gusta?

Mujer 1: Las canciones. De esa época me gustan mucho las películas musicales. Ya no se hacen películas así...

Luis: ¿Y su personaje favorito?

Mujer 1: La maestra, cuando enseña a los habitantes del pueblo los nombres de los trajes andaluces.

(Más tarde)

Luis: Allí vemos algunas caras famosas del cine actual, a ver qué nos cuentan. ¿Y vosotros, qué pensáis de esta película?

Hombre 1: Es una de mis películas favoritas. Además, creo que es importante hacer aquí este homenaje; fue un hecho importante para este pueblo.

Luis: ¿Y cuál es tu personaje favorito?

Hombre 1: Creo que el alcalde. Aún hoy, sigue pareciendo un personaje cercano. ¡Y se rodó hace más de 50 años!

Luis: ¿Y los niños? Vamos a ver qué opinan. ¿Qué te ha parecido la película?

Niño: Es que no me gustan mucho las películas en blanco y negro.

Luis: Pero esta es un poco especial, ¿no?

Niño: Sí, está hecha en este pueblo; mira, ¡sale esta fuente!

Luis: ¿Y a ti? ¿Qué es lo que más te gusta de la película?

Hombre 2: A mí me parece impresionante cómo esta película pudo superar la censura, igual que otras del mismo director.

Luis: ¿Y a usted?

Mujer 2: A mí me encanta ver cómo eran antes los pueblos. Fíjese, este pueblo ya no se parece en nada al de la película.

Luis: Bueno, creo que ya tenemos suficiente información. ¿Escribimos el reportaje?

Entre líneas

3 ¿Sabías que...?
a

Locutora: Buenas noches, hoy nos dirigimos a nuestros oyentes para que nos cuenten cosas del cine, cosas curiosas que les han pasado, noticias que han conocido de primera mano...

Hola, ¿desde dónde llama?

Chica: Hola, llamo desde Almería. Verás, supongo que sabes que aquí se rodaron muchas películas del oeste, pero ¿sabías que también se rodó aquí una película de Indiana Jones?

Locutora: ¿Cuál?

Chica: La de la última cruzada.

Locutora: ¡Ah!, pues no lo sabía, no.

Chica: Y muchas otras... También se rodó aquí Conan el Bárbaro, y Doctor Zhivago... Muchos de los habitantes de Tabernas, el pueblo donde estaba el estudio, participaron como extras.

Locutora: ¡Qué curioso! ¡Muchas gracias por llamar! Nuestro segundo participante. ¡Adelante, cuéntenos!

Chico: ¡Hola! ¿Sabías que una de las películas de Harry Potter está dirigida por un director argentino?

Locutora: Sí, sí, lo sabía.

Chico: ¿Y sabes qué? Tenía prohibido por contrato decir tacos delante de los niños.

Locutora: Eso sí que no lo sabía. ¡Qué barbaridad! No me lo puedo creer. ¿Y lo cumplió?

Chico: Imagino que sí, puesto que terminó la película. (risas)

Locutora: Suponemos que sí, entonces. Gracias por llamar.

Vamos con nuestro tercer participante. Buenas tardes, ¿desde dónde llama?

Hombre 1: Desde Madrid. Quería contar una cosa muy breve... ¿Sabías que Garci, cuando fue a recoger el Óscar, no tenía pajarita y se la pidió a un camarero del hotel?

Locutora: ¿En serio? ¡Qué cosas! ¡Qué poco previsor! ¡Hasta luego y gracias!

Aquí tenemos a nuestro próximo participante. ¡Hola!

Hombre 2: Hola, buenas tardes. ¿Sabes que una de las películas que más Óscar ha ganado es Titanic? ¡Once de catorce nominaciones!

Locutora: Sí, ya lo sabía. Lo leí hace tiempo... Es que Titanic es una de mis películas favoritas. Gracias por llamar.

Y vamos ya con el último participante de esta tarde. Hola, buenas tardes. ¿De quién nos vas a hablar?

Mujer: Pues yo quería contar lo de Trueba, aunque seguro que ya lo sabéis.

Locutora: No sé, a ver, ¿a qué te refieres?

Mujer: Pues que cuando le dieron el Óscar por *Belle Epoque* dijo que no creía en Dios, solo en Billy Wilder y que por eso se lo agradecía a él.

Locutora: ¡Ah, sí, es verdad! Ahora me acuerdo.

Mujer: Lo que mucha gente no sabe es que al día siguiente lo llamó Billy Wilder y le dijo: «Hola, Fernando, soy Dios».

Locutora: ¡Sí, cierto! Esa es una respuesta muy de Wilder, ¿verdad? Gracias por llamar.

4 Pues yo una vez...
b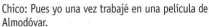

Chico: Pues yo una vez trabajé en una película de Almodóvar.

Chica: ¿De verdad?

Chico: Sí, estaba en la universidad y unos amigos míos muy modernos frecuentaban la noche madrileña. Entonces se enteraron de que Almodóvar buscaba gente para hacer de figurante en una película.

Chica: ¿Y fuiste?

Chico: Sí. Era una escena en una discoteca. Almodóvar daba instrucciones a todo el mundo. Me encantó verlo dirigir, estaba atento a todos los detalles.

Chica: ¿Y tú qué tenías que hacer?

Chico: Mis amigos y yo teníamos que estar junto a la barra, hablando. Estábamos riéndonos y entonces vino Almodóvar para decirnos que no teníamos que reír, y nos dijo cómo teníamos que coger los vasos de bebida. No le gustaba cómo estábamos.

Chica: ¡No me digas!

Chico: Sí. Lo más gracioso es que, al final, aparecemos menos de un segundo.

Chica: ¡Vaya! Por cierto, ¿qué peli era?

Chico: La película era *La ley del deseo*.

c

Chica 1: ¿Sabes lo que me pasó una vez volviendo a casa?

Chica 2: No, ¿qué te pasó?

Chica 1: Pues verás: era muy tarde y venía de una fiesta lejos de mi casa. La verdad es que tenía mucho, mucho sueño. No bebo nunca, pero, chica, es que estaba conduciendo fatal, probablemente por el cansancio.

Chica 2: ¿De verdad?

Chica 1: Sí, sí, de verdad. Y de pronto, vi unas luces que me decían que tenía que parar. Era un control de alcoholemia de la policía.

Chica 2: ¡No me digas!

Chica 1: Ya lo creo. Me hicieron soplar varias veces porque creían que estaba borracha. Pero, ¡qué va! En absoluto. Al final me dejaron ir sin problemas.

Chica 2: ¡Qué fuerte!

Línea a línea
1 ¿V.O. o doblada?
d

En España, en la época de la censura, algunas situaciones que no les gustaban a los censores se resolvían en el proceso de doblaje. Por ejemplo, en la película *Mogambo*, el matrimonio que viaja por África se convierte en una pareja de hermanos. Pero, claro, unos hermanos muy cariñosos. Conforme avanza la película, se va desencadenando la tragedia, y no entiendes por qué. Porque, al

fin y al cabo, en la versión censurada, tanto Grace, la «hermana», como Clark, el guía, son solteros y libres y no se entiende qué impide la relación. Tampoco se entiende por qué el «hermano» se enfada tanto...

2 ¡No me digas!
a

Mujer 1: ¿Sabes que yo me encontré con este señor en un bar?

Hombre 1: ¿Con quién? ¿Con Constantino Romero?

Mujer 1: Sí, exacto. Durante un viaje a Tenerife, hace ya varios años. Yo estaba en la barra, quería pedir un café y de pronto escuché una voz que me sonaba muy familiar diciendo: «Oiga, ¿me da la cuenta, por favor?».

Hombre 2: ¿Y era él?

Mujer 1: Pues sí. Al oírlo, me giré y claro, él se dio cuenta.

Hombre 1: Seguro que está acostumbrado.

Mujer 1: Sí, porque me miró sonriendo, parece que le pasa con frecuencia...

Hombre 2: ¡Qué coincidencia! ¿No?

Hombre 1: Huy, pues a mí en Tenerife también me pasó una cosa muy curiosa.

Mujer 1: ¿Sí? ¿Qué te pasó?

Hombre 1: Pues verás, hace tres años estuve allí de viaje con mi familia. Un día, después de una excursión al Teide con varias horas andando por la montaña, decidimos ir a comer algo. Estábamos todos cansadísimos, y llevábamos unas pintas horribles.

Hombre 2: No me extraña, después de un día así...

Hombre 1: Total, que mi familia entró a un restaurante y se sentó a una mesa mientras yo hablaba por teléfono con mi jefe. Después entré yo y, cuando iba directamente hacia la mesa, el camarero vino hacia mí y me dio un bocadillo, pero a la vez me dirigía hacia la salida. No me dejaba entrar.

Mujer 2: ¡No me digas! ¿De verdad?

Hombre 1: Sí, se pensaba que entraba a pedir dinero o algo así...

Mujer 1: Jajaja, ¡qué bueno!, ¿y qué hiciste?

Hombre 1: Pues explicarle que iba con los de la mesa, a cenar con ellos y no a pedirles dinero...

Mujer 1: ¡Jo, qué apuro!

Hombre 1: Sí, el pobre camarero no paraba de pedir perdón. Pero creo que yo estaba más avergonzado que él.

Hombre 2: Pues a mí me pasó algo parecido... Un día, cuando estaba aprendiendo a tocar la guitarra.

Hombre 1: ¿Ah, sí? ¿Qué te pasó?

Hombre 2: Pues verás: tenía un rato libre antes de la clase y me senté en un banco del parque. Como me aburría, pues saqué la guitarra y me puse a tocar un rato, para practicar antes de clase. Y cuando estaba ya un rato con mis ejercicios, llegó una señora y me dejó un euro en la funda de la guitarra.

Mujer 1: Jajaja, ¿y qué hiciste?

Hombre 2: Pues la verdad es que me sorprendí tanto que no supe reaccionar. Estuve mirándola un rato, mientras se iba.

Mujer 2: Jajaja, ¿y qué hiciste con el euro?

Hombre 2: Lo llevo en la funda de la guitarra, de amuleto de la buena suerte.

UNIDAD 4

Agencia ELE
Reunión de trabajo

Carmen: Bueno, chicos, ¿qué habéis pensado?

Sergio: He pensado en cuestiones culturales: cómo serán los museos... o los conciertos.

Carmen: Me parece bien, podemos seguir trabajando con esas ideas. Y tú, Miquel, ¿qué propones?

Miquel: ¿Conocéis el informe Mercer sobre ciudades donde mejor se vive? Sería interesante un reportaje sobre estas ciudades, presente, pasado y futuro.

Rocío: Serían demasiadas páginas, ¿no? No tenemos tanto espacio.

Miquel: Sí, tienes razón. Mejor una ciudad únicamente, pero ¿cuál?

Mario: ¿Por qué no Sao Paulo? Podemos hablar del futuro de la ciudad, hablar con el alcalde, empresarios, ciudadanos...

Carmen: Buena idea. ¿Qué más habéis pensado, chicos?

Rocío: Yo he pensado que escribiré un artículo sobre la casa del futuro. A ver, ¿vosotros cómo os la imagináis? ¿Tendrá cocinas y baños como los conocemos?

Paloma: Seguro que no, estará todo informatizado.

Rocío: ¿Estás segura?

Paloma: Segurísima. Yo imagino que en el futuro todo funcionará automáticamente, diremos «luz» y se encenderá la luz.

Miquel: ¡Hala! Tú crees que el futuro será como en las antiguas películas de ciencia ficción. No habrá tantos cambios, seguiremos teniendo problemas de contaminación, de tráfico, de pobreza... Eres muy optimista, Paloma.

Paloma: ¿Por qué no? ¿No pensamos siempre que el futuro será maravilloso?

Carmen: Bueno, seguimos, más propuestas.

Luis: Haré unas entrevistas a arquitectos y urbanistas que vendrán al congreso. Les preguntaré sobre las ciudades del futuro, a ver quién tiene razón, Miquel o Paloma.

Carmen: Perfecto. Quiero también algo menos técnico: cómo viviremos, qué comeremos, cómo será la educación... Pensad en ello. Bien, lo dejamos aquí. Las ideas son buenas, seguimos trabajando sobre ellas y me pasáis un esquema de vuestras propuestas mañana. Y ahora, a trabajar.

Línea a línea
1 Madrid, ciudad candidata...
e

El legado social se relacionará directamente con el deporte y la educación, la salud y el desarrollo de la persona. Una sociedad que practica deporte es una sociedad más sana física y mentalmente. Fomentaremos la participación en actividades deportivas y físicas en todas nuestras comunidades, para todas las edades y colectivos.

Por otro lado, los beneficios económicos son clave para nuestro legado a través de la interacción con la comunidad empresarial. El Ayuntamiento de Madrid está trabajando para la renovación de la ciudad y de su economía. El objetivo: elevar el perfil de la ciudad a nivel mundial, fomentar las inversiones extranjeras y desarrollar oportunidades comerciales y turísticas.

Este cambio urbano será claramente visible en el medio ambiente, pues una ciudad moderna ha de ser eficiente en el uso de los recursos. Aumentaremos el uso de energías renovables y seremos más eficientes en su utilización, incluido el transporte público. Se crearán nuevos carriles bici y nuevas zonas verdes para proporcionar un modelo urbano que aborde todos los aspectos de la sostenibilidad.

Por último, nuestro programa cultural se fijará tanto en el patrimonio como en la innovación. Estamos convencidos de que el proceso de candidatura generará oportunidades de estrecha colaboración con los jóvenes para promover un uso más profuso de la nueva tecnología digital.

Por estas y otras razones que encontrarán en la documentación presentada, sabemos que Madrid puede ser una elección perfecta para alojar las Olimpiadas...

UNIDAD 5

Agencia ELE
De vacaciones en Argentina

16

Sergio: ¿Tienes un momento? Quería hacerte una pregunta.

Paloma: Por supuesto, cuéntame.

Sergio: ¿Sabes? Estoy pensando ir de vacaciones a Argentina.

Paloma: ¡A Argentina! Si vas, no te arrepentirás, te lo garantizo.

Sergio: Mi intención es ir este invierno. Bueno, en Argentina será verano, pero tú ya lo sabes...

Paloma: Sí, sí.

Sergio: Y no tengo claro qué hacer.

Paloma: ¿Qué planes tienes? ¿Qué es lo que más te interesa: naturaleza, aventura, cultura, tranquilidad...?

Sergio: Un poco de todo. Lo que más me interesa es Buenos Aires. Pero me gustaría ir a Iguazú, a la Patagonia, a los Andes, a la playa..., incluso viajar a Uruguay.

Paloma: ¡Para, para! No tendrás tiempo para todo. ¿Sabes lo grande que es Argentina?

Sergio: Sí, lo sé. Por eso quiero saber tu opinión.

Paloma: ¿Cuánto tiempo vas a estar?

Sergio: Tres semanas.

Paloma: No está mal. Yo pasaría una semana en Buenos Aires. Mira, Buenos Aires tiene todo lo que te gusta. Tiene restaurantes, teatros, librerías, paseos, edificios impresionantes, cafés, museos... y todo muy bien de precio. Y la gente es extraordinaria. Te encantará Buenos Aires. También podrías ir a Córdoba o Mendoza.

Sergio: ¿Y para ver naturaleza y descansar un poco?

Paloma: Si quieres un espectáculo inigualable, vete a Iguazú. Tendrás una experiencia que no podrás olvidar. Y también puedes ir a una estancia o a un pueblo pequeño y pasar unos días tranquilo en plena naturaleza o junto a la playa.

Sergio: Sí, lo he pensado, pero es tan difícil elegir. No tengo ni idea de por dónde empezar.

Paloma: No te preocupes. Hablaré con mis padres y les pediré que me manden información.

Sergio: Gracias, Paloma. No sabes cuánto te lo agradezco.

Paloma: ¡Qué tontería! ¿Para qué están los amigos? Por cierto, si vas a Buenos Aires, tienes que ir a ver a mis padres. Les gustará conocerte.

Sergio: Dalo por seguro.

Paloma: ¡Las cinco! Tenemos que entrevistar a Pedro Arjona; vámonos o llegaremos tarde.

Entre líneas
1 Su opinión nos interesa
a

17

Paloma: ¿Has terminado?

Sergio: Sí. A ver, ¿tú crees que las ciudades son buenos lugares para vivir?

Paloma: Pues la verdad es que no.

Sergio: ¿En serio? Pues yo sí.

Paloma: Y creo que cada vez serán peores: habrá más gente, más contaminación, más ruido... Todo será más caro y crecerá la desigualdad.

Sergio: Hija, sí que eres pesimista. Me parece a mí que nuestro entrevistado no estará de acuerdo contigo.

Paloma: Es muy difícil una ciudad muy grande y saludable.

Sergio: Entonces, seguro que pensarás que el tamaño ideal de una ciudad es de menos de cien mil habitantes.

Paloma: Bueno, en realidad no me importaría una entre cien y doscientos cincuenta mil.

Sergio: Para mí, la ciudad ideal necesitaría más de tres millones de habitantes para contar con los servicios que a mí me gustan. Por eso adoro las grandes capitales.

Paloma: ¿Pero qué ventajas encuentras?

Sergio: Mira. Es más fácil encontrar trabajo, buena atención sanitaria, acceso a educación, vivienda y una buena oferta de ocio y cultura. Está claro, ¿no?

Paloma: ¡Uy, sí, clarísimo! Pero en una gran ciudad hay tanta demanda que no puedes acceder a todo eso. Cuanto más grande es una ciudad, más inconvenientes tiene: tráfico, contaminación, inseguridad, desigualdad...

Sergio: Pero algunos de esos problemas tienen solución si hay voluntad política, como el tráfico. Más difícil es el tema de las relaciones humanas.

Paloma: Eso, las ciudades no son buenas para la convivencia.

Sergio: En mi ciudad ideal habría mucha vida en los barrios, eso favorecería la relación entre vecinos.

Paloma: En eso estoy de acuerdo contigo. Si logramos la convivencia en los barrios, las ciudades no se deshumanizarán. Por cierto, ¿qué sugieres para mejorar la vida en la ciudad?

Sergio: Primero, lo que te decía: potenciaría la vida de barrio, así la gente no se sentiría sola en la gran ciudad. Segundo, potenciaría el transporte público y limpio, como las bicicletas, crearía carriles bici en toda la ciudad.

Paloma: Bueno, yo también mejoraría el tráfico, me parece un problema grave: aumenta la contaminación y perdemos mucho tiempo. Luego, invertiría más dinero en las zonas más pobres, para evitar la desigualdad. Y ofrecería más servicios gratuitos para los ciudadanos.

Sergio: Bueno, si nos hacen caso tendremos una gran ciudad, ¿no?

Paloma: Sí, seguro.

2 En mi ciudad, yo cambiaría...
b

18

Sergio: Buenos días, señor Arjona, somos de Agencia ELE. Mi nombre es Sergio Montero y esta es mi compañera Paloma.

Sr. Arjona: Mucho gusto, pasen. Pasen y siéntense, por favor.

Sergio: Gracias. Si le parece bien, empezaré ya con las preguntas.

Sr. Arjona: Por supuesto, dispare.

Sergio: En el año 2050 el 70% de la población mundial vivirá en las ciudades. ¿Tendremos ciudades superpobladas?

Sr. Arjona: Bien, habrá ciudades pequeñas, medianas, grandes y también megaurbes, ciudades enormes para lo que conocemos ahora, ciudades, o megalópolis, de cincuenta o setenta millones de habitantes.

Sergio: ¿Y no se multiplicarán los problemas actuales: inseguridad, tráfico, deshumanización...?

Sr. Arjona: Bueno, la ventaja es que tenemos previsiones aceptables de la población y podemos tomar decisiones para evitar problemas que, de otra manera, serían graves. Por ejemplo, el tráfico: se está avanzando adecuadamente con los vehículos limpios y pequeños, la circulación por GPS, los transportes públicos, los carriles bici... Y en el futuro veremos otros avances importantes. Por eso creo que si hacemos las cosas bien el futuro será bueno para las ciudades y para los ciudadanos.

Sergio: Entonces, es usted optimista.

Sr. Arjona: Sí, absolutamente. Aunque también sé que los seres humanos tenemos tendencia a no completar las utopías por motivos... egoístas. Con frecuencia hay intereses contrarios al bien común y el presente no es precisamente utópico.

Sergio: ¿Y por qué la gente quiere vivir en las ciudades? ¿No es más sana la vida en el campo?

Sr. Arjona: Bien, vivir cerca de la naturaleza y en entornos pequeños tiene ventajas, pero también las ciudades tienen las suyas: ofrecen más oportunidades de elección: más oportunidades de trabajo, de cultura, de educación, de ocio... Y la vida en la ciudad no es insana por definición. Precisamente, entre las propuestas de la exposición está el hacer de las ciudades lugares más sanos, tanto por el entorno natural como por otros aspectos como la educación, la vivienda o los espacios de encuentro.

Sergio: Háblenos de la exposición y de sus propuestas. ¿Presenta la exposición una ciudad ideal?

Sr. Arjona: Como le he dicho antes conozco los problemas y creo que hay soluciones. Lo mismo hace la exposición: presenta los problemas a los que se enfrenta la ciudad del futuro y propone la mejor forma de evitarlos.

Sergio: Vamos, una exposición optimista, como usted.

Sr. Arjona: Sí, sí. Evidentemente. Pero, ¿acaso no aspiramos todos a un mundo mejor? ¿No pensamos que futuro es sinónimo de progreso y que el progreso siempre es mejor?

Sergio: Sí, completamente de acuerdo. Entonces, ¿qué encontrará el visitante de la exposición? ¿Una utopía, una ciudad ideal?

Sr. Arjona: No exactamente. Verá cómo son las ciudades y qué están haciendo para ser lugares donde vivir mejor, con más servicios, más salud, más respeto del medio ambiente, más humanas. Una realidad que ya está aquí. Y verá también propuestas de futuro, pero propuestas realistas. No verá ciudades llenas de vehículos voladores, aunque sería una posibilidad.

Sergio: ¿Es una exposición para especialistas?

Sr. Arjona: No, en absoluto. Invito a todo el mundo, de cualquier edad, a que venga a ver la exposición. Estoy convencido de que gustará a todo el mundo.

UNIDAD 6

Agencia ELE
¡Estoy embarazada!

(En la oficina de Agencia ELE)

Rocío: Ahora que estamos todos, quería daros una noticia y es que... ¡estoy embarazada!

Miquel: Enhorabuena, Rocío.

Paloma: ¿De cuánto estás?

Rocío: De tres meses.

Sergio: Supongo que todavía no sabes si es niño o niña, ¿no?

Rocío: No, todavía no, pero ya estamos pensando algunos nombres.

Sergio: Es importante que te tomes las cosas con calma.

Paloma: Deberías cuidar tu alimentación, para no aumentar de peso excesivamente.

Luis: Si puedo hacer algo por ti, dímelo.

Miquel: Tendrías que hablar con Teresa, que acaba de tener una niña.

Iñaki: Duerme mucho, el descanso es muy necesario.

Mario: Es muy bueno tomar un poco de sol todos los días, con precaución. Lástima que aquí no tenéis playa.

(El ginecólogo de Rocío...)

Doctor: No fume ni beba. Y no tome medicinas si no se las receto yo.

(La madre de Rocío...)

Madre: Podrías comprarte ropa de embarazada en Dona, tienen ropa muy bonita... Y no trabajes tanto. Y cuídate mucho, hija.

(Mercedes, la hermana de Rocío...)

Mercedes: Yo que tú haría algún ejercicio suave. ¿Y si te apuntas a un curso de Aquagym para embarazadas?

(Mateo, el marido de Rocío...)

Mateo: No te pongas esos zapatos. Debes llevar un calzado adecuado, de tacón bajo.

Luis: Tendrías que decírselo a Carmen, ¿no?

Rocío: Uff, y esto no ha hecho más que empezar.

Entre líneas
2 Cuando nazca el niño...
a

Rocío: Entonces..., ¿tú harías el viaje que tenía previsto?

Mercedes: ¡Claro, mujer! Ya estás de tres meses. Ahora entras en el mejor trimestre del embarazo y si hasta ahora has estado bien, seguro que no tendrás problemas.

Rocío: No sé, es que es un viaje de una semana y me da un poco de miedo, la verdad.

Mercedes: Yo que tú iría. Si tienes algún problema, me llamas y voy volando.

Rocío: Sí, claro, a Edimburgo.

Mercedes: Rocío, estás en plena forma. ¿Qué problema vas a tener?

Rocío: Sí, quizá debería ir. Además es un artículo que me interesa mucho.

Mercedes: Pues eso, anímate y no te preocupes. Lo mejor es pensar que todo saldrá bien. Ya verás como es así

Así que ya tenéis casa nueva.

Rocío: Sí.

Mercedes: Uy, no te veo muy entusiasmada.

Rocío: Es que Mateo y yo no estamos del todo de acuerdo. La casa tiene tres habitaciones grandes y Mateo dice que la casa debería tener cuatro habitaciones. Yo prefiero tres grandes y no cuatro pequeñas.

Mercedes: Yo estoy de acuerdo contigo. Y, también, para mí es básico que la casa tenga mucha, mucha luz.

Rocío: Bueno, esta tiene bastante luz. Todavía no la has visto, ¿por qué no vienes?

Mercedes: Perfecto. Y si vamos esta tarde?, la tengo libre.

Rocío: Vale. Podrías traer tu cámara de fotos, nos ayudará para la reforma.

Mercedes: ¿Queréis hacer reformas? ¿No dijiste que la casa estaba muy bien?

Rocío: Sí, pero queremos cambiar la cocina y el baño. Y ya te he dicho que Mateo quiere una habitación más.

Mercedes: ¿Y cuándo empezaréis?

Rocío: Pronto. Porque cuando nazca el niño será más difícil hacer obras.

Mercedes: En eso tienes razón. ¿Qué vas a hacer en el trabajo cuando nazca el niño?

Rocío: Todavía lo estoy pensando. Podría coger tres meses de baja más el mes de vacaciones.

Mercedes: Eso está muy bien. Cuanto más tiempo estés con el bebé, mejor.

Rocío: Bueno, la otra opción que tengo es coger dos meses de baja y los otros dos utilizarlos para tener jornada reducida durante el año.

Mercedes: Pero, ¿ganando lo mismo?

Rocío: Claro, eso es lo bueno.

Mercedes: ¿Y qué horario tendrías?

Rocío: Podría trabajar solo de 9 a 2.

Mercedes: Y con dos meses, ¿con quién dejarías al bebé?

Rocío: Tendría que buscar a alguien. La situación será la misma cuando empiece a trabajar.

Mercedes: ¿No vas a llevar al niño a la guardería?

Rocío: Sí, cuando cumpla nueve meses.

UNIDAD 7

Agencia ELE
Me encuentro fatal

Luis: ¿Paloma? Mira, me encuentro fatal, algo me ha sentado mal; y no podré llegar a tiempo a la rueda de prensa. He intentado hablar con Carmen, pero comunica. ¿Puedes llamarla tú? Y llama a Sergio para que te acompañe.

Paloma: Claro, yo los llamo, no te preocupes. Tómate una manzanilla y métete en la cama. ¿Sergio? Hola, soy Paloma. ¿Puedes acompañarme mañana a la rueda de prensa del alcalde?

Sergio: Lo siento, pero va a ser difícil. Es que tengo que ir al Centro de Salud, tengo hora para el médico. ¿No lo iba a hacer Luis?

Paloma: Sí, pero no puede, está enfermo. Me ha dicho que te llame, pero si no puedes llamaré a Rocío. Gracias de todas formas.

Sergio: Vale, suerte.

Paloma: ¿Rocío? Hola, soy Paloma. ¿Te importaría acompañarme a la rueda de prensa del alcalde?

Rocío: Me encantaría, pero es que tengo que llevar a mi perro al veterinario. ¿Se lo has pedido a Sergio?

Paloma: Sí, acabo de llamarlo, pero me ha dicho que tiene una cita médica.

Rocío: Un momento, voy a llamar a Mateo, y le pregunto si puede llevar él al perro.

Paloma: Gracias, eres un encanto.

Rocío: Hola, cariño. Necesito que me hagas un favor. Ha llamado Paloma para pedirme que vaya con ella a la rueda de prensa, ¿podrías llevar tú el perro al veterinario?

Mateo: Pues..., bueno, vale.

Rocío: De acuerdo, mil gracias, voy a llamar a Paloma. Hola, Paloma, todo arreglado. Voy contigo.

Paloma: Uf, qué bien, voy a llamar a Carmen para decírselo.

(Más tarde...)

Paloma: Hola, Carmen, ¡por fin has dejado de comunicar! Me acaba de llamar Luis para decirme que está enfermo y que no puede acompañarme a la presentación. Así que he llamado a Sergio y me ha dicho que tampoco puede. He llamado a Rocío y, por suerte... ¡Aquí está!

Carmen: Estupendo, gracias por resolverlo. Por cierto, dile a Rocío que no se olvide de lo que me prometió para esta tarde. ¡Que os vaya bien!

Entre líneas
1 ¿Me haces un favor?
d

1.
Hombre: ¿Apagas la televisión? Es tarde y tienes que dormir.
Chico: Ahora no, estoy viendo un programa.
2.
Mujer: ¿Podría venir a mi despacho esta tarde a las cinco?
Hombre: Sí, no hay inconveniente.
3.
Chico: ¿Puedes acompañarme al médico mañana?
Chica: Lo siento, pero mañana tengo un examen.
4.
Hombre: ¿Te importaría ayudarme a terminar este informe?
Mujer: Me encantaría, pero tengo una reunión con el jefe del departamento.

2 Me ha dicho que te llame
g

1.
Chico: Hola, buenos días ¿Agencia ELE?
Iñaki: Sí, dígame.
Chico: Verá, quería usar una foto que he visto en un periódico y está firmada por ustedes. Es para un ejercicio de clase. ¿Podrían enviármela por correo electrónico?
Iñaki: Tendré que preguntarle a nuestra fotógrafa, pero ahora no está. Le dejaré una nota.
Chico: Muy bien, muchas gracias, muy amable.
2.
Iñaki: Hola, Agencia ELE.
Mujer: Buenas, quería hablar con Rocío, ¿se puede poner?
Iñaki: No está ahora mismo, ¿quiere que le deje una nota?
Mujer: Bueno, vale. Solo quería decirle que la rueda de prensa se ha retrasado hasta las 12.00. Nada más.
Iñaki: Muy bien, yo se lo digo. Adiós.
3.
Mujer: Hola, buenos días, quería hablar con Carmen Torres.
Iñaki: Pues ahora mismo no se puede poner ¿Qué quería?
Mujer: Miren, quería saber si necesitan algún fotógrafo para los meses de verano. Estoy buscando trabajo aquí en España y me han dado este número.

Iñaki: Ah, pues, deme su número y yo se lo daré.

Mujer: Sí, mire, es el 606 49 86 75. Muchas gracias, ¿eh?

Iñaki: De nada, suerte.

UNIDAD 8

Agencia ELE
Debate sobre la libertad de prensa 24
(En la Agencia reciben un correo electrónico…)

Carmen: «3 de mayo, Día Mundial de la Libertad de Prensa. Es una oportunidad para defender la independencia de los medios de comunicación y rendir homenaje a los periodistas que han perdido su vida en el cumplimiento de su deber. Diferentes actos se organizarán en todo el mundo»…
Mirad esto. ¿Qué os parece si organizamos algo para celebrarlo?

Iñaki: Buena idea. Me parece que es bueno sensibilizar a la gente. ¿Tú qué crees, Paloma?

Paloma: En mi opinión, estas celebraciones sirven para poco. No creo que hagan mucha falta.

Iñaki: Ya, pero, ¿no crees que todavía hay muchos países en los que ser periodista es arriesgado?

Paloma: Pues sí, pero, ¿esto mejora la situación?

Rocío: Entonces, según tú, ¿es mejor que nos quedemos quietos? ¿No crees que deberíamos defender el derecho a la información?

Paloma: Pues no sé, no sé. Creo que hay demasiada información y es difícil discriminar.

Rocío: Sí, es fácil decir eso desde aquí. Pero en muchos países puedes ir a la cárcel o perder la vida solo por expresar tu opinión.

Carmen: Sí, es verdad; por eso es tan importante el trabajo de asociaciones como "Reporteros sin fronteras". Queda mucho por hacer.
 Es importante que podamos expresarnos sin presiones: hablar, vestirnos, escribir…

Sergio: Es verdad, no es solo la prensa, también están perseguidas otras formas de expresión.

Paloma: Sí, es evidente que no es un problema exclusivo del periodismo.

(Más tarde)

Paloma: ¿Sabes que se controla el acceso a internet en muchos países?

Sergio: Sí, por eso estoy de acuerdo con Carmen; es importante que se sepa.

Paloma: Sí, puede ser, quizá tengas razón…

Rocío: Entonces ¿os parece buena idea que organicemos un debate sobre la libertad de prensa?

Paloma: Mejor sobre la libertad de expresión en general, ¿no?

Miquel: Y vosotros, ¿qué opináis?

Entre líneas
2 ¿Estás de acuerdo? 25
a

1.
Mujer: Mira, ¿no te parece que este periódico tiene unas fotos muy malas?

Hombre: Sí, desde luego. Parece que el fotógrafo no se toma mucho interés.

2.
Chico: Yo creo que "Regiones" es el periódico más objetivo de los que se publican hoy día.

Chica: ¡Qué va, qué va! No es más que propaganda.

3.
Hombre: La verdad es que esta noticia está redactada de forma muy confusa.

Mujer: Sí, está claro que no saben escribir muy bien.

4.
Chica: A mí me parece que con tantos blogs, foros, páginas web…, al final no leemos ni una mínima parte de lo que se escribe.

Chico: Claro, claro, es imposible seleccionar lo que a uno le interesa.

5.
Chico: Oye, ¿no te parece que los grafitis son un buen medio de expresión?

Chica: ¿Los grafitis? Yo no lo veo así.

3 En primer lugar… 26
a

Locutor: El presidente de la asociación de vecinos de la urbanización "Playasol" ha hecho las siguientes declaraciones en rueda de prensa.

Hombre: Como todos ustedes saben, el Tribunal Superior de Justicia ha declarado ilegal la construcción del hotel de la playa de levante. En nuestra opinión, esto puede tener varias consecuencias. Por un lado, si se derriba el hotel, todos sabemos que se va a causar más daño a toda la zona. Por otro, si se deja como está, se permite, de alguna manera, que se levanten más construcciones ilegales. Así que nuestra asociación, de momento, no se va a pronunciar ni a favor ni en contra de ninguna de estas opciones. O sea, que no vamos a plantear ningún debate, de momento. Vamos a dejar que la justicia siga su curso y que se tome la mejor solución para el pueblo. Para terminar, quiero dar las gracias a todos los vecinos que nos han apoyado en esta misión.

Línea a línea
1 El hábito no hace al monje 27
c

Locutora: En nuestro programa de hoy, un tema que ha suscitado polémica al inicio de este curso escolar. Como todos ustedes saben, cada vez son más los colegios públicos que adoptan la norma del uniforme escolar para los alumnos. Aunque algunos le atribuyen muchas ventajas, no todos se muestran de acuerdo sobre este asunto. Con nosotros, un experto y varios afectados: el sociólogo señor Jesús Álvarez, el profesor Antonio Gómez, también padre de hijos en edad escolar, y Alberto Pérez, un estudiante de un colegio donde se acaba de decidir llevar uniforme. Empezamos cediéndole la palabra al Sr. Álvarez. Señor Álvarez ¿usted cree que realmente el uniforme tiene ventajas?

Sr. Álvarez: Indudablemente, las tiene. Hay varios estudios que demuestran que los estudiantes que llevan uniforme tienen un mayor sentimiento de pertenencia a determinado colegio, a determinado grupo, y eso, en una edad como la infancia y la adolescencia es un factor muy importante en el desarrollo de los niños. Otra ventaja es que diferencian el tiempo de ocio del tiempo de trabajo según la ropa que lleven puesta.

Sr. Gómez: Pues yo no lo veo así; bueno, estoy de acuerdo en que diferencian el ocio del colegio, pero no creo que eso tenga ventajas, más bien todo lo contrario.

Sr. Álvarez: ¿No cree que tenga ventajas?

Sr. Gómez: No, creo que no. Creo que es negativo que sientan el colegio como algo tan diferente que tienen que llevar otra ropa. ¿Tú qué opinas, Alberto?

Alberto: A mí esa razón no me convence. Está claro que podemos diferenciar el colegio del tiempo libre, no hace falta cambiar la ropa. En cuanto a lo del grupo, no es un grupo elegido por nosotros,

así que tampoco estoy de acuerdo con eso. Yo no le veo ninguna ventaja.

Sr. Álvarez: Todavía hay más razones: parece que el uso del uniforme reduce la violencia, ya que al ir todos iguales no hay burlas entre ellos por causa de la ropa, porque…

Alberto: Pues se burlarán por otra cosa; es evidente que el uso del uniforme no va a hacer que se burlen menos.

Sr. Álvarez: Sí, claro, pero ya tenemos un factor más de igualdad y eso…

Alberto: Pero que manía con la igualdad. Además, ni siquiera de uniforme vamos iguales.

Sr. Gómez: En el tema de la igualdad por la ropa yo tampoco estoy de acuerdo; es mejor fomentar la individualidad, la creatividad, hacer de los chicos ciudadanos libres, no sometidos a…

Sr. Álvarez: Pero ¿no es la moda una manera de uniformar? ¿Acaso no van ellos agrupándose por gustos? ¿No unifican también las tribus urbanas? Al final van todos iguales.

Alberto: Sí, pero elegido por nosotros, ahí está la diferencia.

Locutora: Profesor, usted es también padre ¿qué opina de los argumentos de economía y comodidad? ¿Es más barato y más cómodo llevar uniforme, como tanta gente afirma?

Sr. Gómez: No creo que sea más barato. Más cómodo sí es, desde luego. Evita tener que pensar todos los días qué ropa se pone uno, ahorra bastante tiempo, eso sí. Pero no creo que esta ventaja sea suficiente para defenderlo, la verdad. En mi opinión, el uniforme es una manera de atacar la creatividad y la libertad de los chicos a esta edad. La propia palabra lo dice: "uniforme"; y yo creo que es mejor hacerlos diferentes, no iguales, potenciar lo que cada uno tiene que decir, sus diferencias con los demás, sus inquietudes…

Sr. Álvarez: Pero, ¿realmente lo que llevan es tan importante? ¿No cree que es más importante potenciar esa individualidad en asuntos más importantes que la ropa, el pensamiento, por ejemplo?

Locutora: Bien, en este punto tan interesante interrumpimos el debate y vamos a publicidad. Volvemos en cinco minutos.

UNIDAD 9

Agencia ELE
1 Nuevo redactor en Agencia ELE 28
c

Diálogo 1

Carmen: Hola, Carlos. ¿Qué tal?

Carlos: Muy bien, gracias.

Carmen: En tu solicitud veo que actualmente vives en Sevilla. El puesto que ofrecemos es para nuestras oficinas de Madrid, ¿tendrías algún problema para trasladarte durante el tiempo del contrato?

Carlos: No, tengo disponibilidad absoluta para vivir en Madrid y para viajar.

Carmen: En Agencia ELE la mayor parte del trabajo se realiza en equipo, me gustaría saber si tienes experiencia para trabajar con otras personas.

Carlos: Sí, de hecho me siento cómodo trabajando con gente. En la agencia anterior todo lo hacíamos en equipo: la planificación, las decisiones…

Diálogo 2

Carmen: Hola, Virginia.

Virginia: Hola.

Carmen: Bueno, hemos analizado tu solicitud y nos gustaría comentar contigo algunas cosas.

Virginia: Perfecto.

Carmen: He visto que no tienes formación específica, ¿tienes pensado hacer estudios especializados de Periodismo?

Virginia: Sí, por supuesto. He empezado este mes un máster en Periodismo de Cultura y Sociedad.

Carmen: Ah, muy bien. Dime, ¿por qué has decidido cambiar de profesión?

Virginia: Empecé a trabajar muy joven en un banco, pero, desde que era pequeña, he querido ser periodista. Por eso, cuando tuve la oportunidad, aunque ya era mayor y me dedicaba a otra cosa, decidí trabajar en lo que realmente me gusta, el periodismo.

Carmen: Otra cosa, ¿cuál es tu estado civil?

Virginia: Estoy casada y no tenemos hijos.

Entre líneas

1 Instrucciones para Carlos

a

Carmen: Bueno, primero... mmm, vamos a ver... el horario. Como sabes es de ocho de la mañana a cuatro de la tarde. La puntualidad es fundamental, así que, llámame cuando llegues tarde para que pueda organizar el trabajo por la mañana. También, si vas al médico o estás enfermo, tienes que traer un justificante.

Carlos: De acuerdo.

Carmen: Una cosa muy importante. Todos los periodistas de Agencia ELE seguimos este documento, las Normas Internas de la Empresa. Cuando hagas un trabajo, por favor, asegúrate de que respeta las indicaciones de este documento.

Carlos: Sí, lo voy a leer esta mañana.

Carmen: Más cosas..., toma, tu tarjeta de identificación. Recuerda que para entrar en el edificio debes pasarla por el control, y además tienes que llevarla siempre contigo mientras estés trabajando.

Carlos: ¡Aja!

Carmen: Y aquí tienes el teléfono de empresa, con un límite de 500 minutos al mes. Si necesitas más tiempo, se puede ampliar. Y la grabadora. Es nueva, pero es muy sencilla de usar. Tiene instrucciones, pero si tienes dudas, pregúntale a Rocío. Ella está utilizando otra muy parecida.

d

1.

Mujer 1: A veeerr... mira, busca "eltiempo.es".

Mujer 2: ¿Tiempo punto es?

Mujer 1: Eso es, mira ahí, está. Pulsa y cuando aparezca esta imagen, pulsa en *ok*.

Mujer 2: ¿Aquí?

Mujer 1: Sí, eso es, ahí.

Mujer 2: Anda, qué guay, con el mapita y todo, como en la tele.

Mujer 1: Sí, está genial. Ahora pulsa en *hoy*... ¿Ves? Aparece el tiempo de todo el día, hora por hora.

Mujer 2: Qué bien.

2.

Mujer 2: Anda que ayer me dieron una sorpresaaaa.

Mujer 1: ¿Qué te pasó?

Mujer 2: Pues que llevaba mucho tiempo queriendo conocer Costa Rica. No sé, era un sueño. Anoche vino mi hermana Nerea con dos billetes de avión para irnos quince días en verano.

Mujer 1: ¿De verdad?

Mujer 2: Sí, estoy muy contenta.

Mujer 1: Jo, qué suerte. ¿Me llevas en la maleta?

3.

Mujer 1: Mira, si es muy fácil, no tiene nada. Primero tienes que poner la harina así, luego tienes que echar un huevo, una pizca de sal y nada más.

Mujer 2: ¿Y ya está?

Mujer 1: Bueno, ahora debes amasar hasta conseguir una bola. Luego, extiende la masa y corta las formas para los raviolis. A ver, ten cuidado, si la masa es muy gruesa, no sirve. Hazla más fina.

Mujer 2: ¿Así?

Mujer 1: Sí, así está muy bien.

4.

Mujer 1: Oye, qué guapa estás hoy, ¿cómo te has pintado los ojos?

Mujer 2: ¿Te gusta? Es una bobada.

Mujer 1: Anda, enséñame.

Mujer 2: Mira, coge la sombra más clarita y ponla cerca de la ceja, así. Luego, esta más oscura la tienes que aplicar así. Después, tienes que utilizar un lápiz oscuro para hacer una línea por debajo del ojo, sin salirte, y al final ponte máscara para las pestañas. ¿Ves?

Mujer 1: Me encanta.

4 Una visita al médico

a

Médico: Adelante.

Carmen: Buenas tardes.

Médico: Buenas, siéntese, ¿qué le pasa?

Carmen: Mire, es que la niña lleva unos días con mucha tos y con fiebre, con 38 de fiebre.

Médico: Con fiebre, ¿cuánto tiempo?

Carmen: Tres días más o menos.

Médico: Tres días, mmmm, un momento, que le pongamos el termómetro. A ver, quítate la chaqueta. Baja el brazo. Muy bien. Y, ¿te duele la garganta?

Inés: Sí, mucho.

Médico: ¿Mucho? Vale. Bueno, pues sí, puede ser un catarro, normal en este tiempo, pero vamos a ver cómo tienes la garganta. A ver, abre la boca y di Aaaaaaaaaa.

Inés: Aaaaaaaaaaaaaa.

Médico: Uy, sí, está muy roja. Y, ¿qué tal los oídos? ¿Cómo tienes los oídos? ¿Te molestan?

Inés: No, los oídos no me duelen.

Médico: Saca la lengua.

Inés: Ummmm.

Médico: Bueno, pues...

Línea a línea

1 Servicios en línea

e

Mujer: Mira, aquí podemos ver algunos comentarios de gente que ha hecho intercambios de casas con esta empresa.

Hombre: Mira este, una pareja que dice: «Hace un año que viajamos con Tu casa por la mía y, aunque al principio desconfiábamos, hablando con otros usuarios, nos dimos cuenta de que era bastante seguro. En el último viaje estuvimos en Atenas.

Mujer: ¡Anda, Atenas, una de nuestras opciones! ¿Y qué más dice?

Hombre: A ver..., por dónde iba... Ah, sí, por aquí: «Lo que más valoro es que pudimos vivir en una casa como la nuestra durante las vacaciones, no como en un hotel, donde todo es bastante impersonal. Entre las cosas que menos nos gustaron, destacaría no conocer a los dueños de la casa (los vimos solo en las fotos). Parecían muy simpáticos, habría estado bien coincidir». Bueno, ¿qué te parece?

Mujer: Suena bien, pero... vamos a leer más opiniones. Mira esta, dice...: «A mí siempre me ha gustado viajar de un modo diferente, siempre he evitado los viajes convencionales. Con Tu casa por la mía ahora puedo hacerlo de un modo muy económico. Lo que más me gusta es poder disfrutar de unas vacaciones distintas y, sobre todo, educativas. He mejorado mucho mi inglés y, en mi último viaje, fui a Munich, aprendí algo de alemán. De este viaje, lo que menos me gustó..., nada, me gustó todo, fue una experiencia muy positiva». ¡Mira, este está encantado!

Hombre: A ver una opinión más... Estos dicen: «A nosotros Tu casa por la mía nos ha dado la oportunidad de viajar fuera de España. Antes nos resultaba muy caro, pero ya hemos hecho muchos viajes: hemos estado en Budapest, Florencia, Marrakech..., bueno..., en un montón de sitios. El último destino ha sido Londres. Lo mejor de este viaje fue que pudimos estar dos semanas en una ciudad tan cara como esta. Sin Tu casa por la mía habría sido imposible. Lo que menos nos gustó..., no sé, la verdad es que nos gusta todo. Bueno, quizá que nos costó un poco intercambiar nuestra casa, porque no está en un sitio muy turístico: la gente prefiere la playa, la montaña...».

Mujer: Entonces, ¿qué? ¿Nos animamos y hacemos un intercambio?

Hombre: Por mí sí.

UNIDAD 10

Agencia ELE

2 Los tres deseos

a

Rocío: Había una vez un matrimonio muy pobre, muy pobre, que no tenía dinero para comer. También era un matrimonio muy bueno, por eso un día apareció un hada y les concedió tres deseos, pero con la siguiente condición: cada uno podía pedir un deseo, pero el tercero tenían que pedirlo los dos.

El matrimonio pensó qué podía pedir: ¿dinero, una casa? Tenemos que pensarlo bien, dijeron.

Se hizo de noche y los dos tenían mucha hambre. La mujer se había olvidado de la visita del hada y dijo: «Me gustaría comer una buena salchicha». Y apareció una salchicha en el plato. Era el primer deseo y lo habían desperdiciado.

El hombre se enfadó mucho y le dijo a su mujer: «¡Cómo es posible! Has desaprovechado un deseo en una estúpida salchicha. Ojalá se te pegue en la nariz, así aprenderás».

Y la salchicha se pegó en la nariz de la mujer. El deseo del hombre fue más estúpido que el de la mujer.

Ahora los dos estaban enfadados. Y quedaba un último deseo que tenía que ser común. El hombre quería pedir mucho dinero, pero la mujer se negó. Imposible vivir con una salchicha en la nariz toda la vida. El hada apareció y preguntó: «¿Habéis decidido vuestro último deseo?» Y la mujer dijo: «Sí, queremos que me quites la salchicha de la nariz». Y eso hizo el hada. Y colorín colorado, este cuento se ha acabado.

Entre líneas

1 Érase una vez...

d

Narrador: Blancanieves vivía feliz en la casa de los siete enanitos. Ellos, por las mañanas, partían hacia las montañas, donde buscaban oro, y regresaban por la noche. Durante todo el día la niña permanecía sola; los enanitos la previnieron:

Enanito: ¡Ten cuidado con tu madrastra; pronto sabrá que estás aquí! ¡No dejes entrar a nadie!

Narrador: Mientras tanto, la malvada reina, que creía muerta a Blancanieves, se puso ante el espejo y dijo:

Madrastra: ¡Espejito, espejito de mi habitación! ¿Quién es la más hermosa de esta región?

Narrador: Entonces el espejo respondió:

Espejo: Mucho más bella que tú es Blancanieves. La hermosísima niña vive ahora en el bosque, en la casa de los siete enanitos.

Narrador: La reina estaba furiosa. Se dirigió entonces a una habitación en la que nadie podía entrar y preparó una manzana envenenada. Exteriormente parecía tan fresca y brillante que tentaba a quien la veía; pero todo el que se comía un trocito, se moría. Después se vistió como una vieja y quedó totalmente irreconocible. Así disfrazada llegó a la casa de los siete enanitos, golpeó la puerta y gritó:

Madrastra: ¡Vendo manzanas! Prueba una manzana, hermosa niña, y verás que son las mejores de todo el reino.

Narrador: Blancanieves confió en la amable vieja, pero apenas mordió la manzana, cayó al suelo. Por la noche, los siete enanitos regresaron a la casa y se asustaron mucho al ver a Blancanieves en el suelo, inmóvil. Blancanieves parecía dormida, pero ya no tenía vida.

Entonces los enanitos la pusieron en una caja de cristal en el medio del bosque, se sentaron junto a ella y durante tres días y tres noches lloraron amargamente. Los animales del bosque también lloraban.

Así pasó el tiempo, hasta que un día, un príncipe que paseaba por el bosque vio a la hermosa Blancanieves, que parecía dormida. No pudo resistirse, la tomó en brazos y le dio un beso. Entonces el trozo de manzana envenenada que Blancanieves tenía en la boca cayó y la niña despertó.

El príncipe y Blancanieves se enamoraron inmediatamente. El príncipe la llevó a su castillo y allí se casaron y fueron felices para siempre.

Línea a línea

1 ¿Quieres que te cuente un cuento?

b

Padre: Érase una vez una niña que se llamaba Caperucita Amarilla.

Niño: ¡No, Roja!

Padre: ¡Ah!, sí, Caperucita Roja. Su mamá la llamó y le dijo: «Escucha, Caperucita Verde...».

Niño: ¡Que no, Roja!

Padre: ¡AH!, sí, Roja. «Ve a casa de tía Diomira a llevarle estas patatas».

Niño: No: «Ve a casa de la abuelita a llevarle este pastel».

Padre: Bien. La niña se fue al bosque y se encontró a una jirafa.

Niño: ¡Qué lío! Se encontró al lobo, no a una jirafa.

Padre: Y el lobo le preguntó: «¿Cuántas son seis por ocho?».

Niño: ¡Qué va! El lobo le preguntó: «¿Adónde vas?».

Padre: Tienes razón. Y Caperucita Negra respondió...

Niño: ¡Era Caperucita Roja, Roja!

Padre: Sí, y respondió: «Voy al mercado a comprar salsa de tomate».

Niño: ¡Qué va!: «Voy a casa de la abuelita, que está enferma, pero no recuerdo el camino».

Padre: Exacto. Y el caballo dijo...

Niño: ¿Qué caballo? Era un lobo.

Padre: Seguro. Y dijo: «Toma el tranvía número setenta y cinco, baja en la plaza de la Catedral, gira a la derecha, y encontrarás tres peldaños y una moneda en el suelo; deja los tres peldaños, recoge la moneda y cómprate un chicle».

Niño: Tú no sabes explicar cuentos, papá. Los lías todos. Pero no importa, ¿me compras un chicle?

Padre: Bueno, toma dinero.

UNIDAD 11

Agencia ELE

2 Primer paso: comprender qué...

d

Ángel: Mi primer trabajo fue de dependiente en una tienda de ropa. El segundo día de trabajo entró una clienta muy joven y muy guapa. Yo tenía 20 años y ella unos 22. Cuando la vi, me quedé impresionado, era la mujer de mis sueños. Así que preparé mi mejor sonrisa y le dije: «Buenos días, señorita, ¿qué desea?». Ella me respondió: «Buenos días, toma las llaves del coche y saca las cajas que hay dentro. Soy Lucía Martínez, la dueña de la tienda y tu jefa». Mis compañeros se rieron de mí durante años.

Susana: Cuando terminé la carrera de Arquitectura entré en un estudio para hacer unas prácticas. El jefe era un arquitecto japonés muy conocido. Cuando me lo presentaron, me pareció una persona muy agradable, me sonreía todo el rato. El caso es que empezó a hablar. Yo no entendía ni una palabra, de verdad. No sabía si me estaba hablando en español o en japonés. No me atreví a decir nada, solamente decía que sí con la cabeza todo el rato. Suerte que estaba Lucía, mi compañera, y que respondió por mí algunas preguntas. La verdad es que mi jefe me hablaba en español, pero yo, con los nervios del primer día, no lo entendía.

Ramón: Yo empecé a trabajar en una frutería cuando tenía 18 años. El primer día trabajé con un compañero un poco pesado, no paró de hacerme preguntas todo el día: que si tenía novia, que dónde vivía, que qué hacía los fines de semana, ufff. Yo no sabía qué responder, no quería ser un maleducado, pero no quería contarle mi vida. Creo que el jefe se dio cuenta y le dijo: «Bueno, ya está bien, deja al chico, que le estás haciendo un interrogatorio». Menos mal, porque yo ya no podía más.

Entre líneas

2 Un jefe diez

b

Sergio: Tenemos que elegir las cuatro características más importantes para ser jefe.

Paloma: Bueno, ya está, aquí tengo las mías, vamos a ver... a mí las más importantes me parecen estas, que sea buen comunicador, que sea coherente, ¿qué más? Sí, que sea respetuoso y que sea exigente.

Sergio: Uy, creo que hemos coincidido bastante. A mí también me parece muy importante lo de que sea buen comunicador, pero me parece que no solo para transmitir información o dar órdenes claras, sino que comunicar también es escuchar, así que un jefe debe saber escuchar.

Paloma: Oye, es verdad, lo voy a escribir aquí. Buen comunicador, que sepa hablar y escuchar.

Sergio: Luego, también me parece importante que haga lo que dice, es decir, que sea coherente. En esa estoy totalmente de acuerdo también contigo. Y... en la otra también, que sea respetuoso, respetuoso con el trabajo de los otros, con las funciones, con los horarios...

Paloma: Eso, con los horarios también.

Sergio: Lo único diferente es que yo había puesto que sea responsable, en vez de que sea exigente.

Paloma: Aaaah, vaya. Hombre, es importante también, bueno, todas son importantes, pero es que un jefe debe exigir, ¿no? No le puede parecer todo bien.

Sergio: Bueno, yo prefiero no poner eso de exigir, está bien que se exija un poco, pero no continuamente.

Paloma: Sí, como Carmen, que es exigente, pero lo justo. De todos modos, ¿a ti te parece más importante que sea responsable o que sea exigente?

Sergio: Creo que está bien que sea exigente, pero me parece todavía más importante que asuma sus responsabilidades.

Paloma: Sí, es verdad, los jefes tienen que ser responsables, todos tenemos que asumir nuestras responsabilidades, pero que el jefe lo haga es fundamental.

Sergio: Entonces, ¿te parece bien que dejemos que sea responsable?

Paloma: Venga, anda, que me has convencido.

Sergio: ¿Has visto, eh, qué poder de convicción?

5 El arte de la disculpa

d

Locutora: Dos de la madrugada y siete minutos, una hora menos, si usted nos escucha desde Canarias. Estamos en «Emociones nocturnas», en Radio Nacional de España y les habla, como cada noche, de lunes a viernes, a partir de la una de la madrugada, Silvia Gerona. Esta noche hablamos sobre la disculpa con el psicólogo Enrique Soler. Doctor, ¿por qué nos cuesta tanto pedir perdón?

Psicólogo: Pues sí, Silvia, es cierto que pedir perdón nos cuesta, y es que no es tan fácil. Pedir disculpas es natural, pero es que además es algo que necesitamos para terminar algunas situaciones, situaciones en las que hemos causado algún tipo de daño a otra persona. Aprender a pedir disculpas es fundamental en las relaciones con los demás.

Locutora: Sí, doctor, pero, ¿qué podemos hacer para disculparnos?

Psicólogo: Bueno, pues, primero, algo muy importante es ser sincero. Hay que disculparse cuando estamos seguros de que hemos cometido un error. A veces, para terminar rápidamente con un asunto desagradable, pedimos disculpas, pero en el fondo no creemos que hayamos sido los culpables. Así perdemos sinceridad y, seguramente, el otro note

la falta de sinceridad. No es bueno para ninguno de los dos, mejor asumir solo nuestros errores.
Locutora: Entiendo.
Psicólogo: Segundo, algo fundamental, hay que disculparse rápidamente. Si esperas demasiado, la disculpa es difícil de creer y hace que otras personas hablen mal de ti. Así que, Silvia, cuanto más rápido, mejor.
Locutora: Entonces, primero reconocemos y asumimos el error y luego nos disculpamos enseguida.
Psicólogo: Eso es. En tercer lugar, tienes que comprometerte. Decir «lo siento» no es suficiente, estas palabras deben estar acompañadas de un compromiso, por ejemplo: «Voy a mejorar», «no cometeré más ese error», «tendré más cuidado».
Locutora: Y me imagino que además de comprometerse, habrá que cumplir la promesa.
Psicólogo: Claro, Silvia, tú lo has dicho. Eso es lo último que quería decir, hablar de la actuación. La disculpa no es solo cuestión de palabras, sino una cuestión de compromiso también, que te obliga a actuar. Si no cumples con tus compromisos, nadie te creerá otra vez.
Locutora: Y, Enrique, una cosa muy curiosa, ¿por qué hay personas que no piden disculpas...?

6 Acepto tus disculpas
b
1.
Marido: Hola, cariño.
Mujer: Llegas 20 minutos tarde.
Marido: Ya, lo siento, de verdad, es que había un atasco horrible...
Mujer: ¿Atasco? Yo no he visto nada...
2.
Clienta: Hola, acabo de comprar esta chaqueta roja.
Dependienta: Sí, ¿qué quería?
Clienta: Es que me la has cobrado dos veces, mira aquí tengo el ticket, aquí está.
Dependienta: Uy, es verdad, perdone. Qué despiste. Ahora mismo le devuelvo el dinero.
Clienta: No es nada. Tranquila, son cosas que pasan.
3.
Alumno: Profe, mi nota no sale en la lista.
Profesor: A veeeer, déjame veeeer. Anda, pues es verdad, ¡qué raro! Voy a mirar en el ordenador, a ver si está bien.
Alumno: Vale.
Profesor: Mira, ya está, se había quedado la copia ahí, ya está corregido. Perdóname, ¿eh? Vaya susto, ¿verdad?
Alumno: Uf, pues sí, nada, no pasa nada.
4.
Amigo: Alfredo, ¿qué tal?, ¿cómo fue el cumpleaños?
Alfredo: Bien, estuvimos hasta las tantas. Te esperé toda la noche, ¿por qué no viniste?
Amigo: Pues... porque tuve un viaje de trabajo el día anterior y cancelaron el vuelo. Llegué al día siguiente.
Alfredo: Vaya, qué mala suerte.
Amigo: Lo siento muchísimo, tío, me dio mucha rabia.
Alfredo: Nada, no te preocupes. Quedamos otro día y te invito a algo.
5.
Empleado: Hola, ¿quería hablar conmigo?
Jefe: Sí, Rubén, pasa. Siéntate.
Empleado: Dígame.

Jefe: Quería pedirte disculpas por el error que hemos cometido en el último pago.
Empleado: Nada, no es nada, creo que ya está arreglado.
Jefe: Sí, pero bueno, quería explicarte que hemos tenido un problema con la aplicación informática y hemos perdido algunos datos. Lo sentimos realmente.
6.
Novio: Hola, soy yo.
Novia: Dime.
Novio: Es que, yo, mi amor, lo siento muchísimo, quería pedirte perdón. Por favor, Marta, te prometo que no volverá a pasar. Es que Mario me convenció, yo no quería...
Novia: Ah, ¿sí? Tú no querías, pero lo hiciste. Es suficiente, así que, adiós.

UNIDAD 12

Agencia ELE
2 ¡Sorpresa!
b
Todos: ¡¡SORPRESA!!
Rocío: Enhorabuena, te lo mereces. Eres el mejor periodista.
Luis: En realidad os lo debo a vosotros, yo no he hecho nada.
Miquel: Vas guapísima, este disfraz te queda de maravilla...
Paloma: ¿Tú crees? Lo tengo hace mucho tiempo y lo compré muy barato.
Carmen: Quisiera hacer un brindis por Luis. Por nuestro querido compañero Luis.
Todos: Por Luis, chin, chin...

Entre líneas
1 Cuento contigo
c
1.
Germán: Hola, Vicente. ¿Qué tal?
Vicente: Muy bien. Oye, enhorabuena. Ya eres graduado en Derecho, ¿no?
Germán: Sí, muchas gracias. Mira, te llamo precisamente por eso. Estoy preparando una fiesta en mi casa para celebrarlo. ¿Puedes venir?
Vicente: Claro, me encantaría. ¿Hay que llevar algo? ¿Bebida? ¿Comida?
Germán: No, no es necesario, gracias. Estoy preparando una fiesta de los años 70, ven disfrazado y tráete música de los 70 si tienes, ¿vale?
2.
Germán: Hola, Alicia, ya sabes que estoy preparando una fiesta para celebrar que he terminado la carrera y cuento contigo.
Alicia: ¡Cómo no! ¿Cuándo es?
Germán: Dentro de dos fines de semana. El sábado 8.
Alicia: ¿El sábado 8? ¡Qué rabia! No puedo ir, estoy de viaje ese fin de semana.
3.
Germán: ¡Pedro!
Pedro: Hombre, Germán, ¿qué tal?
Germán: Te llamo por lo de mi fiesta del día 8. He invitado a todos los compañeros de clase. Lo vamos a pasar genial. No puedes faltar.
Pedro: Eres muy amable, pero desgraciadamente no voy a poder.
Germán: Por favor, Pedro, ven. Tú no puedes faltar.

Pedro: ¿Va Ana?
Germán: Sí, pero...
Pedro: Lo siento, Germán, me temo que es imposible. No insistas, por favor.

3 El invitado pesado
a y b
1.
Pepa: Jorge, ¿te importa si fumo?
Jorge: Bueeeno, vale, pero siempre y cuando a los demás les parezca bien.
2.
Pepa: Jorge, hace un calor horroroso, ¿te molesta que abra la ventana?
Jorge: No, no, en absoluto. Estás en tu casa.
3.
Pepa: Jorge, ¿te parecería bien que cambiara la música? Es que está música no me gusta nada.
Jorge: Claro, Pepa, como quieras.
4.
Pepa: Joooorge...
Jorge: Dime, Pepa, dime.
Pepa: ¿Me das permiso para que cuente mañana en la oficina todo lo que ha pasado en la fiesta?
Jorge: De ninguna manera, Pepa. De ninguna manera.

UNIDAD 13

Entre líneas
3 Al teléfono
a y b
1.
Recepcionista: Hotel Espart, ¿buenos días?
Sr. Montes: Sí, buenos días. ¿Podría hablar con la directora, por favor?
Recepcionista: Lo siento, en este momento no puede ponerse, está ocupada. ¿De parte de quién?
Sr. Montes: De Ricardo Montes, de la agencia de viajes Conesa.
Recepcionista: ¿Quiere dejarle algún recado?
Sr. Montes: No, gracias. Llamo más tarde. ¿En media hora está bien?
Recepcionista: Sí, perfecto. Adiós, buenos días.
2.
Mujer: ¿Sí?
Santiago: Hola, ¿está Flora?
Mujer: Sí, ahora mismo se pone. ¿Quién es?
Santiago: Soy Santiago, un compañero de la facultad.
Mujer: Ah, hola, Santiago, ¿qué tal? Te paso con Flora. Adiós. ¡Flora!
3.
Recepcionista: Clínica la Salud, dígame.
Sr. Domínguez: Hola, ¿podría ponerme con el Dr. Ibáñez?
Recepcionista: Lo siento, en este momento está pasando consulta. ¿Quiere dejar un recado?
Sr. Domínguez: Dígale que ha llamado Jorge Domínguez y que por favor me mande los resultados de los análisis. Él ya tiene mi correo electrónico.
Recepcionista: Perfecto, se lo digo.
Sr. Domínguez: Adiós, gracias.

Entre líneas

2 Buenos deseos
d

1. Estoy muy nerviosa, mañana tengo una entrevista de trabajo.
2. ¿Sabes? El sábado nos vamos de vacaciones a Guatemala.
3. Esta tarde operan a mi hija. Estoy preocupada.
4. ¡Qué suerte! Por fin nos han traído la comida.
5. Mamá, me voy a la cama, tengo un sueño...
6. ¡Ya son las doce! ¡No puedo creer que ya estemos en otro año!
7. Mi hijo, el mayor, se casó con una chica de Córdoba la semana pasada.
8. Teresa, mira, te llamo porque estoy con una gripe terrible y no voy a ir hoy a la oficina, ¿vale?
9. Papá, me voy a la fiesta de Fernando, ¿vale? No vuelvo tarde.
10. Mis gemelos mañana cumplen cuatro años, cómo pasa el tiempo...

e

1. Mi hijo, el mayor, se casó con una chica de Córdoba la semana pasada.
2. Estoy muy nerviosa, mañana tengo una entrevista de trabajo.
3. ¡Ya son las doce! No puedo creer que ya estemos en otro año!
4. Mis gemelos mañana cumplen cuatro años, cómo pasa el tiempo...
5. ¡Qué suerte! Por fin nos han traído la comida.
6. Mamá, me voy a la cama, tengo un sueño...
7. Teresa, mira, te llamo porque estoy con una gripe terrible y no voy a ir hoy a la oficina, ¿vale?
8. ¿Sabes? El sábado nos vamos de vacaciones a Guatemala.
9. Esta tarde operan a mi hija. Estoy preocupada.
10. Papá, me voy a la fiesta de Fernando, ¿vale? No vuelvo tarde.

3 Es una forma de decir
d

1.
Mujer 1: ¿Sabes? Mañana de voy de viaje a la India.
Mujer 2: ¡Anda!
2.
Hombre: Quería decirte que al final no se hace el picnic mañana.
Mujer: ¡Vaya!
3.
Mujer: Mira, tenemos que organizarnos.
Hombre: ¿Qué es lo que sugieres?
4.
Chica: ¡Adivina a quién acabo de ver por la calle!
Chico: ¿A quién?
Chica: ¡A Penélope Spruz!
Chico: ¡No me digas!
5.
Mujer: Toma, esto es para ti.
Hombre: ¡Gracias!
Mujer: De nada. Es un recuerdo de mi viaje a Guatemala.
6.
Mujer: Oiga, ¿podría decirme dónde está el Museo de Bellas Artes?
Hombre: Sí, está en la otra esquina, ¿lo ve?
7.
Hombre 1: ¿Cuánto son las dos cervezas?
Hombre 2: Deja, hoy pago yo.

ConTextos

Unidad 5

Científicos de EEUU han propuesto que los primeros astronautas que pisen Marte renuncien a volver a la Tierra.
Según ellos, hasta ahora no hemos sido capaces de construir una nave capaz de ir y volver, y ya no hay tiempo para esperar más. Necesitamos empezar a colonizar otros planetas cueste lo que cueste.
Three, two, one, zero and lift off...
Se buscan cuatro candidatos para despedirse de la Tierra para siempre. A cambio de renunciar a su vida terráquea, serán los exploradores más célebres de nuestro tiempo; su misión: viajar a Marte sin billete de vuelta. Los costes de un viaje de retorno harían inviable la expedición.
Es la idea de dos científicos estadounidenses que consideran urgente la colonización permanente del Planeta Rojo.
La aventura comenzaría con el envío de una flotilla de misiones no tripuladas. En ella se enviarían materiales para construir un campamento y provisiones para que los primeros cuatro valientes sobrevivieran durante años.
Tras un duro entrenamiento físico y psicológico llegarían los protagonistas, todos ellos astronautas experimentados con amplios conocimientos científicos. Entre sus misiones, poner los cimientos de una pequeña colonia marciana que con el tiempo podría convertirse en una civilización como la que ya soñó el cine a principios de los noventa.
Bienvenidos a la colonia federal de Marte...
Los defensores del proyecto lo justifican por la vulnerabilidad de la Tierra. El Planeta Rojo podría ser un refugio para la humanidad en caso de catástrofes como el impacto de asteroides, cometas, o la explosión de supernovas.
Además, una colonia estable sería la única forma de investigar si existió vida en Marte.
No parece fácil renunciar para siempre a los placeres terrenales por el avance de la ciencia, pero la NASA asegura que ya tiene voluntarios de sobra.
(extraído de *La Sexta Noticias,* 22-oct-2010)

Unidad 12
1.
¿Por qué no nos casamos? Porque no queremos. El matrimonio está pasado de moda y, además ya no tiene ventajas casarse gracias a las leyes que van igualando los derechos entre las parejas de hecho los casados... y también es más fácil deshacer una pareja si no hay boda. Mira, yo pienso que mucha gente se casa por apariencia social, es decir, que quieren guardar las apariencias para quedar bien con la familia, celebrar la ceremonia, el traje de novia y ese tipo de cosas. Lo único negativo es que las parejas de hecho vivimos con cierta inseguridad legal o jurídica, por ejemplo, el tema de la pensión de viudedad no está claro, los hijos... pero nosotros no queremos tener papeles, preferimos una convivencia sin ataduras.

2.
El matrimonio religioso es un sacramento, es decir, una unión exigida por los dogmas de la religión. Nosotros, en primer lugar, nos casamos por la iglesia por nuestras creencias religiosas. En segundo lugar, porque además de todas las ventajas legales que ofrece el matrimonio: derechos sociales, beneficios económicos..., la ceremonia religiosa te da seguridad, te casas para toda la vida ante Dios. La boda es un acto formal, es algo que hay que organizar, que se celebra entre testigos. Los invitados son personas importantes para nosotros. Para nosotros, la ceremonia religiosa es fe, compromiso y seguridad. La única desventaja es el gasto que conlleva el banquete, los trajes de boda y los detalles que hay que regalar, reservar la iglesia...
3.
Nosotros nos casamos en un juzgado delante de una jueza. ¿Por qué? Porque era nuestra única opción si queríamos casarnos y formalizar nuestra relación legalmente. Un matrimonio civil es un contrato firmado por dos personas delante de un juez, un alcalde o un funcionario, con la intención de formar una vida en común. Antes, las parejas estaban formadas por un hombre y por una mujer que se casaban para tener hijos y ayudarse mutuamente. Ahora, la pareja no tiene que estar formada por un hombre y una mujer, ni tiene por qué casarse ni tener hijos. Ni siquiera tienen que vivir juntos. Para nosotros, que las parejas del mismo sexo puedan casarse no solo supone derechos, sino también dignidad, igualdad.

Primera edición, 2013

Produce: SGEL – Educación
            Avda. Valdelaparra, 29
            28108 Alcobendas (MADRID)

© Claudia Fernández (coordinación pedagógica), Florencia Genta,
  Javier Lahuerta, Ivonne Lerner, Cristina Moreno, Juana Ruiz, Juana
  Sanmartín, Begoña Montmany (asesora pedagógica)

  Edición: Ana Sánchez, Yolanda Prieto
  Coordinación editorial: Jaime Corpas
  Ayudante de redacción: Florencia Genta
  Corrección: Sheila Lastra y Ana Portilla

© Sociedad General Española de Librería, S. A., 2013
  Avda. Valdelaparra, 29, 28108 Alcobendas (MADRID)

Diseño de cubierta: Thomas Hoermann
Maquetación: Leticia Delgado
Ilustraciones: Pablo Torrecilla
Fotografías: Corbis images, Cordon Press, Thinkstock, Shutterstock
Audio: Crab Ediciones Musicales

ISBN: 978-84-9778-217-3 (versión internacional)
      978-84-9778-761-1 (versión Brasil)
Depósito legal: M-39921-2012
Printed in Spain – Impreso en España

Impresión: Edelvives Talleres Gráficos